토마스 모어

정의담론과 그의 죽음

토마스 모어
정의담론과 그의 죽음

조 명 동 지음

혜안

머리말

　모어가 살아온 생을 보면, 마치 이상과 현실 사이에서 아슬아슬하게 줄타기 하는 곡예사의 모습이 떠오른다. 그는 이상과 현실의 틈바구니에서 균형감각을 잃지 않으려고 무진장 애를 쓴다. 정의담론서 『유토피아』제1부 대담에서 그의 이상적 자아 히슬로다이와 현실적 자아 작중모어 간에 벌어지는 설전은 사색적 명상생활과 현실의 정치활동 사이에서 갈등하고 있는 한 지식인의 일면을 보여준다. 바로 이 갈등 해소 차원에서 창조된 나라가 바로 제2부 유토피아국이다. 갈등하는 인간군상人間群像으로서 모어의 모습은 우리네 그것의 반영일 수도 있다. 인간이라면 그 누구든 이상과 현실 사이에서 갈등하지 않는가.

　모어는 중세 천년의 가톨릭 신 수호와 모어 동시기 착착 진행되고 있었던 헨리종교개혁의 틈새에서 곡예를 하듯 줄타기를 한다. 그러다가 헨리종교개혁이 거스를 수 없는 대세가 되자, 이 가톨릭 신 수호를 위해 양심이란 명분으로 죽음의 길을 택한다. 표면적으로는 타의적 죽임을 당하지만 속내를 들여다보면 그의 죽음은 정치적 자살에 가깝다.

　그런 모어를 보면, '아! 인간은 근원적으로 정서적인 동물이구나'라는 생각이 들게 된다. 모어처럼 끊임없이 갈등하는 심성구조는 이성이라는 포장 속에 감추어진 감정분석에 의해 해명될 수밖에 없는 노릇이다. 본서 집필에서 필자가 모어의 입장에 서서 그의 의식의 흐름 즉, 그의 감정의 변화(기분 상태)를 쫓아간 것도 그런 연유에서이다. 모어의 저작들에는 그의 조울증적인 정서가 반영되어있다. 인간의 이성을 운운하지만, 인간의 역사를 미시적으로 들여다보면, 세상사란 게 결국은 인간들의 심성 속 희·노·애·락·애·오에 의해 추동drive되지 않았던가. 그래서 역설적으로 인간사에서 이성이 강조되어 온 것인지도 모른다.

거시적으로 볼 때, 모어의 죽음은 중세의 성속계聖俗界 전반의 자체적 사회구조적 모순에서 서서히 불거져 나와 세차게 엄습해오는 변화의 바람에 역행하는 것이었다는 인상이 지워지지 않는 것은 어째서일까. 역사의 물결의 방향을 감지하려면 물결이 아닌 그것을 움직이게 하는 바람의 방향을 바라봐야 하지 않는가.

분명한 것은 모어의 죽음은 동시기 중첩적 시대정신의 일면으로 그의 심성 속에 잠복되어있는 정념情念으로서 '정의로운 일이라고 굳게 믿었던 것', 즉 와해되어가고 있던 '중세가톨릭공동체 질서 수호'를 위해 양심을 지키려고 목숨을 걸어서 생긴 결과였다. 물론 모어는 그 길이 옳은 것이라고 생각했겠지만, 사실 '양심에 따른다'는 것은 자의적·상대적일 수 있는 것으로 옳고 그르거나 맞고 틀리고의 문제가 아닌 개인가치의 선택의 문제다. 모어는 이 지고한 개인가치를 어둠 속 촛불 즉, 양심이라고 하였다. 그러니까 모어의 입장에 서서 보면 확실히 모어는 정의를 위해 양심을 지키려다가 죽임을 당한 순교자인 것이다.

모순된 것처럼 보이는 모어의 심상을 읽어낼 수 있는 핵심관념 코드어code word는 '정의'이다. 모어의 정의는 『유토피아』에서는 완벽한 사회정의 실현을 위해 인간 개개의 영혼 속에 내면화된 공동체 공익 정의였고, 이단 논쟁기의 글들에서는 가톨릭 신의 정의수호를 위한 호교론적 정의였으며, 옥중기 『고난을 이기는 위안의 대화』와 『그리스도의 슬픔에 관하여』 같은 글들에서는 수난적 덕업을 통한 개인 구원전략으로서 신의 섭리로 예정된 양심적 순교의 길을 택하는 내세를 향한 신의 정의였다. 그의 글들과 행적들, 그리고 그의 죽음의 과정에서 볼 때, 한마디로 그의 정의는 부동不動의 동자動者로서 가톨릭 신의 섭리에로 수렴되고 환원되는 계서적 정의였음을 보여준다.

본서는 필자의 박사학위논문을 기반으로 집필되었다. 그 개진 방식이 스토리식에 가깝기에 독자가 읽기에 그리 어렵지는 않을 것이다.

본서가 출간되기까지는 몇몇 분들의 도움이 컸다. 본서 집필의 물꼬를 터준 선배 유희수 박사님(고려대 사학과 교수)과 본서출판을 독려한 후배 김성준 박사님(한국해양대 교수)께 고마움을 전한다. 아울러 본서출간을 위해 애써준 도서출판 혜안의 오일주 사장님, 김태규 실장님께 감사한다.

이 기회를 빌어 내 심혼의 반쪽 '란' 그리고 두 아들 '준과 인'에게 깊은 사랑을 전한다.

이 책을 고故 조태영(음 1930.9.17.~1992.10.19.)·전덕례(음 1932. 5.5.~2018.2.9.)님께 드린다.

2019년 단오절
매봉산 기슭에서 조명동

차 례

제2장 현실과 정의 71

제3장 정의의 이념 117

들어가며[*]

토마스 모어(1478~1535)는 잉글랜드의 종교개혁과 자신의 양심 사이에서 번민하다가 죽음으로 개인의 신앙을 수호한 튜더 왕정기(헨리 7세~헨리 8세 통치기) 유럽의 간판급 휴머니스트 정객政客이었다. 당시 로마가톨릭은 부정부패의 온상이었기에 데시데리우스 에라스무스나 마르틴 루터 등 각성한 지식인들은 이념의 색깔은 서로 다르지만 이구동성으로 유럽 종교계의 변화 필요성을 거론하고 있었다. 모어 또한 정의담론서 『유토피아』에서 인간의 도덕적 무장과 종교의 관용에 관해 설파했을 뿐만 아니라 정치·경제·종교 등 사회 전반에 대한 개혁의 필요성을 역설하고 나섰다. 그러나 헨리 8세의 '왕비

---

* 본서에서는 토마스 모어를 줄여 대부분 '모어'로 표기하였다. 다른 인명들도 문맥상 혼란이 없을 경우 그렇게 표기하거나 혼용하여 표기하였다(헨리 8세는 '헨리'로, 데시데리우스 에라스무스는 '에라스무스'로, 마르틴 루터는 '루터'로, 윌리엄 틴데일은 '틴데일'로, 토마스 크롬웰은 '크롬웰'로, 사이먼 피쉬는 '피쉬' 등으로 표기).
모어의 이력에 대해서는 책 뒷부분에 게재한 「토마스 모어 연보」 참고.

캐서린과의 이혼'과 '궁녀 앤 불린과의 재혼'이라는 '큰 문제great matter'에서 비롯된 '헨리종교개혁Henrician Reformation'이 막상 현실화되자, 이미 의회입법화 과정을 거치며 헨리 8세가 잉글랜드 교회의 수장임이 공식화되고 있었음에도 불구하고, 모어는 끝끝내 그것에 저항한 양심수로 '정의를 위한 죽음'을 택하였다.

필자가 모어에게 처음 관심을 가지게 된 것은 언뜻 볼 때 공유제 기반의 평등사상, 종교적 관용 등의 개혁적 요소들을 담고 있는『유토피아』와 그것에 모순되어 보이는 그의 죽음 사이의 괴리였다. 모어의 죽음은 그 당시 가족들과 친구들에게조차도 이해되기 어려운 완고한 도덕적 죽음으로 비쳤다. 모어는 조정에서 왕을 대리하여 헨리종교개혁의 의회입법화 과정을 거들어야 할 왕 다음 최고위자리 로드 찬슬러(대법관겸국무총리)직에 있었다. 그럼에도 그는 힘들게 쌓아 올린 명예와 권세, 재력 그리고 가족들마저 저버리면서까지 자신의 양심을 지키고자 죽음의 길을 선택하였다. 그의 죽음은 과연 어떻게 이해되어야 하고『유토피아』와 그의 죽음 사이의 간극은 어떻게 봉합되어야 할까? 바로 이 점이 본서 개진의 시발점이다. 즉, 정의담론서『유토피아』에 관련시켜 가면서 모어의 '정의를 위한 죽음'이 어떤 것이었는지가 해명된다.

토마스 모어에 대한 연구 동향은 논자의 시각에 따라 각양각색이다. 최근까지의 모어에 대한 연구 동향은 크게 세 가지로 대별된다. 하나는 구교 성향 연구자들에 의한 성자로서의 모어 연구, 다른 하나는 신교 성향 연구자들의 반동자로서의 모어 연구, 그리고 또 다른 하나는『유토피아』의 개혁적인 내용을 강조하는 연구자들에 의한 개혁자로서의 모어 연구가 그것들이다.[1] 이들 연구의 특성은 그것이 연구자들의 시각에 따라 편향되어 있다는 것과 단편적이라는 것이다. 이에 대한 가장 큰 원인은 20세기 후반까지도 연구자들이 이념적 갈등의 시대를 살았고, 『유토피아』이외의 다른 모어의 저술들이 조명되지 못했으며, 그의 죽음에 연구 초점이 집중된 탓이었다. 물론 그 이면에 는 모어의 다른 자료들에 대한 접근의 어려움으로 비교적 접근이 용이한『유토피아』와 그의 죽음에 모어 연구가 집중될 수밖에 없었던 연유도 있었다. 그러나 20세기 후반을 거쳐 21세기에 이르러 이념 갈등의 시대도 가고, 모어의 단편적 연구를 극복하고자 하는 노력의 결실로 모어 연구를 위한 종합 자료서인 15권짜리 예일대학 판 모어총 서가 발간됨으로 모어의 포괄적 연구 계기가 마련되었다.[2] 필자도

---

1) 모어 연구 동향에 대해서는 최근까지 국내외 해석들을 총 망라해서 다음과 같은 책과 논문에서 이미 자세히 거론되었으므로 본서에서는 간략히 소개 한다 : 김영한, 『르네상스 휴머니즘과 유토피아니즘』, 탐구당, 1989, p.204 와 김평중, 「토마스 모어의 정치사상 연구」, 전남대 박사학위논문, 1997, pp.1~8 참고. 모어에 관한 해석 : 1) 중세 가톨릭 전통의 최후 수호자로 보는 시각(W. E. Campbell, R. W. Chambers, H. W. Donner, G. Mobus 등), 2) 휴머니스트적인 개혁자로 보는 시각(R. P. Adams, F. Caspari, Frederick Seebohm, J. H. Hexter, E. L. Surtz 등), 3) 프로테스탄트 측 연구자들의 반동자로 보는 시각(John Fox) 등의 시각이 있으며, 그밖에 4) 공산주의 선구자로 보는 시각(K. Kautsky, A. L. Morton 등), 제국주의 강령의 표방자로 보는 시각(H. Onchen), 자유 민주주의 강령 선포자로 보는 시각(R. Ames) 등이 있다.

2) *The Yale Edition of the Complete Works of St. Thomas More. 15 vols.* 필자는 이 예일대 판 모어 유작 총서를 본서의 1차 사료로 사용했음을 밝힌다. 이후부 터 이 총서에서 인용된 경우 처음엔 'CW 4, *Utopia,* ed. E. L. Surtz and J. H. Hexter, p.' 식으로, 그 다음엔 'CW 4, p.' 식으로 약칭하여 각주 처리함. 이 총서를 활용한 연구자들에는 G. R. Elton(튜더 시대 상황과 긴밀히 연계시 키며 수정주의자적 입장에서 모어를 어설프고 모호한 반성자·반개혁자적 인 내세울 것 없는 인물로 파악하였음), Richard J. Shoeck와 Germain Marc'hadour(모어의 다른 작품들과 관련시켜 『유토피아』를 연구하였음), Alistaire Fox와 Richard Marius(심리학적 접근방식을 통하여 모어의 인간상을

이 총서에 실린 모어의 다른 자료들[3])에 접근함으로써 정의담론서로 서『유토피아』와 모어의 정의를 위한 죽음 간의 간극을 봉합하는 데 큰 도움을 받았다.

현재까지의 모어 연구 접근방식의 단적인 결함은 모어 연구가 모어의 인간상 평가에 치중되었다는 것과 연구자의 동시기 시대정신으로 연구자 자신의 입장에서 그를 보고자 했다는 데 있다. 모어는 휴머니스트 문인, 학자, 사제적 평신도, 논쟁가, 법조 공직인 등 다양한 이력의 삶을 산 사람이다. 이로 인해 그러한 접근방식의 모어 평가는 연구자 시각과 평가 초점에 따라 모순되게 나타날 수밖에 없다. 그래서 모어의 인간상 이해에 난맥상이 초래된다.

필자 생각에 모어 같은 복잡한 페르소나[4])를 보이는 인간상은 평가보다는 이해가 선행되어야 한다. 인간은 본질적으로 야누스적 존재이다. 모어 같은 다양한 이력의 예민한 감수성 소유자들은 역사적 외부

분석하고자 하였음) 등이 있다.

3) CW 4, Utopia, ed. E. L. Surtz and J. H. Hexter. 이외에 필자가 집중적으로 사용한 다른 자료들은 다음과 같다 : CW 5, *Responsio ad Lutherum*, ed. J. M. Meadley, 2 Parts./ CW 6, A *Dialogue Concerning Heresies*, ed. T. M. C. Lawler, G. Marc'hadour and R. C. Marius./ CW 8, *The Confutation of Tyndale's Answer*, ed. L. A. Schuster, R. C. Marius, J. P. Lusardi and R. J. Schoeck./ CW 9, *The Apology*, ed. J. B. Trapp./ CW 12, A *Dialogue of Comfort against Tribulation*, ed. L. L. Martz and F. Manley./ CW 14, *De Tristitia Christi*, ed. C. H. Miller.

4) 인격의 가면이나 위장된 태도, 즉 외적 인격 혹은 가면을 쓴 인격. 인격 personality의 어원은 가면persona임. 칼 융이 고대의 배우들이 쓰는 가면을 말하는 라틴어에서 이 용어를 빌려왔음. 무의식과 외부의 적응적 경험 사이를 매개하는 자기의 드러난 부분으로 개인의 환경과 상호작용에 있어 유용하지만 빈번하게 진정한 정체identity와는 화합되지 않음 : Raymon J. Corsini With the Assistance of Danny Wedding, *Current Psychotherapies*, 김정희·이정호 공역,『현대심리치료』, p.721.

환경에 반응하는 과정에서 고개를 쳐드는 무의식의 갈등인자로 인해 성향상 인간상의 괴리를 왕왕 드러내는 경우가 있다. 이런 인간상을 고정된 프레임에 꿰맞춰야 하겠는가. 차라리 모어의 의식의 흐름을 추적해봄으로써 야누스적인 인간상에서 나타나는 그의 모습을 있는 그대로 그 시대에 서서 그의 입장에서 이해하려는 노력이 더 필요하지 않을까. 이러한 이해가 선행된다면, 삶의 행적과 저술 그리고 죽음에서 감지되는 그의 인간상의 괴리가 자연스레 봉합될 것이라고 본다.

그러니까 필자의 모어에 대한 접근방식의 핵심은 연구범위가 비록 『유토피아』와 정의를 위한 죽음에 집중되지만, 가능한 한 그의 인간상 전체를 횡적·종적으로 파악해보고자 하는 것이다. 그렇게 한다면 모어의 인간상 이해에서 보이는 난맥상의 많은 부분이 해소되어 그의 전체적 인간상을 객관화시켜 볼 수 있을 것이다.

그렇다면 모어라는 복잡한 인간상을 모자이크로 조립하여 객관화하고자 할 때, 이 연결 고리를 어디에서 찾아야 할까? 이를테면 그를 이해할 수 있는 핵심 코드어code word가 있다면 그것은 무엇일까? 『유토피아』를 포함하는 그의 저술들과 그의 죽음의 과정을 추적해본 결과, 모어의 삶을 관통하는 코드어는 그가 양심의 이름으로 평생을 추구했던 가치, 즉 정의이다. 지그문트 프로이트에 따르면 양심이란 도덕적으로 옳거나 그른 것 중 옳다고 여기는 것을 선택하려는 무의식 속 초자아적 의지를 말한다. 모어는 바로 그 옳은 것, 즉 정의를 수호하다가 죽었고, 그가 구상한 유토피아국도 현실의 '불의국不義國'에 대한 비판적 역상으로서의 '정의공화국Respublica'이다.5) 이러한

---

5) 공화국(유토피아국) 영역자들은 대개 공공의 일이나 재산을 의미하는 'Respublica' 및 공공의 이익을 의미하는 'Pullicum Commodulm' 등과의 언어상

맥락에서 접근하면 모어 그 자신의 말처럼 그의 죽음은 정의를 위한 죽음이 될 것이다. 기질상 도덕적 감수성이 민감하여 현실의 사회악이나 갖가지 불의에 대해 더욱 예민하게 반응하는 모어 같은 인간에게는 현실의 그것이 더 크게 보일 수도 있다. 『유토피아』를 포함하여 모어의 저서들에 노정되어있는 우울·환희·체념 같은 심적 상태의 변화상은 그러한 모어의 반응을 드러내주는 것이다. 이를테면 모어는 현실유럽6)의 치유불능의 불의와 악에 대한 낙담에서 오는 우울한 심경의 반응으로 이 곳 현실세상의 종말을 가정하고 지리적 외딴섬 저 곳에 이교도 정의공화국인 유토피아국을 창조해낸다. 이 공유제 평등국은

의 연관성을 고려하여 영역어英譯語로서 'Commonwealth'라는 말을 선택하고 있다. 그러니까 여기서 말하는 공화국은 공공복지나 공익의 의미를 함축하고 있는 Commonwealth에 대한 한역어韓譯語이다. Elton은 모어의 공화국 Commonwealth 개념을 '가부장적 온정시혜的Paternalistic 복지국가' 개념에 비추어 설명하고 있는데 설득력이 있다. 이를테면 '가부장 온정주의Paternalism'는 모어 동시기 유럽 군주정의 농업 정책을 중심으로 하는 모든 정책일반의 기저를 이루는 근본적 관심사항이었다. 군주는 머리요, 신민은 몸뚱이로서 국가는 자연적인 조화와 상호 의존 속에서 생존해야한다는 이른바 유기체적 국가관에 입각한 이 이론은 신민에게는 복종과 협조를 요구하고 군주에게는 그 신민의 복지를 돌보아줄 의무를 부과했다. 모어 동시기 유럽에서는 이와 같은 '가부장적 온정시혜 복지국가Commonwealth, Commonweal'를 공화국이라 불렀다 : G. R. Elton, *England under the Tudors*, pp., 206~207. 이 사상은 고전고대를 거치면서 중세 천년은 물론 18세기 유럽사회 특히 농업중심의 전통적 유럽사회에 끈덕지게 따라다녔던 관념이다. "양이 사람들을 게걸스럽게 먹어치운다"는 모어의 반엔클로저 음성은 보살펴져야 할 농민들에 대해 노블레스 오블리주를 의식한 가부장적 온정주의자의 자애의 외침이었던 셈이다.

6) 여기에서 유럽은 모어 동시기에 가톨릭을 영적 이데올로기로 삼고 있었던 '거룩한 하나의 가톨릭교회 질서'하에 있었던 협의적 의미의 유럽을 말한다. 즉, 오늘날의 이탈리아, 에스파냐, 프랑스, 독일, 영국 등에 위치해 있었던 중세가톨릭전통의 유럽지역들로 모어의 인식영역 내에 존재하는 국가들의 총합으로서 지식인들 간에 라틴어 소통이 가능한 모어 동시기 '가톨릭세계 공동체'를 말한다.

유럽종말 후 백지상태에서 혁명이 없이도 세워질 수 있는 새 세상인 셈이다. 그러하기에 '질서 있는 이행을 통한 변화'를 추구하는 모어 같은 휴머니스트가 현실적용에 대한 고민 없이 혁명적인 유토피아국을 기꺼이 창출해낼 수 있었던 것이다.

그러나 문제가 제기된다. 유토피아국이 현실 세상에 반드시 적용될 필요가 없는 것이었다면 모어는 왜 그런 세상을 그려봤을까? 모어의 『유토피아』 집필 의도는 무엇이었을까? 『유토피아』 집필 의도를 간파할 단서들은 다음과 같다 : ① 그것이 지식인의 언어 라틴어로 쓰였다는 것, ② 풍자 문학 도덕서의 형태를 띠고 있다는 것, ③ 작품 속에서뿐만 아니라 실제 집필과정에서도 에라스무스를 포함해서 당대 휴머니스트 지식인들이 연관되어 있었다는 것, ④ 내용상 에라스무스를 비롯한 동시기 휴머니스트들의 저술들이 지혜로운 군주에 관심을 쏟고 있던 시기에 그 문제를 공유하면서도 지혜의 문제가 아닌 정의의 문제를 제1화두로 삼고 있다는 것, ⑤ 이때가 대내외적인 왕성한 정치 및 사회활동기로 잉글랜드 안팎의 불의한 현실상황을 두루 면밀하게 관찰할 수 있었던 시기였다는 것, ⑥ 더욱이 이때가 국왕자문관으로의 등용 직전의 시기였다는 것.

다음은 필자가 이러한 모어의 행적을 중심으로 『유토피아』 집필과정을 가정해본 것이다.

런던 시민으로서 잉글랜드 안팎에서 정치 활동에 집중하던 중 도덕론자 모어는 현실사회의 온갖 불의들을 접하고서는 낙담한다. 더욱이 철인왕으로 성군으로서 기대를 모았던 헨리 8세가 폭군화 조짐을 보이고 있지 않은가. 그런데도 동시기 지식인들은 정의의 문제를 집중적으로 다루지 않고 철인왕으로서 군주의 지혜의 문제에 빠져 있다. 모어는 지식인들의 낙관적 이상사회론을 공유하면서도 유럽 현실에는 그것이 적용되기에 힘들다는 것을 깨우치게 하는 차원에서 그들로 하여금 불의한 현실을 고민하게 해보고 정의의 문제에 관심을 갖게 하기 위한 방안을 세워본다. 지식인들을 담론의 장으로 끌어들여야 하기에 농담 반 진담 반의 흥미유발적인 풍자문학의 형태를 띤 '지식인들 간의 대화체 도덕서'를 통해 정의의 문제를 제1화두로 다뤄보기로 한다. 지식인들에 대한 자극을 극대화하기 위해 이 세상의 종말을 가정하고 저 세상에서나 가능한 혁명적인 세상을 창출해본다. 지식인 담론서로서의 역할을 하게 하기 위해 집필과정에 에라스무스를 비롯하여 동시기 지식인들을 직·간접적으로 관여시킨다. 무지한 일반인들에게 곡해의 소지를 남기지 않도록 언어는 라틴어로 한다.

위 가정에 따른다면 『유토피아』 집필 의도는 혁명적인 내용들을 현실에 적용하기 위해서라기보다는 종말론적인 현실의 불의를 직시하지 못하고 철인왕의 지혜에 의지하면서 낙관적 이상사회론에 빠져 있는 동시기 지식인들을 정의담론의 장으로 끌어들이기 위한 것이었다. 이를테면 『유토피아』는 모어 동시기 지식인들로 하여금 현실의 불의를 인식하게 하여 정의를 그들의 첫 번째 관심사로 유인하기 위한 정의담론서이다. 이 연장선상에서 보면 『유토피아』 집필 이후 모어의 '반이단 논쟁'과 '헨리종교개혁에 저항한 가톨릭수호 노력'은 그에게는 정의를 위한 투쟁의 과정이었고, 그의 죽음은 유토피아국에서의 잘 죽는 죽음처럼 옳은 것을 지키기 위한 최후의 실천적 행동이었던 셈이다.

필자가 이상의 가설들을 세울 수 있었던 데는 『유토피아』 연구자 스키너Quentin Skinner에게 시사받은 바 크다. 그는 모어가 목도한 당시의 불의한 유럽 현실에 주목하면서 『유토피아』를 유토피아 정치사상이 유럽현실에 적용되기를 바라는 진지한 정치제안서로 파악하고 있다. 즉, 『유토피아』가 식자귀족층 지배를 제1주제로 한 진지한 정치사상을 담고 있는 책이라는 것이다. 그러나 필자가 주목한 것은 부차적으로 스키너가 정의의 문제와 타락한 식자귀족층의 관계를 시사한 점이었다.[7] 필자는 바로 이 시사점의 지평을 넓혀 『유토피아』가 정의의 문제를 제1주제로 다루면서 모어 동시기 휴머니스트들의 낙관적 사회조화이상론의 현실적용에 대한 회의를 담고 있는 '현실비판 정의담론서'라는 결론을 끌어낼 수 있었다.

이렇게 지평을 넓히는 데 필자에게 결정적 도움을 준 연구자는 15권짜리 예일 대학 판 모어총서를 기반으로 모어의 의식변화를 추적한 리처드 마리우스Richard Marius와 알리스테르 폭스Alistaire Fox이다.[8] 그들은 모어의 복잡해 보이는 인간상을 시대상황에 갈등하는 정서적 존재차원에서 해석하고자 했다. 이것은 심리학적 연구접근방

---

7) Quentin Skinner, *The Foundations of Modern Political Thought*, 2 vols. 에 따르면 『유토피아』는 북구 르네상스 정치 이론에 가장 공헌한 텍스트들 중의 하나로 유럽 불의와 관련해서 한 지식인에 의해 쓰인 당대 식자귀족들의 역할 부재에 대한 비판을 담고 있는 정치사상사였다. 여기서 주목할 것은 덕치귀족으로서 식자귀족의 문제를 제1의 주제로 다루고 있지만, 당시 유럽 귀족계층의 불의와 관련해서 정의의 문제를 표면에 부각시켰다는 점이다. 그러나 이 책의 맹점은 모어를 이해하는데 있어서 거의 『유토피아』 자료에만 의지하고 있다는 것이다.

8) Richard Marius, Thomas More 및 Alistair Fox, *Thomas More : History and Providence* 참고.

식을 통해 모어의 페르소나를 들춰내 보기 위한 시도였다.

특히 마리우스는 스키너와는 달리 『유토피아』 전후에 집필된 모어 저서들 모두를 연구대상에 포함시켰다. 그의 연구에 따르면 『유토피아』는 에라스무스의 『우신예찬』 같은 풍자문학서의 성격을 지니면서도 조울증적인 모어의 심상을 반영하고 있는 일종의 신앙·도덕서이다. 이를테면 마리우스는 『유토피아』를 풍자문학적 신앙도덕서류로 분류하였으며, 그는 모어의 죽음의 원인을 구시대 유산으로서 가톨릭 신앙을 수호하고자 한 모어의 완고한 도덕심, 즉 양심에서 찾고 있다. 본서 개진에 있어서 필자는 이상의 마리우스의 모어에 대한 '연구접근방식'과 모어의 '인간상의 이해'로부터 많은 착안점을 얻었다.

본서 개진방식으로 필자는 시간의 흐름에 따른 모어의 의식변화를 읽어내기 위해 ① 청년기(세속적 성취욕구를 실천에 옮겨가면서도 해명불가의 불의한 현실에 대한 우울에 빠져 수도사로서 사색인의 꿈을 키워가던 시기), ② 중년기(『유토피아』 집필 전후에서 의회의원 입문, 국왕자문관 출사 등 왕성한 공직 활동기), ③ 장년기(챤슬러 재임 전후의 반이단 논객 활동기), ④ 말년기(헨리종교개혁에 대한 침묵의 저항으로 인한 챤슬러 사임 이후로부터 옥중 양심수 시기)로 구분하여, 가능한 한 해당시기별로 모어의 행적과 생각들을 추적해보고자 하였다.

청년기 모어는 '결혼하여 세속인의 길을 갈 것인가, 은거 수도사로서 사색인의 길을 갈 것인가'의 현실과 이상 사이를 오가며 갈등하였다. 중년기 모어 또한 『유토피아』 속 자신의 두 자아, 즉 현실적 자아 작중모어와 이상적 자아 히슬로다이Raphael Hythloday 틈새를 왔다 갔다 하며 갈등한다.[9] 모어는 『유토피아』에서 이상적 자아인 히슬

22

로다이의 입을 빌어 동료 지식인들이 불의한 유럽현실의 심각성을 정확히 인식해내지 못하고 있음을 지적한다. 이것은 작금의 악폐·병폐·적폐로 몸살을 앓는 불의한 유럽 현실에다 에라스무스의 낙관적 사회조화이상론이 적용될 수 있다고 생각하는 동시기 지식인들에게 그것이 얼마나 헛된 생각인지를 깨닫게 하기 위한 것이었다. 역으로 이것은 동료 지식인들이 불의한 현실에 오염·매몰되지 않도록 현실 정치인으로서 공익활동을 접고 명상생활에 임할 것을 촉구하는 것이기도 하다.

장년기에 이르러 챤슬러이자 국왕자문관으로서 현실정치활동을 펼치는 반이단 논쟁기에는『유토피아』속 자신의 현실적 자아 작중모어가 되어, 모어는 정의 수호라는 대의명분 하에 천년전통의 가톨릭질서를 수호하기 위한 공익활동에 적극 참여한다. 그러나 챤슬러 재직시 헨리종교개혁에 저항하다가 옥중의 몸이 되면서 말년에 이르러 모어는 다시 사제적 히슬로다이가 되어 죽음의 사색에 잠겨 두 권의 옥중서『고난을 이기는 위안의 대화』와『그리스도의 슬픔에 관하여』에서 신의 정의를 변호하게 된다.

본서는 이상의 내용들을 중심으로 다음과 같이 개진된다. 제1장

---

9) 연구자에 따라 히슬로다이와 작중모어 중 누가 진정한 토마스 모어상像인가의 문제를 두고는 의견이 분분하다. 필자는 기본적으로 인간은 야누스적 존재이며『유토피아』야말로 현실적 자아와 이상적 자아라는 양립적 두 자아의 갈등을 해소하고자 한 사례라고 보고 있기에 D. M. Bevinton과 R. C. Elliot 같은 문인들처럼 양자를 진정한 토마스 모어상으로 보고 있음을 밝힌다. 작중모어를 진정한 모어상으로 보는 쪽에는 모어를 중세의 전통수호자로 보고 접근하는 연구자들(W. E. Campbell과 R. W. Chambers 같은 가톨릭계통 학자들)이 있고, 히슬로다이를 진정한 모어상으로 보고 그를 급진개혁론자로 해석하는 연구자들(K. Kautsky와 Russel Ames)이 있다.

'시대적 배경과 모어의 다양한 인간상'은 모어의 이해를 위한 토대로 모어 시기의 격변적인 시대상, 모어의 다양한 인간상, 모어의 저서들에 나타나는 의식의 흐름 등이 고찰된다. 특히 제2절 '모어의 다양한 인간상 중 휴머니스트 모어 부분'에서는 철인왕 통치의 '낙관적 사회조화이상론'의 내용을 담고 있는 에라스무스 저 『그리스도교도 군주교육론』을 심도 있게 다룬다. 이 책은 모어가 『유토피아』를 집필하는 데 깊은 영향을 끼쳤다. 에라스무스의 '낙관적 사회조화이상론'의 선행적 이해 없이는 모어의 『유토피아』 집필 의도와 유토피아국을 정확히 이해할 수 없다.

제2장 '현실과 정의'에서는 불의한 유럽 현실상황을 진단하고 '공유제 평등국인 유토피아국'으로 진입하기 위한 지리적 교량국으로서 유럽과 유사한 사유재산제 사회이지만 정의로운 나라 세 곳의 면면을 탐색한다. 이어서 현실의 불의로 인한 지식인의 현실정치인으로서의 역할무용론에 관해 고찰해본다. 이러한 고찰 과정을 통해 유토피아국의 혁명적 공유제는 유토피아국 온 인민의 영혼에 정의를 체화시키기 위한 수단일 뿐 실제로 유럽현실에로의 적용을 염두에 둔 것은 아님이 밝혀진다. 또한 『유토피아』 집필 의도가 당시 불의한 유럽현실의 심각성을 인식하지 못하고 사변적인 지혜의 문제에 매몰되어있는 지식인들을 자각시켜 실천적 문제인 정의의 문제를 그들의 제1의 화두거리로 삼게 하기 위한 것이었음이 해명된다.

제3장 '정의의 이념'에서는 모어의 『유토피아』 구상에 영향을 끼친 사상적 원류로서 플라톤, 키케로 및 아우구스티누스의 정의 관념들을 비교사적으로 고찰해본다. 이것은 모어의 정의의 속내를 심층적으로 들여다보기 위한 작업이다. 이 부분에서는 유토피아 사회보존의 주

요건들인 정의의 내면화, 공화국 근골로서 정의, 공화국 주도 통치엘리트로서 식자귀족층의 역할 등의 담론거리가 제시된다. 특히 본 장에서는 히슬로다이와 작중모어 간의 공익활동 역할론 대담과 우화적 비유의 분석을 통해 『유토피아』가 에라스무스계 휴머니스트들의 낙관적 사회조화이상론의 현실적용에 대한 모어의 강한 회의를 담고 있는 책임이 확인된다. 또한 내용분석과 집필과정분석을 통해 『유토피아』가 장르상 농담 반 진담 반의 풍자문학적 도덕담론서류임이 해명된다.

제4장 '호교론적 정의'에서는 반이단 호교 논객으로서의 모어의 모습에 논의의 초점이 맞춰지는데, 그의 모습은 공익활동에 매진하는 영락없는 『유토피아』 속 작중모어의 모습이다. 이단 세력의 잉글랜드 침투에 더욱 조급해지고 과격해진 모습으로 변화되긴 하지만 말이다. 여기에서는 『유토피아』 집필 이후 잉글랜드 안팎으로 이단의 촉수가 감지되던 시기에, 위기의식을 느낀 모어가 현실정치인이자 현실참여 논객으로서 그것에 대해 어떻게 반응했는지가 고찰된다. 아울러 완고한 호교론자의 예증으로 반이단 논쟁 중에 드러내는 '가톨릭전례·관습'의 옹호자로서의 모어의 면모가 살펴진다.

제5장 '정의를 위한 죽음'에서는 모어의 챤슬러직 사임과 죽음의 직접적인 원인이 되었던 헨리의 '큰 문제'와 '헨리종교개혁'을 중심으로 사건의 흐름을 따라가면서 모어가 어떻게 그것에 반응해 가는지에 초점을 맞춰 논의를 개진해간다. 제4장이 천년전통의 가톨릭 신의 정의를 수호하기 위한 이념적 투쟁에 대한 고찰이라면 제5장은 역사적 시간의 흐름에 따라 이 투쟁이 실제로 어떻게 구체화되는지를 탐색해보는 것이다. 이것은 신의 정의 수호라는 대의명분 하에 모어가

양심을 지키다가 신앙적 도덕인으로서의 죽음을 맞이하게 되는 과정을 심층적으로 들여다보는 작업이다. 옥중서『고난을 이기는 위안의 대화』와『그리스도의 슬픔에 관하여』에서는『유토피아』에서 희미하게 감지되었던 신앙적 죽음을 갈구하는 모어의 모습이 확연히 노출된다. 여기에서 모어는 '과거의 고난들'을 '죽음의 대기자로서의 성스러운 현재 순간'을 위한 신의 섭리에 따른 '정의를 위한 순교과정'으로 수렴·환원시키고 있음이 밝혀진다. 그러니까 제5장에선 공직인으로서 모어의 정치적 고난, 옥중 투옥, 그리고 죽음으로 이어지는 일련의 과정들은 이 세상 모어에게 길 잃은 타자를 회심시키고 저 영원한 구원의 세상인 신의 정의의 나라로 향하기 위한 필연적 통과의례였음이 파악된다.

제1장 시대적 배경과 모어의 다양한 인간상

제1절 시대적 배경

1. 격변기 사회상

토마스 모어는 1478년에서 1535년까지 살았다. 이 시기는 잉글랜드의 정치·사회적 격변기였다. 이 시기는 30여 년의 장미전쟁을 종식시키고 개창한 튜더 왕조의 첫 번째 왕 헨리 7세(1485~1509)와 로마가톨릭과의 단절을 시도한 두 번째 왕 헨리 8세(1509~1547)의 치세였다. 이 시대는 르네상스의 열풍이 감지되고 종교개혁의 폭풍이 거세게 잉글랜드로 밀어닥친 시대이기도 하고, 잉글랜드인들이 유럽과 지중해 세계를 넘어 보다 광활한 미지의 세계로의 모험을 꿈꿨던 시대이기도 하며, 잉글랜드가 의회 민주주의와 제한 군주제로 가는 길을 하나하나 트기 시작하던 시대였다. 가히 혁명적인 시대라고 칭해질 만한 시기였다.

이 혁명의 구축과정은 1520년대 중엽까지 점진적인 것이었다. 특히 루터주의와 휴머니즘이 대륙으로부터 서서히 스며들어왔다. 1430년 대 구텐베르크의 활판인쇄술 발명과 그것에 대한 활용의 급속한 확산이 주는 영향의 파장은 그러한 동향을 한층 더 촉진시켰다. 잉글 랜드 인쇄업자 윌리엄 캑스턴의 노력으로 잉글랜드 지식인들도 그 수혜를 입을 수 있었다. 1500년까지 유럽 대도시들 여기저기에 1,700 여 기의 인쇄기가 보급되었고, 개인명으로 40,000여 권의 출판물이 잇달아 발간되었다. 특히 1526년에 출간된 윌리엄 틴데일의 영역판 신약은 시대 변화의 풍력에 새로운 힘을 보태주었다. 그 이후 더욱 더 많은 사람들이 급진론적 견해를 내놓게 되었고, 그 스스로 사회 변화 계기를 모색했던 헨리 8세 개혁파들은 이러한 시류에 편승하여 '헨리종교개혁Henrician Reformation'을 입법적으로 추진할 수 있었다.[1]

모어 사후 헨리 8세 후반기 수도원 해산 즈음에는 국왕 수석비서관 이자 주교 대행 법무관으로서 토마스 크롬웰 주도하에 교구 교회들에 서 미신적인 대상물들이 제거되는가 하면, 순례 여정들이 중단되기도 하였다. 또한 '종교관례의식일정표'에서 많은 성인 기념일과 성 축일 이 제외되기도 했다. 한편 예배 방식의 변화는 없었지만 모든 교구 본당신부들에게 라틴어 판 대신 큼직한 활자의 영역판 성서 한권씩을 소장·진열하라는 지침이 하달되었다. 성가대석이 이리저리 나동그라 져 있는 폐허지에다 젠트리가 기거할 멋진 새집을 짓고 있는 벽돌공들 과 목수들의 바삐 움직이는 모습을 보면서, 거리의 교구민들은 세상이 변해가고 있음을 실감하고 있었다.[2] 정복왕 윌리엄 치세 이래로 헨리

---

1) Derek Wilson, *England in the Age of Thomas More*, pp.1~3.

2) John Moorman, *A History of the Church in England,* 김진만 옮김, 『잉글랜드

8세기만큼 이렇게 전면적이고도 민감한 변화가 감행된 시기는 없었다. 그것의 주동력은 바로 헨리종교개혁이었던 것이다.

잉글랜드 종교개혁은 헨리 8세가 '잉글랜드 왕국은 제국이다'라는 신정神政제국 개념을 선포하면서 잉글랜드 교회에 대한 교황수장권을 종식시켰다. 가히 이것은 잉글랜드에서 '거룩한 하나의 교회Unam Sanctam'라는 중세천년신화를 타파하는 정치혁명이었다. 결과적으로 이것은 18세기 중엽 '웨슬리교파종교부흥운동'보다도 그 파장이 더 멀리까지 미치는 종교부흥운동이기도 하였다. 하느님 말씀이 처음 공식적으로 인민들이 이해할 수 있는 자국어인 영어로 번역되었고, 비로소 적어도 글을 읽을 줄 아는 잉글랜드인들은 스스로 신학자가 될 수 있었다. 그들은 성서의 글들을 근거로 교구성직자의 논거에 반론을 제기할 수 있었고, 수도사나 성직자의 목회적 도움 없이도 스스로 천국에 이르는 길을 발견할 수 있었다.[3]

모어가 좀 더 살아서 그러한 것들을 죄다 지켜보았더라면, 그는 그것들을 '혼돈 속 세상종말의 임박한 징후'로 보았을 것이다. 무엇보다도 모어는 중세천년의 가톨릭시즘이 유전인자처럼 심혼 깊은 곳에 각인되어 있던 신앙인이었다. 그러하기에 그는 교회의 부패에 비판적이었지만, 그 교회의 순종적인 아들이자 교황권의 헌신적인 지지자가될 수밖에 없었다. 모어에게는 교회의 권위를 성서의 권위로 대체하려 했던 자들이 중세천년 전통질서의 타파자로 보이거나, 그리스도교 세계의 전체 구조를 허물려는 불순분자들로 보였다. 그가 보기에 그들은 악령에 사로잡힌 이단자들이었고, 그들은 당연히 박멸의 대상

교회사 상』, pp.256~260.
3) Ibid., pp.271~272.

이었다. 이러한 모어의 심성 구조는 그를 숙명적으로 이단자들과의 논쟁 속에 빠져들게 하였으며, 급기야 헨리종교개혁에 저항하여 죽음에 이르게 했던 것이다.

2. 가부장적 사회 질서상

유토피아국에서 가족은 사회의 기본 단위이다. 즉, 교육이 이루어지고 젊은이들이 사회습속에 걸맞게 양육되는 중심지요, 기술이 습득되는 터전이요, 모든 성인 구성원들에 의해 사교적인 담화, 여가활동과 음악활동 등이 이뤄지는 사회문화적 거점이다. 이러한 유토피아 가정생활은 본질적으로는 튜더 잉글랜드의 유복한 가문의 가족생활과 다를 바 없는 것이었다. 잉글랜드의 거상 저택 또는 귀족 저택은 주인 가족들의 안식처였을 뿐만 아니라 다른 가정의 소년소녀들이 견습생 혹은 시동侍童으로 보내져 적절한 기술이나 예법이 익혀지는 교육공간이기도 하였다. 모어도 소년기에 국왕자문관 겸 챤슬러였던 캔터베리 대주교(후에 추기경이 됨) 모틴John Morton(1420?~1500)[4] 저택에서 시동으로 있으면서 사회생활에 필요한 적절한 소양과 예법을 익혔다. 모든 잉글랜드 가정은 유토피아 사회처럼 아내는 남편에게 순종하고 아이들은 부모에게 복종하며 젊은이들은 어른들에게 순응해야 하는 것을 미덕으로 여기는 가부장적 사회였다. 아이들은 아버지의 권위를 존중해야 하고 부모의 뜻을 좇아야 할 도리가 있었다.

---

4) CW 2, *The History of King Richard III*, ed. R. S. Sylvester, p.91과 CW 4, *Utopia*, ed. E. L. Surtz and J. H. Hexter, p.58 참고. 모어는 모틴을 정치적 권모술수와 아첨이 횡행하는 왕정에서 신의 섭리를 좇아가면서 공익을 위해 지혜롭게 처신한 참된 국왕자문관으로 존경하였다.

모어 자신도 직업 선택의 문제에서 아버지에게 복종했다. 모어는 인문학자의 삶을 살고자 갈구했지만 부친 존 모어는 아들이 법조인이 되기를 요구했고, 모어는 아버지의 소망을 따랐다.5) 흥미롭게도 유토피아국에서도 강제적이지는 않지만 아들이 아버지의 직업을 쫓도록 종용된다. 이상국이라는 유토피아국에서도 아이들이 스스로 직업을 결정하는 일은 없다.

존 모어는 대략 1518년 경 잉글랜드 왕좌법정King's Bench 소속 판사가 되었으니까 법조계에서는 꽤 성공한 인물이었다. 아버지의 뒤를 이어 법조인이 된 모어는 로드 챤슬러 시절에도 흡사 성직수여의식에서처럼 아버지의 축복을 구하기 위해 경건하게 무릎을 꿇고 아버지에게 예를 표했다. 대부분의 잉글랜드인들은 이러한 의식을 진지하게 받아들였다. 이런 아버지가 자식에게 던진 저주는 최악의 징벌이었다. 16세기에는 나이는 권위 같은 것이었다. 이 시기의 아버지는 인간의 원초적 두려움의 무게를 가볍게 해주는 마법사 같은 존재였다. 아버지에 대한 모어의 심원한 경의는 자신에게 엄습해오는 불확실성이나 불안의식을 해결하는 방식이었다. 경험은 곧 권위이다. 잉글랜드 사람들은 인생을 더 산 사람들의 권위에 의지함으로써 자신을 곤궁에 빠지게 할 문제들에 대한 타개책이 발견될 수 있을 것이라고 생각했다.6)

---

5) Derek Wilson, *England in the Age of Thomas More*, p.6. : "모어가 어머니로부터 받은 영향은 찾아보기 힘들다. 그러나 아버지 존 모어가 아들 모어에게 끼친 영향은 크다. 모어는 아버지를 숭배했다. 첼시교회가족묘의 비문에서 그는 자신의 아버지를 '정중하시고, 기품 있으시고, 청정하시고, 온화하실 뿐만 아니라 자애로우시고, 공정하시며, 순수하신 분'이라며 경배한다." 이러한 형용어의 결합은 아버지에 대한 모어의 강렬한 숭배감정을 확인시켜준다.

일종의 부친 총회가 토마스 모어가 창조한 가공의 섬 공화국 유토피아를 다스린다. 아버지는 경험의 결정체적 권위자이다. 이런 아버지들의 총회는 티끌만치의 오류도 없을 것이었다. 가부장으로서 모어 내면 깊은 곳에는 완고한 도덕론자적 권위 같은 것이 도사리고 있었다. 자신의 아버지에게 결코 반항해 보지 못했기에, 모어는 자신이 살아가는 사회가 세상 질서의 준거로 내세운 대리적 아버지들에게 감히 맞서려는 자들에 대해서는 무자비하게 다룬다. 모어가 가톨릭 사회질서에 도전한 이단자들을 냉혹하게 다루는 것은 그러한 맥락에서 이해될 수 있다.

한편 엄마 아그네스가 모어에게 어떤 존재였는지는 정확히 가늠하기 힘들다. 다만 '그녀의 어린 모어에 대한 애정이 유달리 깊었고, 그녀가 모어가 11살쯤 되었을 때 병마로 이른 나이에 급사했다(사인은 역병으로 추정됨. 그의 5명의 동생 중 두 동생은 엄마보다 앞서 죽었음)는 것' 이외에는 남아있는 기록이 거의 없기에 말이다. 분명한 건 애착형성의 근원이었던 엄마의 급사는 소년 모어의 심혼心魂에 트라우마를 남겼다는 것이다. 이때 그는 공포감을 불러일으키는 악몽을 꾸었다. 꿈속에서 그는 날뛰는 시커먼 사냥개들, 자신을 무섭게 노려보는 창문, 용의 혀처럼 날름거리며 다가오는 불길 등의 공격에서 헤어나려고 발버둥 쳤다. 소년 모어는 가위눌림으로 온몸이 마비되는 경험을 하였다. 죽음의 본능 타나토스Thanatos와 생의 본능 에로스Eros는 동전의 양면 같은 운명적인 짝이다. 어린 모어에게 생의 본능의 원천이었을 엄마의 급사는 아마도 훗날 집필되는 모어의 타나토스적

---

6) Ibid., p.8.

인 사색서들에 일면 영향을 끼쳤을 것이다.

존 모어와 모어 간의 부자관계에서는 우울한 면이 감지된다. 존 모어는 대단한 세속적 성공을 맛보았고, 최소한 그는 자신의 아들도 자기만큼은 성공하기를 기대했다. 에라스무스의 증언이 아니더라도 아버지가 모어를 법학원에 보내지 않았다면, 모어는 가난한 인문학자로서의 생을 살아갔을 것이다. 아들 모어를 향한 존 모어의 기대는 한스 루터Hans Luther가 자신의 아들 마르틴 루터에게 가졌던 열망만큼이나 강렬했던 것처럼 보인다. 프로이트 추종자들의 주장을 받아들인다면, 그러한 아버지는 그의 아들에게 혼자 힘으로는 불가능한 목표들을 설정하도록 내몰고, 그가 목표들을 성취할 수 없는 상황에 이르렀을 때, 그가 좌절할지언정 죽어도 포기하지 않게 하는 추동력으로 작용한다.[7] 그러니까 모어에게 가부장적 권위는 사회질서를 세우는 기본이자 삶의 추동력이었다. 그것이 없다면 가정질서파열, 교구질서붕괴, 사회질서와해로 이어져 세상은 혼돈으로 치닫게 된다. 모어의 죽음을 불사한 강렬한 가톨릭질서수호 노력도 맥락상 모어의 그러한 가부장적 질서의식의 연장선상에 있다. 아이러니하게도 이러한 질서의식은, 확고부동한 관례적 도덕 준거로서 사회계서가 준수되지 않을 때, 혼돈 세상에 대한 우려감으로 모어를 낙담시켜 침울함에 빠지게

---

7) Erik H, Erikson, *Young Man Luther : A study in Psychoanalysis and History*, 최연석 옮김,『청년 루터』, pp.256~260. 심적 압박감은 기질적으로 예민한 루터를 일종의 정신병인 조울증에 시달리게 하여 그것을 극복하기 위해 자신의 일에 집착적으로 매달리게 하였는데, 모어도 마찬가지였을 것이다. 임상정신의학자 제미슨에 따르면 조울증은 문학가나 예술가 등 유전적으로 감수성이 민감한 사람들에게 상상력을 고무시키거나 영감을 불러일으켜 위대한 업적이나 창조품을 남기게 하는 순기능을 하기도 한다. K.R. Jamison, *Touched with Fire*, 리더스 다이제스트 옮김,『천재들의 광기』, pp.21~61.

하는 동인動因으로 작용한다. 이러한 심상은 그의 저서들의 행간에 반영된다.

3. 젠트리 대두 사회상

1485년 보스워스Bosworth전투의 승리를 계기로 확립된 튜더왕정은 왕권경쟁자의 권리 주장에 맞서야 하는 불안한 상태에 있었다. 헨리 7세는 왕권집중화를 위해 노력했고 유력자들의 봉건적 사병들을 혁파했다. 또한 이 과정에서 그는 해체된 권력층 귀족들nobility을 의혹의 눈길로 견제하였고, 신뢰할 만한 동맹자로서 일종의 신흥귀족으로 대두하게 된 젠트리와 제휴하였다. 헨리 8세기에 이르면 이들 간의 밀착은 더욱 두드러지게 된다. 이들 중 많은 이들이 옥스퍼드 대학과 런던 법학원 등 상급학교에 다닐 많은 기회를 포착하게 되었고, 그들의 학식과 재능은 튜더왕정 핵심기관의 중추적 역할을 하게 된다. 특히 튜더왕정과 젠트리의 제휴는 헨리종교개혁의 마무리 과정으로서 수도원 해산이후 더욱 공고해진다. 수도원 해산 당시 수도원 토지의 대부분을 값싸게 불하받아 부와 권력을 증대시켰던 자들이 바로 이들 젠트리였다. 무명혈통의 상인계층출신의 젠트리였지만 실력과 재능을 인정받아 찬슬러까지 오른 추기경 토마스 울지나 헨리 8세의 수석비서관을 지낸 토마스 크롬웰Thomas Cromwell 등이 그 좋은 예들이다. 젠트리로서 토마스 모어 또한 유사한 배경을 지니고 있다. 모어가 창출한 유토피아국에서 간파되는 지식인 지배 사회상은 마치 그러한 젠트리 주도 사회의 열망을 대변해주는 듯한 인상을 주기도 한다.[8]

---

8) Fritz Caspari, *Humanism and the Social Order in Tudor England*, pp.251~286.

무명혈통의 상인계층에서 시작하여 젠트리 명가로 정착하기까지의 모어 가문사는 젠트리가 주류사회에 진입하는 과정을 잘 보여준다. 모어의 조부 윌리엄 모어는 빵 제조업자였다. 조부가 살던 15세기 초엽, 빵 제조업자라는 직업은 그렇게 고명한 직업은 아니지만, 수입이 짭짤한 직업이었다. 더구나 모어 조부가 정기적으로 명가 백작댁에 빵을 납품하고 있었다는 기록을 보면, 모어 조부는 세속적 성공가도에 있었던 셈이다. 조부의 예는 빵 제조업자들이 어떻게 거상대열에 진입하게 되는 단초를 마련하는지를 보여준다. 빵 제조업자들은 자연스레 양조업자들과 유대를 맺었다. 양자가 곡물을 취급했으니까 말이다. 부유한 청년 빵 제조업자는 양조업자의 딸에게 매력적인 짝이 될 수 있었을 것이다.9) 그리하여 제빵업자 윌리엄 모어는 양조업자 조와John Joye와 접촉하게 되었고, 마침내 그는 조와의 딸 조안나 Johanna와 결혼했다. 모어의 아버지 존 모어는 바로 이들의 장남이었다.

존 모어가 불과 16살이었을 때 윌리엄 모어는 죽었다. 존 모어의 어머니는 어려운 상황을 호전시킬 만큼 의지가 굳센 여성이었다. 그녀는 첫 남편 윌리엄 모어가 죽은 후 재혼했다. 재혼 후에도 존 모어가 스스로 자립할 수 있을 때까지 뒤를 봐 주었다. 존 모어는 법학원에 입학하게 되는데, 존 모어의 교육배경과 법조인으로서 직업적 성공의 막후에는 그녀의 결정과 후원이 적지 않게 작용했을 것이

---

9) Richard Marius, *Thomas More*, pp.5~6. : 15세기 동안은 그 어떤 빵 제조업자도 런던 시장이 되었다는 기록은 없다. 포목상들, 의류상들, 수산물 상인들 및 모피 상인들도 간간히 그러한 고관 지위를 성취하곤 하였다. 이들은 런던 시정市政의 돈줄이 되는 런던 대상大商동업조합에 속하는 거상들이었다. 이들에 비한다면 빵 제조업자들은 그 격이 떨어진다. 이들이 공식적으로 동업조합을 구성하는 것은 15세기 초엽에 이르러서였으니까 말이다.

다. 그녀는 존 모어에게 아버지 같은 엄마였다. 부유한 상인들에게 법조인 직업은 아들들이 세속적으로 명망을 얻을 수 있는 사다리를 제공했다. 사회가 한층 더 복잡해짐에 따라 개인들 간의 갈등도 더 심화되어 더 많은 법조항들이 요구되었으며, 갈등을 조정하기 위해서는 유능한 법조인의 변호가 절실해졌다. 따라서 법조인이 된다는 것은 세속적 성공을 보증받는 것이었다. 법학원에 보내진 아들은 가문의 수준을 격상시킬 수 있는 최고의 매개체였다. 존 모어가 법조인의 길을 걸었던 것도 그런 연유에서이다. 존 모어는 유능한 법조인으로서의 명성을 얻어 더 많은 부를 축적하게 되었고, 젠트리로서의 신분을 더욱 확고하게 다졌다. 그러니까 모어의 아버지 존 모어에 이르러 모어 가는 혈통귀족은 아니지만, 런던의 젠트리 명가 대열에 낄 수 있었다. 모어의 저서에 드러나는 모어의 조울증적 성향은 아마도 모어 가의 장남으로서 젠트리 명가로서의 가세를 유지하고 더욱 발전시켜야 한다는 모어의 강박관념에서 비롯된 면도 있었을 것이다.10) 이러한 가세는 존 모어의 장남 모어가 챤슬러직에 임명되면서 최고조에 달하지만, 모어에게 대역죄인의 낙인을 찍게 한 그의 완고한 도덕심으로 인해 힘들게 성취된 명가로서의 모어 가는 와해되고 만다. 빵 제조업자 윌리엄 모어로부터 시작해서 그의 아들인 고명 법조인 존 모어가 쌓아올리고 손자 모어에 의해 한층 더 높아졌던 젠트리 명가로서의 공든 탑이 모어의 정의를 지키고자 한 양심에

---

10) Ibid., pp.9~13. 모어가 차남이란 설도 있으나, 그의 형에 대해 알려진 기록이 없다. 혹 형이 있었다면, 형은 유아기에 사망했거나 장남 구실을 하지 못했을 것이다. 설사 차남이었더라도, 모어가 실질적인 장남이었을 게 분명하다. 기록에 따르면 모어에게 여동생 3명(조안, 아가타, 엘리자베스)과 남동생 2명(존, 에드먼드)이 있었다는 것이 확인될 뿐이다.

의해 붕괴된 셈이다.

제2절 모어의 다양한 인간상

1. 휴머니스트 모어

모어는 당대 유럽에서 에라스무스에 버금가는 세속적 명망을 얻은 휴머니스트였다. 이 성공 뒤에는 본인의 재능뿐만 아니라 초등교육에서 대학교육에 이르기까지 성공한 젠트리 가문의 교육적 후광이 있었다. 휴머니스트로서 모어의 입지가 굳혀지기 시작하는 것은 훗날 모어의 현실정치활동의 사표 모턴 추기경의 추천으로 모어가 옥스퍼드 대학에 입교하면서부터였다. 이곳에서 그는 그로신William Grocyn 과 래티머Hugh Latimer의 직접적인 지도를 받으면서 그리스와 로마의 고전학 및 교부학의 기본을 다진다.[11] 여기에 정신적 멘토 콜렛John Colet, 영원한 지적 스승이자 동지 에라스무스Desiderius Erasmus, 릴리 William Lilly, 리너커Thomas Linacre 등을 주축으로 펼쳐지는 휴머니스트들의 신지식을 흡수하면서 그는 신지식에 대한 지적 지평을 넓힐 수 있었다. 모어는 그리스학 연구와 성서의 재발견을 통해 지적 희열을 느꼈다. 모어는 이들 휴머니스트들과의 지적 교류를 통해 소박한 초기 교회의 순수한 모습을 상실한 동시기 교회의 부패상에 관해

---

11) 모어 동시기 휴머니스트 Thomas Elyot 저 'Thomas Elyot, *Governour,* ed. R. C. Alston,, p.54'에 따르면 고전들 중 국가의 지도자가 되기 위해서 청소년들이 반드시 읽어야 할 필독서 3권이 있는데, 그것은 아리스토텔레스의『윤리학』, 플라톤의『국가』및 키케로의『의무론』이다.

알게 되었고, 본인이 그것을 직접 확인할 수 있었다.

특히 휴머니스트로서 모어의 인간상의 많은 부분은 에라스무스와의 지적 교류로부터 형성된 것이었다. 일례로 에라스무스를 헨리 8세에게 자문관으로 천거한 것도 바로 모어였고, 이 무렵 모어 가에 머물던 에라스무스가 이 집에서 열흘 만에 집필을 끝낸 『우신예찬 *Encomium Moriae*』도 바로 에라스무스가 지적 동무 모어에게 바치는 헌정서였다. 또한 에라스무스는 모어의 『유토피아』 저술을 독려하였고, 그것의 출판을 이끌었다. 이런 것들은 '지적교류동무'로서 이 둘 간의 우정이 얼마나 각별했는지를 예증해준다.[12]

그래서 당대 지성계의 최거두最巨頭 에라스무스의 사상을 이해하지 않고는 모어의 사상을 정확히 이해할 수 없다. 그러므로 여기서 기본적으로 모어가 에라스무스와 공유하고 있었던 에라스무스의 철인왕 통치의 낙관적 사회조화이상론에 관해 심도 있게 짚고 넘어가야 한다.

에라스무스계 휴머니스트들의 이상은 인간의 얼굴을 한 가톨릭 신을 토대로 인간의 이성적인 교화나 계몽을 통해 온 세상에 정의가 흐르게 함으로써 인간의 행복이 보증되는 정의공동체사회를 구축하는 것이었다.[13] 여기에서 이러한 사회구축의 가장 중요한 매개 수단은

---

12) S.W. Crompton, *Thomas More*, pp.37~45. 모어 덕분에 에라스무스는 헨리 8세의 자문관이 되어 경제적 후원을 받을 수 있었다. 『우신예찬*Encomium Moriae*』의 모리아Moriae는 '모어More'의 라틴어 표기이자 농담을 잘 받아들이는 '우둔함 혹은 농담증'을 의미하는 이중 의미의 어휘이다. Marie, Delcourt, *Le pouvoire roi dans L'utopie*, pp.24~25. 에라스무스가 허튼Hutton에게 보낸 서한에 따르면 모어는 에라스무스로 하여금 『우신예찬』을 쓰도록 독려하였다.

13) Maria Dowling, *Humanism in the Age of Henry Ⅷ*, pp.176~180.

바로 플라톤의 철인왕의 지혜였다. 당시의 시대상황상 지혜로운 왕이 없다면 정의가 숨 쉬는 행복한 사회는 도저히 성취될 수 없었다. 이런 점에서 에라스무스계 휴머니스트들의 사회조화이상론에는 식자귀족층으로서 자신들의 조언과 더불어 지혜로운 왕의 통치를 통해 사회조화의 행복한 정의사회가 달성될 것이라는 낙관론이 내포되어 있다. 모어도 그들과의 지적교류를 통해 기본적으로 그러한 에라스무스계 휴머니스트들의 사회조화이상론을 공유하고 있었다. 이들 휴머니스트들은 왕의 자문관으로서 자신들의 공익활동이 지혜로운 철인왕의 출현을 가져와 이러한 왕의 정의의 입김이 사방으로 번져가기를 소망했다. 이 소망이 현실화된다면, 휴머니스트들의 명상적 삶의 추구도 보장받을 수 있다. 이것은 결국 그들이 국왕자문관으로서 정치활동을 할 경우 왕에게 기생할 수밖에 없는 그들의 정황을 반영한다.

에라스무스계 휴머니스트들은 1480년대 이탈리아 피치노Marsilius Ficino(1433~1499)의 플라톤 번역 작품들을 접하게 된다. 이것은 플라톤의 '철인군주 통치론'을 접하게 하여 그들 사이에 그것의 현실적용 문제를 담론화하는 계기가 되었다. 이러한 지적 담론은 그들이 왕의 조언자로서 정치현실에 동참하게 하는 논거가 되었을 뿐만 아니라 철인왕이 명상활동의 삶을 추구하도록 자신들의 든든한 물적, 정신적 후원자가 될 것이라는 낙관적 생각을 공유하게 하였다. 이러한 맥락의 대표적인 책이 바로 에라스무스의 『그리스도교도 군주교육론*The Education of a Christian Princes*』이다.

이 책에서 말하는 에라스무스의 정의로운 사회의 기본 형태는 군주제이다.[14] 에라스무스는 최상상태의 공화국으로서 군주제 형태를 신과 자연 간의 유추를 통해 개진한다. 이러한 유추는 공화국 정의에 대한 그의 인식과 연관되어 있다. 에라스무스에 따르면 하위 위계에 속하는 존재는 상위 위계 존재의 본을 모방하도록 삶의 자연계와 영혼계는 일련의 존재 고리로 질서 정연하게 체계화되어 있다.[15] 에라스무스는 신의 선함과 권능 그리고 왕의 선함과 권능 간의 유추를 도출해내면서, 이들 두 권위야말로 인민의 행복을 이끄는 잠재적인 힘임을 강조한다.[16]

또한 에라스무스는 신법과 자연법의 중재자는 그리스도임을 역설함으로써 정의를 그리스도 철학의 맥락에서 이해하였다. 그리스도는 왕의 권위를 예시했으며, 그리스도교도 왕들로 하여금 그리스도법을 시행하도록 영향을 주었다. 그리스도법이야말로 최고의 지혜요, 고래 법의 궁극이요, 성서에서도 준거가 되는 덕의 원형이다. 에라스무스에 따르면, 모든 그리스도교 군주들은 덕치자德治者들의 전형으로서 늘 인민을 자애롭게 보살피는 데 관심을 쏟아야 한다.

> 그리스도교 군주로서 당신은 고결한 이교도 군주들과도 달리 처신해야 한다. 그리스도는 온 세상 군주로서 인민을 자애롭게 보살폈다. 위풍당당한 권위는 절대권력에서가 아닌 덕치에서 나오는 것이다. 왕다운 권위는 폭정tyranny이 아닌 자애로운 보살핌service에서 나온다.[17]

---

14) Erasmus, *The Education of a Christian Prince*, reprinted ed. Trans. and ed. by L. K. Born, pp.173~174. 유토피아국은 입헌군주제에 가깝다. *Humanism and the Social Order in Tudor England*, pp.91~92 참고.

15) Erasmus, *The Education of a Christian Prince*, p.231.

16) Ibid., p.219.

그리스도교 군주들을 궁극적 정의의 길로 안내하는 성령법인 신법은 모든 법들 중에 지존의 것이다. 다른 모든 법들은 신법에서 점진적으로 흘러나온 것이다. 최상위의 그리스도교법 lex Christiani은 창조된 인류를 위한 신법의 필수 불가결한 보증법으로서 자연법 lex naturae과 결합되어 있다. 창조 Genesis는 자연에게 그 의미와 중요성을 부여하는데, 그것은 신의 이미지 Imago Dei의 구현이자 지고한 도덕적 범례인 그리스도에게서 궁극적으로 계시되었다. 보다 더 상위적 의미의 자연법은 본디 이성적 창조물로서 타락하기 이전의 인간에게 부여된 순수한 법이었다. 인간의 타락 이후에 그 법이 왜곡되었지만 파괴된 것은 아니었다. 보다 더 하위적인 의미의 자연법은 선천적 권리에 대한 법으로서 사회 혼돈을 방지하는 데 필요한 법들을 지칭하는 데 사용되었다.[18]

에라스무스는 신법은 자연에 계시되어 있는데 그것이 교육을 통해 계서적 상위자인 덕치군주에 의해 중재되는 것임을 주장하면서 유추적 방식의 비유를 통해 인민에게 지혜로운 군주가 얼마나 중요한지를 역설한다.

첫 번째 유추는 자연 위계에서의 군주의 지고함이다. 벌통 깊숙한 곳의 지배 벌 ruling bee은 벌침이 없으면서도 최상의 형상을 하고 있다. 이 벌이 바로 벌통 속의 벌들 간 유대와 질서체계의 핵심이다. 그러니까 군주는 공화국에서 지고한 위치에 있으며, 안정된 자세를 취하며, 자애가 충만한 탁월자로서 온정적 가부장 Paterfamilias이다.[19] 따라서

---

17) Ibid.
18) Ibid., p.238.
19) Ibid., pp.147, 165~166, 208.

군주는 가족의 상호 공유된 운명을 위해 성실히 노동하는 온유한 가장과 같은 존재이다.[20] 에라스무스는 유기체적 비유를 통해 군주가 신체의 눈·심장·마음으로서 최고의 공화국 체계 통솔의 힘이라는 것을 강조하고 있다.[21] 이러한 유추는 위계적 권위로서 군주권의 본질을 설파한 것이었다. 그러니까 광의적 의미로 군주의 지혜는 사회질서 조건의 수호방패이므로 그것이 없다면 정의가 번성할 수 없을 것이었다.

두 번째 유추는 사회질서를 수립하고 보존하는 군주의 기능을 강조했다. 군주는 사회의 폭풍우를 헤치고 국가라는 배를 조정하는 항해사가 되어야 한다.[22] 군주는 기능상 인민들의 아픈 곳을 치료하는 내과의사에 비유되기도 하고,[23] 양떼를 모는 목자처럼 혼돈과 죽음의 힘들로부터 인민을 보호하는 안전판에 비유되기도 한다.[24] 에라스무스는 군주제와 폭정 간의 예민한 대조를 이끌어낸다. 그런데 폭정은 정치의 최악의 형태였는지라, 어떤 희생을 무릅쓰고라도 피해야 했다. 에라스무스는 폭정에 대한 최상의 제어판으로서 이상군주론을 거론했다. 그의 이상군주론의 핵심은 군주가 폭군tyrant이 되지 않도록 방지하는 데 있었다. 에라스무스는 폭군을 신과 대립적으로 구도화시킴으로써 군주와 폭군의 관계를 이분화하여 논의한다. 그에 따르면 폭군은 신의 뜻에 이반하는 사탄 같은 존재다.[25] 이 두 형태는 서로

20) Ibid., pp.169~171, 246.
21) Ibid., pp.175~176, 186, 236.
22) Ibid., pp.140, 203~204 ; Plato, *Politeia*, 박종현 역주, 『국가政體』, 제6권 pp.488~489.
23) Erasmus, *The Education of a Christian Prince*, pp.188~189, 205, 236.
24) Ibid., pp.75~76, 168, 170.

정반대의 이미지와 개념을 가지고 있었다. 이를테면 인간 타락의 야수적 저주의 이미지는 신의 창조적 이미지가 역으로 전도된 것이었다.[26] 이것은 묵시록적 재앙과 이상향적 평화가 일순간에 전도될 수 있음을 예증하는 것이다. 위계질서의 반전이나 혼돈상황은 순식간에 발생할 수 있다. 에라스무스는 폭정을 재앙적인 것으로 보았다. 왜냐하면 그것은 정의로운 사회를 일순간에 불의한 사회로 반전시키는 표징이었기 때문이다. 덕치의 상실은 사회가 암울한 힘인 폭정이라는 악에 내맡겨진다는 것을 의미했다. 왕왕 에라스무스는 대립적 구도를 설정하는데, 대표적인 일례가 자기중심주의pride 대 시민적 마음가짐civic~mindedness의 대칭적 이분화이다. 이러한 방식으로 그는 탐욕의 대칭 개념은 절제이고, 잔인성과 폭력의 대칭 개념은 자애이며, 무법의 대칭 개념은 법에 대한 겸허한 순종임을 말함으로써 개념 구도를 이분화한다.[27] 에라스무스에게 대립적 구도의 앞의 것들 각각은 정의공화국의 존재성을 위협하는 치명적인 악의 근원들이다. 폭군은 겉으로는 정의로운 것처럼 보이는 기만술을 교묘하게 사용함으로써 자신의 인민을 착취하게 될 것이었다.[28] 이러한 폭군은 야욕적인 정복욕과 온갖 권모술수 등을 동원하여 각종 악폐를 조장해냄으로 보살핌을 받아야 할 인민을 도탄에 빠트린다. 일반적 유추에 따르면 폭군은 자애 없는 목자로서 벌침을 가진 사악한 지배 벌인 것이다.

25) Ibid., pp.223~224 : 에라스무스가 말하는 폭군tyrant은 비합법적 찬탈자로서의 왕이든 혹은 합법적 계승자이지만 불의한 행위자로서의 왕이든 구분 없이 정의롭지 못한 왕 모두를 지칭한다. 그러니까 그 개념은 광의적·도덕적 의미를 갖고 있다. 모어도 폭군을 그런 의미로 사용한다.

26) Charles Trinkaus, *The Scope of Renaissance Humanism*, pp.380~382.

27) Erasmus, *The Education of a Christian Prince*, pp.59~86.

28) Ibid., pp.64~67, 213.

제1장 시대적 배경과 모어의 다양한 인간상 43

그러니까 폭군은 불의가 가득한 왕국의 악의 원형으로서 불신의 대상이요, 공포의 대상이요, 증오의 대상이다.[29] 이에 반하여 덕의 원형은 그리스도교 군주였다. 덕의 모델로서 그리스도교 군주는 공화국의 지고지존의 선한 시민의 상징이다.[30] 그러니까 에라스무스 같은 크리스천 휴머니스트들에게 덕이란 신의 정의와 격에 맞는 적절한(데코럼한decorous) 행동을 포함하는 도덕 기준을 함축하고 있는 것이었다. 이러한 도덕 기준은 군주의 인물됨이나 성향, 군주의 성격이나 통치 태도 속에 노정되어 있다.

왜냐하면 왕을 왕답게 하는 것은 왕의 칭호가 아니라 그 성격이기 때문이다. (…) 그러나 군주는 국가 없이는 존재할 수가 없다. 달리 말하면 국가는 군주의 관념을 담기 마련이다. 그러나 인민의 동의 없이 홀로서는 군주는 그 어떤 의미가 있겠는가. (…) 군주는 신체적 외양이나 그의 소유 재산에 의해서가 아니라 정신의 특질에 의해서 판단되는 법이다. 또한 타인들의 찬사에 의해서가 아니라 군주 자신의 행위기준에 의해 평가될 수 있을 뿐이다.[31]

주인이 명령하고 종이 복종하는 역할을 규정한 사회질서 하에 계서적 상위자로서 군주의 특성 속에는 신의 섭리적인 질서가 반영되어 있다.[32] 이것은 지배 벌, 온정적 가장 및 정신의 육체에 대한

---

29) Ibid., pp.59~60, 65~69, 73, 77.
30) Ibid., pp.187~189.
31) Ibid., pp.169, 188.
32) Ibid., p.174.

우위성에 관한 자연스런 유추의 핵심이다. 덕은 또한 의도된 목적을 달성하는 데 있어서 군주 행위의 효능을 함축한다. 군주는 기준이자 범례였다. 군주의 덕망적인 성격은 타고난 재능들에 의해서만큼 가정교사의 군주교육에 의해서 형성된다. 군주교육은 군주의 통치 기술을 발전시켰다. 이러한 통치 기술은 군주가 플라톤적인 허상의 동굴에서 벗어나게 하도록 하는 '참된 가치들에 관한 통찰력'을 키워주었으며, 지혜의 배양을 통해 덕들에 관한 본을 보여줌으로써 덕들의 모방이 정의로운 사회의 결과를 가져오리라는 낙관을 품게 하였다.[33] 정의 같은 덕들은 학문적인 것으로 인식되지 않았으며 사회의 공익을 달성하기 위한 의지적 열정 같은 것으로 인식되었다.[34] 가톨릭 세계의 고래적인 합의를 토대로 한 이성적 논거에 의해, 에라스무스주의자들이 보기에 공익은 '폭군과 그의 인민 사이 증오의 대립개념'으로서 '덕치군주와 그의 인민 간의 자연스러운 상호애' 같은 것이었다.[35] 이것은 공공복리를 향유하는 것, 공화국의 이익을 최우선시하는 것, 공동체 전체 인민들 간의 형제애fraternity를 공유하는 것 등으로 표현되었다.[36] 군주제와 덕에 관한 에라스무스의 강조는 정의로운 사회의 달성과 그 소망이 정의를 실현시킬 수 있는 지혜로운 군주에게 귀속된다는 것을 의미했다. 군주의 이러한 지혜는 침투효과trickling effect에 의해 단계적으로 무지한 인민에게 흘러내려가 모방되게 된다.

에라스무스는 군주가 어떤 존재이고 정의와 지혜가 군주에게 어떻

---

33) Ibid., p.148.
34) Charles Trinkaus, *In Our Image and Likeness : Humanity and Divinity in Italian Humanist Thought*, vol. 1, pp.156~158.
35) Hiram Haydn, *The Counter-Renaissance*, pp.53~54.
36) Erasmus, *The Education of a Christian Prince*, pp.140, 148~151, 155.

게 상관되어있는지를 다섯 가지로 요약한다.

첫째, 군주는 신과 인민들 간의 윤리적 중재자였다. 그에 의하면 신이 우주를 지배하듯이, 이러한 본을 따르는 군주는 그 자신의 범례를 통해 공화국을 통치해나간다. 신은 이성적인 것이 아닌 그 어떤 것에 의해서도 흔들리지 않으며 최고의 판단력으로 우주를 지배하는데, 군주는 그의 모든 행위에서 이러한 신의 본을 따르며, 사익 동기들을 버리고, 이성적 판단만을 사용한다. 아울러 군주는 본디 저속한 인민의 사리사욕으로부터 초연함을 유지할 수 있는 냉철함으로 무장해 있어야 하는데, 바로 이 냉철함이 군주의 공익의지와 결합됨으로써 사회정의는 실현된다.[37] 그의 견해에 따를 때, 그리하여 군주는 신과 인민 간의 진정한 윤리적 중재자가 되는 것이었는데, 그 준거는 성서에서나 그리스도 지혜에서 발견될 수 있다.

둘째, 군주는 그 자체가 살아있는 법이다. 에라스무스에 따르면 선량하고 지혜로우며 올곧은 군주는 일종의 날숨들숨 생명의 법 그 자체이다. 그러하기에 인민에게 소수의 법만 있으면 된다.[38] 그러나 그는 이러한 것이 실현되기 위해서는 군주는 측근의 정직한 보좌진에 의해 보필되어야 함을 주장한다. 이것은 군주가 최상급 덕의 소유자이긴 하지만, 그도 오류를 범할 수 있는 인간이란 점에서 지혜로운 식자귀족층의 정직한 도움이 없이는 살아있는 법으로서의 군주의 속성이 변질될 수 있음을 의미하는 것이었다.[39] 결과적으로 에라스무스는 정의라는 덕이 군주의 내면에 잠재해있지만, 그것이 구체화되기

---

37) Ibid., pp.159, 182.
38) Ibid., p.221.
39) Ibid., p.212.

위해서는 덕 있는 식자귀족층의 보필이 필수적으로 선행되어야 한다고 생각했던 것이다.

셋째, 군주 그 자신도 국가의 법에 따라야 한다는 것이었다. 에라스무스에 따르면 도시나 왕국을 번영하게 하는 중요한 방법은 최상의 군주에 걸 맞는 최상의 법을 가지는 것이었다. 가장 바람직한 상황은 모든 인민이 군주에게 복종할 때와 군주 그 자신이 법에 따를 때 생겨난다. 이렇게 하였을 경우 정의와 명예의 이상에 합치하고 목적상 모두의 이익에 공히 부합될 것이었다.[40] 달리 말하면, 법에 대한 군주의 복종은 공화국의 상호애 이상을 형성시키는 중요한 부분이었다. 법에 대한 이러한 복종은 군주로 하여금 폭정적인 행동과 교만에서 탈피하여 겸양을 자신의 몸에 배어들게 하는 원천으로 작용하기도 하는 것이다.

넷째, 진정한 군주는 두루 공익을 위한 가능한 한 몇 가지 최상의 법만을 선택한다. 에라스무스에 따르면 훌륭한 군주와 지혜로운 보좌진이 있어 질서정연하게 자리 잡은 국가에서는 몇 가지 법만으로도 정의가 넘치는 사회가 된다.[41] 그에 따르면 법은 해석상의 여지로 불건전하게 왜곡될 소지를 늘 안고 있다. 폭군들은 법들을 많이 만들어 희생양으로서 무지한 인민이 그 복잡한 법률 해석 망에 걸려들게 함으로써, 정의 실현 도구로서의 법의 의도와 효용성을 곡해시킨다. 그는 공정한 법이 사악한 의도에 의해 악용되거나 왜곡되는 것보다 더 파멸적인 것은 없음을 주장한다. 왜냐하면 이로 인해 위계질서

---

40) Ibid., p.264.
41) Ibid., p.221. 모어와 마찬가지로 에라스무스는 변호사들이 시민법과 교회법을 왜곡시켜 악용하고 있음을 지적한다.

사회에서 계층 간 신뢰가 무너지게 됨으로써, 각 계층의 계서적 역할 분담의 해체를 가져와 종국적으로는 체제 붕괴를 초래할 것이었기 때문이다.

다섯째, 에라스무스는 정의보다 지혜를 우위에 놓는다. 이렇게 지혜를 우선시하는 것은 이성적 사고와 덕스러운 행위를 형성키 위한 교육의 힘에 관한 그의 확신에 의해서 해명될 수 있다. 지혜는 정의에 선행했다. 왜냐하면 지혜는 군주로 하여금 간신배들의 아첨적인 접근을 거부하게 하며, 충심어린 자문관들의 건설적인 자문을 수용하도록 촉진시키기 때문이었다. 지혜는 군주의 사려분별력을 다져주는 필수적인 덕이다. 이 분별적 지혜는 군주로 하여금 중용과 자애의 가치를 통찰할 수 있게 해주는 힘이다. 그러니까 지혜는 군주로 하여금 사회를 체계화하게 하고, 갖가지 역경에 직면해서조차 인민이 모방할 수 있는 덕스러운 범례를 제공하게 한다. 또한 지혜는 군주가 인민의 방패막이가 될 만한 기개를 배양하게 하는 순기능적인 활기찬 생의 윤활유로서의 역할을 할 것이었다. 확실히 에라스무스에게 사변적인 지혜는 실천적 도덕 행위인 정의의 문제에 우선한다. 그에게 지혜의 의미는 사물이나 상황을 있는 그대로 객관적으로 통찰할 수 있는 능력이다. 따라서 지혜로운 군주는 간신배들의 아첨과 간언을 단호하게 물리치려할 것이고, 최상의 법들만을 선택하려할 것이며, 공익을 추구하려 할 것이었다. 일반적으로 지혜로운 군주는 자연 원칙들을 사회적 필요에 적용할 수 있을 것이었다.[42] 대체로 이러한 것은 고전고대의 모델에 기원을 둔 보감寶鑑으로서 모방의

---

42) Ibid., p.188.

의미를 재론한 것이다. 최고의 지혜로운 군주인 그리스도는 그리스도교도 군주를 위한 지혜를 예시한다. 지혜의 왕으로 칭송된 솔로몬은 늘 지혜를 갈구하였는데, 솔로몬 또한 지혜로운 군주였기에 인민에게 정의로운 재판관이 될 수 있었던 것이다. 당시 신성로마제국 황제 카를 5세(에스파냐 카롤루스 1세)의 자문관이었던 에라스무스는 카를이 솔로몬과 같은 지혜로운 군주의 반열에 오르기를 기대한다.[43]

교육을 통한 지혜에 관한 강조를 토대로 하는 인간성에 대한 긍정적 사고, 점진적 사회개혁에 대한 기대 등이 플라톤의 철인왕 모델에 대한 휴머니스트들의 적극적인 흡수 속에서 구체적으로 표현된다. 에라스무스는 이성이 깨우쳐질 수 있는 인간다운 인간이라면, 그가 농부든 군주든, 즉 그 누구이든지 간에 이성이 깨우쳐짐으로 덕스러워질 수 있다고 말한다. 그러나 플라톤에게는 교육될 수 있는 인간은 신의 형체나 사물의 구조를 간파해낼 수 있는 철학적 성향을 지닌 비범한 자들에게만 국한되어 있다. 플라톤에게 지혜라는 선은 어둠의 동굴로부터 거짓되고 불의한 사회를 구할 수 있는 태양이었다.[44] 왕의 권위는 지혜를 구현하는 데 필수불가결하다. 권력과 지혜의 결합이 이뤄질 때까지는 공화국은 이쪽저쪽(권력이나 지혜)에 대한 일반민들의 편애에 의해 혼돈상황이 초래될 수밖에 없다. 폭압적인 군주의 역상인 철인왕은 공화국 존립과 행복한 세상의 중심축이다. 이러한 철인왕 통치론에 대한 관심은 1480년대 피치노의 플라톤 번역 이후 휴머니스트들의 저술들에서 확산되어갔다. 에라스무스는 플라톤의 철인왕 이론의 외연을 그리스도철학과 관련시켜서 더욱

---

43) Ibid., pp.133~177.
44) Plato, *Politeia*, 박종현 역주, 『국가政體』, 제5권 473, 제6권 487.

확장하였다.

> 만일 그대가 철인이 아니라면 그대는 군주가 될 수 없다. 아마도
> 그대는 폭군이 될 것이다. 그런데 철인이 되는 것은 본질적으로
> 그리스도교도가 되는 것과 마찬가지이다. 보라! 그리스도는 그 자취
> 가 가장 위대한 철인으로 기억되고 있지 않는가. 이 둘의 유일한
> 차이는 명칭에 있을 뿐이다.[45]

『유토피아』에서의 작중모어는 플라톤주의적 휴머니스트 히슬로
다이에 대한 반론과정에서 철인왕 이상을 활용한다. 작중모어는 유럽
의 불의들을 요목조목 기술함으로써 유럽현실에서는 '철인왕 통치이
상'이 요원한 일임을 주장하는 히슬로다이에게 자신의 반론을 펼친다.
이를테면 지혜로운 국왕자문관이 그 직책을 사임한다는 것은 그나마
실낱처럼 유지되었던 공화국 행복조차 포기하는 것이 될 것이라고
침울하게 말한다.[46] 이것은 정의공화국 담론을 통해 모어가 그러한
유럽적 환경에서의 철인왕에 대한 휴머니스트들의 희망에 회의를
갖고 있으면서도 공익활동에 관한 휴머니스트들의 생각에 힘을 실어
주고 있음을 함축한다. 모어는 분명 처음에는 지혜로운 군주로서
헨리 8세에게 기대를 걸었다가 그가 폭군 성향의 군주로 변해가자
철인 군주의 출현 가능성에 대해 회의를 품게 된다. 그렇지만 그는
군주에게 의지할 수밖에 없는 시대상황에서 여전히 헨리 8세가 정의

---

45) Erasmus, *The Education of a Christian Prince*, p.150.
46) CW 4, *Utopia*, p.87 : "철학자들이 왕의 실망이나 분노를 무릅쓰고라도 왕에
   게 자신들의 진심어린 자문을 하지 못한다면 공화국 인민의 행복은 저만큼
   멀리에 있을 것입니다."

를 실천하는 지혜로운 군주로 복귀하기를 갈망하였다.

2. 법조 공직인 모어

1494년부터 모어는 법학도로서의 교육을 받기 시작했다. 처음에는 예비법학원 챤서리 소속 뉴 인 및 퍼니벌즈 인 법학원에서 수학했으며, 그러고 나서 1496년부터는 링컨즈 인 법학원에서 수학하였다. 법학도 모어에게 깊은 영향을 끼친 법 사상가는 1470년경에 법학도필독서 『잉글랜드법 예찬론 *De Laudibus legum Anglie*』의 저자 포테스큐 Sir John Fortescue였다.

포테스큐에 따르면 성서와 잉글랜드 연대기는 학생들의 필수교양 과목이었다. 아버지 존 모어처럼 아들 모어도 그 과목을 수강했다. 모어 가문에는 지식인들의 필독 연대기인 제프리 먼머스 Geoffrey of Monmouth의 『브리튼 왕 열전 *History of the Kings of Britain*』이 소장되어 있었다. 역사는 잉글랜드 법조인들에게 중요했다. 잉글랜드 법은 로마법에 의거한 대륙의 성문법과는 달리 역사적 판례를 법리적 논거로 삼는 불문법인 보통법이었기 때문이다. 헨리 8세는 헨리종교 개혁과 관련하여 관습법으로서 보통법의 위대한 신화적 역사성을 통해 법리적 근거를 조합해냄으로써 초국가 권위적인 로마가톨릭교회로부터 잉글랜드 교회를 분리시키는 데 성공하게 된다.

법을 대하는 포테스큐의 태도는 한 마디로 '성직자적 clerical'이다. 그의 견해에 따르면 법은 신성한 것이고, 법조인은 일종의 세속계의 성직자들이며 인간들에 의해 공표된 모든 법은 진실로 신에 의해 포고된 것이었다. 그러하기에 법은 신의 은총이 구체화된 것이었다.

포테스큐의 이러한 태도는 사제직을 원했다가 법조인의 길을 택했던 모어에게 차선의 선택이지만, 성직으로서 법조인 직업에 대해 소명감을 갖게 해주었다. 모어는 성직자가 될 수는 없었으나, 법조인 활동을 통해 신을 섬길 수 있는 기회를 포착했던 셈이다.[47)

동시기 사람들은 관습이 인간 삶의 일상사에 관여한다고 생각했기 때문에 그것을 소중히 여겼다. 매사 회의적인 철학자들을 제외한다면 대부분의 사람들에게 이러한 관습은 신의 섭리가 배어있는 진리였다. 이 관습 속에는 생의 목적이 내재되어 있다. 세상은 죄악으로 신음하고 있지만, 신은 그들을 구원할 것인데, 구원받는 자들은 바로 그 관습에 순종하는 자들이었다. 잉글랜드에서는 관습은 곧 법을 의미하는 것이었으니까, 관습에 따른다는 것은 법에 따른다는 것을 의미한다. 모어에게 교회법이 성령적인 신법 그 자체라면 보통법은 성령의 입김이 배어있는 세속법이다. 따라서 본질적으로 양자가 충돌할 리가 없었다. 로마제국에 의해 그리스도교도들이 박해받으면서도 로마법과 로마당국의 권위에 순종한 것도 바로 이러한 그리스도교도들의 법 관념에 연유한 것이었다. 중세에도 관습에 법의 위상을 부여하여 모든 법률들이 관습과 일치한다고 믿었다. 모어 또한 그러한 관념을 가지고 있었다.

포테스큐는 잉글랜드 관습들이 그 어떤 그리스도교도 국가들의 것들보다 더 오래된 것이라고 믿었다. 그는 트로이 몰락 후 알비온 Albion(잉글랜드의 옛 이름)으로 도망쳤던 브루트Brute와 그의 추종자들에 의해 잉글랜드가 세워졌다고 제프리 먼머스가 전하는 신화를

---

47) Richard Marius, *Thomas More*, p.30.

열렬히 받아들였다. 그러니까 잉글랜드 법으로서 관습들은 로마법을 비롯한 그 어떤 법들보다 훨씬 더 장구한 것이었으며, 그것들의 위대한 신화적 성격 때문에 이 잉글랜드 관습들은 그 어떤 다른 것들보다도 창조 시 신이 인류에게 준 자연법에 더욱 가까운 것이었다. 자신들이 반쯤 천국에서 산다고 여기는 잉글랜드인들은 잦은 전쟁으로 저주받은 로마법의 나라 프랑스에서는 결여되어 있는 신화적 완성도를 그들의 관습법에 부여하였다.[48] 이러한 잉글랜드 법의 신화적 성격은 이윽고 헨리 8세가 로마가톨릭교회에서 잉글랜드 교회를 떼어내는 선전·홍보 전략에서 활용된다.

그러나 포테스큐의 잉글랜드 법개념으로부터 모어가 배운 가장 중요한 것은 왕의 권위는 이러한 신성한 법의 제한을 받는다는 것이었다. 포테스큐는 말하기를 왕이 성사에 따라야 하듯이 법에 따라야 했으며, 만일 왕이 신성한 관습 규칙에 위배되는 법률들을 만든다면, 잉글랜드민들은 그 왕에게 복종하지 않을 권리가 있다는 것이었다. 포테스큐 생각에 그런 불량 왕들은 의회의 동의 없이 과세하려 했으며, 인민의 가난한 상태를 그대로 유지하려 했다. 포테스큐는 왕정은 인민의 생명·자유·재산을 안전하게 지키는 것이 제1의 존재이유이고, 특히 재산의 소유는 인간이 충분히 인간다워지려면 반드시 필요한 것이라 생각했다. 재산이 없다면 인간들은 노예상태로 전락할 것이었는데, 이런 노예들은 그리스도교 문명에 필요한 옳고 그름에 대해 구분할 수 있는 '온전한 능력 소유자들'이 아니었다. 그래서 노예 같은 인간이 되지 않으려면, 인민들을 노예상태로 몰아가는 왕정에게

---

48) CW 9, *The Apology*, p.133.

저항해야 할 것이었다. 또한 포테스큐는 잉글랜드 법은 그 어떤 고문도 사용치 않으며, 명확한 유죄 증거가 없다면, 피고는 석방되어야 함을 역설하고 있다. 모어는 포테스큐의 이러한 법 개념에서 인간애적인 법정신을 배울 수 있었다.[49] 이러한 포테스큐의 법정신은 현실 세상의 불의에 민감한 청년 모어에게 정의 의식을 고취시켰을 것이다.

모어는 대략 1501년경 법학원 수학을 마친 후 베리스터 자격을 획득하여 정식법조인이 되고, 같은 해 퍼니벌 법학원 부교수와 이어 모교 링컨 법학원 부교수를 겸임하게 된다. 그러나 법학원 부교수 재임 4년여 기간은 카르투지오 수도회에서 수도생활을 하면서 성직자의 길을 갈 것인가, 결혼을 하여 세속인의 길을 갈 것인가를 두고 갈등하는 시기였다. 결혼 후 법조인으로서의 모어의 이력은 정치인 입문으로 이어져서 1504년 런던 의회의원에 당선된 후 런던 치안 부시장undersheriff, 햄프셔 치안판사, 국왕자문관, 재무부 차관under treasurer, 하원의장, 추밀원 회의 주재관, 로드 챤슬러 등의 벼슬길에 올라 세속적 권세와 명예를 꿰차게 된다.

법조정치인으로서 모어가 이렇게 승승장구할 수 있었던 데에는 법조인으로서의 그의 공직公職계서주의도 한 몫 하였다. 법은 기본적으로 사회질서를 유지하는 것이었는데, 그는 이러한 질서의식을 '상위직분 존중질서'로 변이시켰다. 모어에게 이러한 질서가 깨진다는 것은 '계서연쇄고리'의 와해로 인해 사회질서의 붕괴를 가져오는 것이었다. 나중에 죽음에 직면하면서까지 왕의 충성스러운 자문관임을 자인한 것이나, 왕이나 교황 같은 상전들의 불의에 대놓고 잘잘못을

---

49) Richard Marius, *Thomas More*, p.34.

지적하지 못하고 침묵을 지키거나, 글을 통해 비유적으로 비난하는 것도 이러한 계서의식에서 이해되어야 한다. 그러니까 모어가 교회 수장권 수호와 관련하여 교황 편에 기울어진 것도 교·속계에서 왕이란 직분보다 교황이란 직분이 위계상 더 상위에 있기에 그러한 것이었다. 정의를 수호하기 위한 계서존중의 법조공직자로서 모어의 논리는 말년에 모어가 반이단 논객이자 가톨릭 신의 정의를 위한 수호자로서 목소리를 높이는 데 확연히 드러나게 된다.

3. 사제적 평신도 모어

1500년에서 1505년 결혼 전까지의 시기는 모어가 세속인의 길을 갈 것인가 아니면 성직자의 길을 갈 것인가의 문제를 두고 정신적 갈등이 첨예했던 시기였다. 이 시기에 모어는 휴머니스트들과 지적 교분을 나누고 법조계에서 종사하면서도 엄격한 카르투지오회 수도원의 평신도 수사로서 수련하고 있었다.[50] 모어와 에라스무스가 주고받은 1519년경 서한에 따르면, 모어는 수도원에서의 4년간의 수련 후 사제서품을 받을 것에 대해 생각했지만, 아내를 취하고자 하는 욕망을 떨쳐버릴 수 없었다. 그래서 그는 불량한 성직자가 되기보다는 차라리 충실한 남편이 되기로 결정하여 세속인의 길을 가게 되었던 것이다.[51] 모어는 카르투지오회 수도원 기숙자로서 철야기도, 단식과

50) Alistair Fox, *Thomas More : History and Providence*, pp.9~10, 17~18. 폭스는 이 시기를 청년기 모어의 갈등이 첨예화된 정서 불안의 시기로 규정하고 있다.

51) Thomas Stapleton, *The Life and Illustrious Martyrdom of Sir Thomas More*, trans. Philip E. Hallet, p.9.

예배에 열중했는데, 이때부터 그는 수도자들의 육체적 고행방식으로 정착된 거친 고행자 셔츠 착용과 고행용 채찍사용을 생활화하였다. 그 이후에도 자택에서 그리고 수감 후 옥중에서 이러한 고행은 계속되었다.[52]

모어는 늘 카르투지오회 수도사들을 존경했다. 수도사 출신이었던 에라스무스는 수도사들을 거의 위선자들로 낙인찍었고, 다시는 수도원 생활로는 돌아가지 않으려고 애를 썼다. 이에 비해 모어는 수도사들의 위선에 대해 비판적이었으면서도 평생 수도원 생활을 갈망했다. 그는 늘 카르투지오회 수도사들을 회상하고 그곳 수도사들의 성도다움을 상기하곤 했다. 카르투지오회 수도사들은 진지하고 경건했으며, 많은 시간을 예배·독거·묵상 속에서 보냈다. 이 카르투지오회는 수도사들에게 엄격한 신앙과 도덕적 잣대를 적용했으며 부패된 적이 없었기에 개혁될 필요가 없는 모범적인 수도회였다. 종교개혁이 다가왔을 때, 이 수도회만큼 구 신앙을 위해 참혹한 죽음과 박해의 고통을 기꺼이 감수코자 한 수도회는 찾아보기 힘들다. 비록 평신도 수도사였지만, 말년에 죽음으로 귀결되는 엄격한 신앙인으로서의 모어의 강골기질은 카르투지오회의 그러한 분위기를 통해 체득된 것이었다.

결혼에 대한 모어의 결정은 고뇌에 찬 선택이었다. 모어의 결혼관은 아우구스티누스의 결혼관에 토대를 두고 있었다. 아우구스티누스는 기본적으로 결혼생활을 포함해서 모든 성욕은 죄악이라고 생각했다.[53] 아우구스티누스에 따르면, 감각적인 죄들 가운데 최악의 것은

---

52) William Roper, *The Lyfe of Sir Thomas Moore, Knight*, written by Elsie Vaughan Hitchcok, pp.48~49.

53) Richard Marius, *Thomas More*, p.37.

성욕이었다. 그래서 그는 부부성관계에서 출산에 그 의미를 국한시켰다. 왜냐하면 이 세상은 죽어가는 구세대 생명을 대신할 새 세대 생명에 대한 꾸준한 공급이 요구되었기에 말이다. 그러나 부부성관계에서 원천적으로 쾌락이 동반될 수밖에 없기에 그는 부부성생활이 인간 타락에 대한 표징이라고 언급하기까지 했다. 아우구스티누스는 젊었을 때 사랑하는 여인이 있었지만, 그리스도교도로 회심했을 때, '신의 은총'이라는 의미의 이름을 지닌 아데오다투스Adeodatus라는 아들을 그에게 안겨주었던 그 여인을 버림으로써, 인간의 타락에서 벗어나고자 했다. 아우구스티누스에게 결혼은 인간 종족 번식을 위한 필요악이었던 셈이다. 모어의 결혼관도 그러하였다. 이러한 생각을 지닌 모어는 가능한 한 결혼을 피하고자 했다. 그러나 모어는 고행실천의 도움을 받는다 할지라도, 인간으로서 육체의 유혹을 떨쳐버릴 수 없음을 체감했다. 그래서 모어는 영적인 스승 콜렛의 조언에 따라 결혼하여 세속계의 성직으로서 법조인의 삶을 살기로 결심한다.[54] 그러나 이후 '세속인으로서의 성직 소명의식'을 가지고 법조인의 삶에 최선을 다하지만, 모어는 카르투지오회 평신도 수도사 생활에 대한 미련을 결코 버린 적이 없었다. 그것은 말년 옥중에서 사색에 잠긴 모어가, 처형장으로 끌려가는 카르투지오회 수도사 몇 명을 목격하고 난 뒤, 면회 온 자신의 딸 마가렛에게 자신이 세속인으로 살아야했던 회한을 다음과 같이 말하는 데서 단적으로 예증된다.

애야, 저 복된 신부님들이 보이지. 마치 신랑이 신부에게 가는

---

54) Ibid., pp.37~38.

것 같이 즐겁게 죽음으로 가고들 있지 않니. 평생 고되고 고통스러운 수도자의 생활을 한 저분들과 큰 차이가 있구나. (…) 그런데 네 우매한 아비는 겁쟁이로 죄를 지으면서 살았기에, (…) 하느님께서는 이 세상의 비참한 수렁에서 더 고생하라는구나.[55)]

제4장과 5장에서 고찰될 것인 바, '리처드 헌 Richard Hunne 사건' 같은 데서 간파되는 모어의 성직자 존중주의[56)]나 모어의 『리처드 3세사』에서 드러나는 성역 존중주의[57)] 그리고 모어의 글들 곳곳에 등장하는 내세를 염두에 둔 죽음에 대한 집착[58)] 등은 바로 모어의 사제적 인간상의 성격에서 비롯된 것이었다.[59)]

제3절 모어의 저서와 의식의 변화

도덕적 감수성이 예민한 모어는 세상 불의에 대해 민감하게 반응했다. 『유토피아』에서 간파될 수 있는 것처럼 현실의 악이나 불의에 대한 그의 체감도는 실 바늘만큼이나 섬세하고 예민했다. 쟁점이 없는 평상시에는 그의 심리상태가 잔잔해 보이지만, 벌어지는 상황의 온도차에 따라 그는 글이라는 매개체를 통해 희열과 만족, 회의와

---

55) 김진만, 『토마스 모어』, p.148.
56) Richard Marius, *Thomas More*, pp.126~132.
57) Alistair Fox, *Thomas More : History and Providence*, pp.76~77, 85.
58) James Monti, *The King's Good Servant but God's First*, pp.275~285.
59) R. W. Chambers, "The Saga and Myth of Sir Thomas More," Proceedings of the British Academy, vol. XII, pp.15~21.

우울, 격분과 좌절 등의 심리를 극명하게 표출시킨다.[60] 저서들에 나타난 모어의 심리적 변화는 대체로 제1기 1501~1504년의 청년기, 제2기 1509년 헨리 8세 즉위기 초엽, 제3기 1515년 『유토피아』 집필 이전 시기, 제4기 『유토피아』 집필 무렵 시기, 제5기 1520년 초 루터 사상의 잉글랜드 침투 시기, 제6기 1529년 로드 챤슬러직 취임부터 1532년 사임 후 은둔 시기, 제7기 1534~1535년 옥중기로 구분해 살펴볼 수 있다. 이것들을 도표화 해보면 다음과 같다.

〈표 1〉 작품을 통해 본 모어의 심리 변화상[61]

단계(심리상태)	주요작품들	내용의 전반적인 기조	키워드
제1기 : 도덕 감수성이 예민한 청년으로서 주변에서 목도되는 죽음·악·불의 등의 관찰에 대한 탐색기(우울, 사색)	『아홉토막 야외극』 『한탄』, 『운수』(시와 시극)	이 세상에선 퇴치될 수 없는 악의 힘, 세속쾌락과 욕망의 덧없음, 이성의 결여	허무, 절망, 운명, 죽음, 명상적 삶
제2기 : 헨리 8세즉위 무렵(잉글랜드 휴머니즘 확산기) (환희와 만족)	1.『풍자경구』 시 2.『피코 전기』(전기 문학적 역서)	1. 휴머니스트들의 낙관적 이상 노래함 2. 법조인이자 공직인으로서의 삶에 대해 긍정함	1. 희망, 정의가 흐르는 황금시대, 철인왕 도래 자축 2. 현세의 활동적 삶
제3기 : 『유토피아』 집필 이전, 법조정치	『메니푸스』(대화체 풍자역서)	표현양식에 있어서 『유토피아』 집필에	교만, 평등세상

---

60) 제미슨은 이러한 상태야말로 조울병의 전형이라고 말한다. 그녀는 임상결과를 증거로 그러한 상태가 문학적으로나 예술적으로 승화되지 못할 경우 적지 않게 자살로 생의 끝을 맺게 된다고 말한다. 제미슨은 자신의 저서 『천재들의 광기Touched with Fire』에서 조울병 환자 사례로 사무엘 존슨, 존 키츠, 레오 톨스토이, 버지니아 울프, 어니스트 헤밍웨이, 말콤 로리, 에드거 앨런 포, 조셉 콘래드, 막심 고리키, 윌리엄 카우퍼 등 수십 명의 작가들을 거론하면서, 그 원인을 주변 상황에 민감한 유전학적 기질과 성향에서 찾고 있다.

인으로서의 활약기 (회의와 우울)		큰 영향을 끼치게 됨, 교만의 해체와 평등 사회	
제4기 : 『유토피아』 집필 무렵 잉글랜드 조 정, 주변국 조정 및 현 실세상의 악과 불의에 대한 통찰기 (냉소적 풍자와 해악 적 우울)	불의담론서『리처드 3세사』및 정의담론 서『유토피아』	현실의 불의와 악에 대한 통찰과 현실세 계 종말 후 이성과 신 의 섭리에 의해 질서 있게 작동되는 '교만이 제거되어 정 의가 체화된 공유제 공동체 사회' 모색	교만, 평등, 정의, 이성, 신의 섭리
제5기 : 루터 사상의 잉글랜드 침투시기 (우울, 당황)	1.『최후의 4가지 것 들』(사색적 산문) 2.『변명』,『루터 반 박론』,『부겐하겐에 게 보내는 서한』(논 쟁서들)	1. 7죄종과 죽음을 소 재로 한 종말론적 작 품. 2. 가명을 사용하여 반이단 논쟁에 참여 하는 소극적 모습이 엿보임	1. 죄, 죽음, 내세 2. 이단, 질서, 권 위, 정의, 교회
제6기 : 챤슬러 재임 전후, 이단횡행과 헨리 종교개혁입법기(격분 과 좌절)	『이단에 관한 대화』, 『청원』,『논박』,『변 명』,『살렘과 비잔스 정복』(논쟁서들)	종교재판가의 모습으 로 반이단 논쟁에 적 극적으로 참여	죽음, 양심, 정의, 권위, 질서, 이단, 교회법
제7기 : 내세를 위한 정의 추구의 옥중기 (체념과 사색, 심적 평 온)	『고난을 이기는 위안 의 대화』, 『그리스도의 슬픔에 관하여』(사색서들)	자신의 고난에 대한 위안과 신의 정의 옹 호	허무, 박해, 순교, 내세, 명상적 삶

위 표에서도 파악될 수 있는 것처럼 모어의 심리 변화는 외부 조건에 대한 그의 반응에서 비롯된 것이다. 그의 전반적인 심리상태는 흐리다. 휴머니스트들의 낙관적 이상을 적극적으로 받아들였을 때인 헨리 8세 즉위기 무렵만 그의 심리상태는 화창하다. 특히 동시기 지우들에게 비친 온정적이고 잔잔하며 해학적인 모어의 이미지 이면에는 조울증적이고 냉소적인 그의 영혼이 그림자를 드리우고 있다.

---

61) *The Yale Edition of the Complete Works of Sir Thomas More*, 15 vols.

청년기 모어는 일찍이 리처드 왕정 타도의 조역자인 추기경 존 모턴경의 시동 생활을 하면서, 그가 들려주는 실담實談을 통해 당대의 악과 불의에 대해 간접적으로 알게 되었다. 옥스퍼드 시절에는 잉글랜드 현실에서 벌어지는 갖가지 악과 불의를 목격했다. 이어 법학원 시절에는 이러한 불의에 대한 응보로서 정의의 심판 문제를 학습하였다. 그러나 법 정의로서는 해명 불가한 인간악의 문제에 맞닥뜨리면서 신의 섭리 문제에 몰두하게 되어 카르투지오회 평수도사로 등록하게 된다. 청년기 모어의 작품에 나타나는 우울한 분위기는 바로 불의의 해결에서 인간의 한계에 대한 그의 자각에서 비롯된 것이었다. 결혼을 하여 세속인으로 살아갈 것인가, 사제의 길을 갈 것인가의 모어의 갈등의 단초는 세상의 악과 불의에 대한 원죄적 존재로서 모어의 인간적 한계에 대한 체감에서 찾아야 한다.

모어가 갈등 끝에 청년기의 우울을 사그라뜨리고 결혼하여 법조인이자 정치인으로서의 길을 걷게 되는 데는 다분히 콜렛과의 영적 교류가 컸다. 모어는 정신적 조언을 구하기 위해서 1504년 경 콜렛에게 편지를 썼다.[62] 답장에서 콜렛은 모어에게 과도한 명상생활에서 벗어나 이웃에 봉사하는 법조인이자 공직인으로서 세속의무에 매진할 것을 조언한다.[63] 얼마 후 콜렛은 모어에게 그의 인생을 바꿀 책 한 권을 소개해주는데, 그것이 바로 피코의 조카인 지안프란세스코 피코 Gianfrancesco Pico가 1505년에 집필한 피코 Giovanni Pico della Mirandola 의 전기였다. 이 책을 읽고 동병상련의 감정을 느낀 모어는 그것을

---

62) E. F. Rogers, ed., *The Correspondence of Sir Thomas More*, pp.5～8, no. 3. 이 시기에 모어와 콜렛 간의 친밀한 관계에 대해서는 J. K. McConica, *English Humanists and Reformation Politics*, pp.46～51 참고.

63) Alistair Fox, *Thomas More : History and Providence*, pp.21～22.

번역하기로 결심하여 자전적인 영역서 『피코의 전기*Life of John Picus*』를 출간하게 된다.64) 플라토니즘의 대가이자 평신도이면서도 사제적 신학자의 생을 살아간 피코는 모어가 카르투지오회 수도사가 되지 않고 속인으로 남기로 결심하게 되는 데 깊은 영향을 끼쳤다. 아울러 피코는 『유토피아』 집필의 사상적 원류로서 플라톤의 영향을 받게 하였다. 이 전기의 번역은 세상의 불의와 생의 허무함에 세속을 이탈하고자 하는 한 인간이 동병상련의 또 다른 자아를 만나 위로받고 공감대를 확인케 하는 결과를 가져왔다. 모어와 피코 둘 다 세속 활동과 영적 활동 간의 갈등적 긴장들을 경험했으니까 말이다. 피코는 완숙한 고전학자로서 모어처럼 해박한 신학자들 앞에서 『신국론』을 강연하기도 하였다. 또한 모어처럼 피코도 '육욕'의 문제로 고뇌하였다. 신학 논쟁에서 늘 승리를 쟁취하고자 했던 교만한 피코는 급기야 이단의 죄목까지 쓰게 되는데, 그 후 피코는 모어의 카르투지오회 수도원의 경험과 유사한 강렬한 고행생활을 통해 교만의 죄로부터의 구원을 추구했다. 이러한 피코의 삶을 모어는 그 자신의 미래를 위한 청사진으로 받아들이게 된다. 모어처럼 피코도 실로 성직자가 되고 싶었지만, 그는 열렬한 바람에도 불구하고 모어처럼 속인의 길을 갈 수밖에 없었다. 모어는 피코의 그럴 수밖에 없었던 인간적 딜레마를 이해했으며 그것에 공감했던 것이다.65)

결혼 직전 초선 하원의원 시절 정의감에 불탔던 모어는 헨리 7세의 불의한 과세 요구에 저항했다가 정치적 탄압으로66) 대륙 망명을

---

64) 피코 번역서는 모어의 이상을 담은 자전적인 성격을 띤다. 그것은 Gabrieli, V. Vittorino, "Giovanni Pico and Thomas More," *Moreana 15/16*, pp.43~57에서 해명되었다.

65) Ibid., pp.50~54.

생각하는 우울한 상태에 있었다. 요행히도 모어는 헨리 7세의 갑작스런 죽음으로 휴머니스트들의 후원 왕자였던 헨리가 1509년 헨리 8세로 왕위에 즉위하자 의회에 복귀할 수 있었다. 그리하여 모어는 심적 우울감에서 벗어나 다른 휴머니스트들처럼 정의가 숨 쉬는 이상사회 건설에 대한 기대감에 들뜨게 되었다. 다음은 헨리 8세의 즉위를 경축하는 모어의 시이다.

> 왕께서는 극도의 자제력으로
> 자신의 운명을 감내하려 하셨으며,
> 좋든 나쁘든 그 어떤 상황이
> 엄습해 오든지 간에
> 자신의 운명의 주인이 되고자 하셨네!
> 겸양을 명예로 삼는 그의 사려분별은
> 얼마나 위대하던가!
> 그의 부드러운 가슴 속에서
> 온화하게 번져가는 그의 자애는
> 얼마나 유유자적한 것인가!
> 그의 마음에는 도대체 교만이란 놈이
> 자리할 데가 없구나!

---

66) 이 사건은 왕이 마그나 카르타의 규정과 오랜 관례에 따라 장자 아서의 기사 서임과 장녀 마가레트의 결혼을 위해 봉건적 원조금으로 15분의 1세의 3배인 9만 파운드 상당의 징수를 요구했을 때, 모어가 이를 문제 제기함으로써 비롯된 사건이다. 결국은 왕과 의회 간 의 타협으로 일단락되었다. 이로 인해 그는 헨리 7세의 정치적 탄압을 받게 된다 : S. B. Chrime, *Henry VII*, pp.200~201.

과거 세월 속에

종종 꽃 피웠던 황금 시절이

장차 언젠가 다시 돌아오리라고

플라톤은 예견했다네!

세월의 빠른 흐름 속에

추운 겨울은 가고

따뜻한 봄날이 다시 온다네!

애초엔 황금시대가 펼쳐졌고,

이어 은의 시대가 왔으며,

그 다음엔 청동의 시대가 왔다네!

이제 철의 시대는 흘러가고,

폐하 통치기[헨리 8세기]에 이르러,

황금시대가 개화하려 하네!

플라톤의 예언대로 말일세.67)

　위 시의 분위기는 한 마디로 황금시대가 곧 도래할 것 같은 기대를
표현하는 환희이다. 헨리 8세 즉위 무렵 모어의 변화된 심리 상태를
잘 보여준다. 그리하여 모어는 헨리 8세의 지적 동지로 교분을 나누게
된다. 그러나 모어는 얼마 지나지 않아 울지 추기경하에 자행되는
권모술수적인 대외팽창정책과 헨리 8세 치하에서도 여전히 목도되는
작금의 불의한 악폐·병폐·적폐 행태 그리고 왕의 폭정화 조짐에

---

67) L. Bradner and C. A. Lynch, ed. and trans., *The Latin Epigrams of Thomas More*,
　　pp.18~23. 모어는 즉위 무렵의 헨리 8세에게서 이상적인 철인왕의 가능성
　　을 보았다. 다른 휴머니스트들처럼 모어에게도 헨리 8세는 황금시대를
　　펼칠 선구자로 보였다.

대해 깊이 낙담하게 된다. 그리하여 그는 에라스무스의 낙관적 사회조화이상론에 대해 회의를 갖게 되며, 군주의 지혜에 의존하는 철인왕 이상론에 의혹을 품게 되는 것이다.

아래 시에서 모어는 야생의 장미 가시에 비유하여 현재의 왕이 언젠가는 불의한 왕으로 변해버리게 될 것임을 예감하고 있다. 모어의 심리가 환희 상태에서 회의를 동반한 우울의 상태로 전환되고 있음을 확인할 수 있다.

> 이 덕 중심부에는
> 장미가 있네,
> 그 장미를 사랑하는 자들은
> 보답으로 사랑받네.
> 그러나, 아! 그 장미는
> 길들여지지 않은 것이니,
> 경계하게나.
> 오호라, 아! 그 장미는
> 자신의 마음에
> 내키지 않는 자들의 살을 찌를 것이네.
> 그 장미는 부드러운 꽃들뿐만 아니라
> 통렬한 가시들도
> 사방에 두르고 있다네.[68]

---

68) Margaret Stanley-Wrench, *Conscience of a King*, p.78.

모어의 이러한 회의와 우울은 『유토피아』의 구상 직전에 영역된 루시안[69]의 『메니푸스』에도 반영되어 있다. 모어가 라틴어 판 『메니푸스』를 영역하게 된 계기는 런던 방문 중에 있던 에라스무스가 그에게 일독을 권하게 된 것이 계기가 되었다. 그것은 메니푸스가 사자死者의 나라 황천지옥Hades으로의 여행 중에 교만한 자들이 허세 의식에서 벗어나서 그들의 탄생 이전의 평등상태의 정의로운 사회로 어떻게 복귀하는지에 대한 목격담이다.[70] 모어는 이 책에서 불의한 잉글랜드의 우울한 현실에 빗대어 자신의 방식대로 자신의 감정을 이입시킴으로써 자신의 심적 우울을 노정시킨다. 이 책이 『유토피아』 저자로서 모어에게 끼친 영향은 세 가지로 요약될 수 있다. 첫 번째는 장르에 있어 그것이 대화체 풍자 문학서라는 것이고, 두 번째는 문체 상 간결체라는 것이며, 세 번째는 그 내용이 허구를 실화처럼 극화하

---

69) CW 3, Part 1 : *Translation of Lucian*, ed. C. R. Thompson. : 루시안(C. 125~ C. 180)은 시리아 태생의 풍자작가로서 각지를 여행하여 그 견문을 대화체 형식과 허구를 실화화하는 문학기교인 베리시밀리튜드 방식과 풍자기법을 통해 그려나갔다. 이런 방식으로 생생하게 그는 그리스의 신화나 철학을 조소하기도 하였다. 그의 『메니푸스』는 형식과 내용 구성방식에서 『유토피아』에 영향을 끼쳤다. 단적인 일례로 유토피아국 왕 혹은 도시 시장을 칭하는 바르자네스와 최고의 신의 명칭인 미트라스가 그것들이다. 이를테면 루시안은 메니푸스를 명부冥府에 인도한 자의 이름을 '미트로바르자네스'라고 했는데, 바로 여기에서 모어는 유토피아국의 최고의 신으로서 아버지라 불리는 미트라스를 조어造語했으며, '지극히 현명하고 믿기 어려울 정도로 학식이 풍부한 자'의 의미의 '바르자네스'를 조어했다.

70) Ibid., p.176. 루시안은 인생을 긴 가장 행렬에 비유하고 있는데, 그 행렬의 복장과 장식들은 운명의 신에 의해 분배되고 제공된 것임을 말한다. 그 긴 행렬 속에 인간들은 결국 복장과 장식의 우연한 차이일 뿐 본질적으론 평등한 존재들이다. 따라서 이들 각각은 평등한 존재로서 각자의 주어진 역할에 최선을 다하며 살아가면 되는 것이다. 그러니까 인간들은 그들이 본래 평등한 존재였음을 인식하고 허세나 교만을 부려선 안 되는 것이다.

는 베리시밀리튜드verisimilitude : 逼眞性 방식으로 전개되고 있다는 것이다. 이러한 외형상 특징들은『유토피아』에 고스란히 차용되고 있다.[71] 루시안의 풍자 방식의 주 특징은 독자로 하여금 이성적으로는 작중 인물의 논리를 수용하게 하면서도 정서적으로는 그 작중 인물의 논거를 거부하게 하는 그런 식이다. 모어는 바로『유토피아』에서 이러한 유형의 풍자를 통해 자신의 인식 범위 내에서 삶의 복잡성을 표현하였다. 그는 그러한 방식을 통해 모어 자신을 히슬로다이와 작중모어의 이면에 숨겨놓음으로써, 그들의 입을 빌어 동료지식인들에게 보낼 우울한 메시지의 실타래를 한가닥 한가닥 풀어 놓는다.[72]

『유토피아』집필이 시작된 1515년은 모어가 플랑드르 외교사절로 활동하던 때였다. 런던을 중심으로 거의 잉글랜드에서만 머물렀던 모어에게는 가톨릭 유럽인으로서 자국에서뿐만 아니라 국제적으로 횡행되는 악과 불의를 직접적으로 체험하는 계기가 되었다. 에라스무스는 모어가『유토피아』를 통해 잉글랜드의 불의한 상황을 면밀히 살펴보고, 국가가 저지르는 악이 어디에서 오는 것인지 밝히고자 하였다고 말했는데, 그것은 이 책에 대한 정확한 코멘트였다. 그러나 잉글랜드 안팎에서 체감한 갖가지 불의에 대한 모어의 비탄, 왕과 국정 운영자들인 고위 공직자들과 고위 성직자들을 포함한 노블레스

---

71) 그 외에 모어가 루시안으로부터 받은 영향엔 삶을 무대극에 비유하는 '직유적 표현방식', 삶의 분석에서의 '반어적 방식', 상대방 공격에 있어서의 '비유적 조소방식' 등이 있다.

72)『메니푸스』와『유토피아』사이 무렵에 집필된 미완성작『리처드 3세사』도 같은 맥락의 우울이 감지된다. 모어는『리처드 3세사』에서 리처드 3세를 이솝 우화의 야수 사자에 비유하고 있다. 이것은 사자 같은 폭군의 조짐을 보이는 헨리 8세에 대한 경고음이기도하다. CW 2, *The History of King Richard III*, p.93.

오블리주를 실천해야 할 의무를 가지고 있는 사회주도층인 식자귀족층들, 권세가들, 가진 자들 등으로부터 자행되는 온갖 악들에 대한 모어의 우려는 거의 병적인 것이었다. 이를테면 모어는 에라스무스와 함께 공유하고 있었던 정의가 숨 쉬는 조화로운 사회 건설의 이상에 대해 깊은 회의에 빠질 정도로 유럽 현실사회가 치유불능의 악과 불의의 수렁 속에 매몰되어 있다고 보았던 것이다.

그후 1520년대 루터 사상의 침투, 공식적인 반이단 호교론 활동 참여, 1530년 전후 챤슬러 재임기 이단재판관으로서의 행적, 1532년 챤슬러 사임 후 1534년 투옥에 이르기까지 격렬한 반이단 논쟁 참여 등의 과정 중에 쓰인 글들에서는 모어의 심리상태가 우울 단계를 넘어 당황·격분·좌절 등의 공황상태에 이른다. 그러나 옥중기의 글들에서는 현세 체념을 저 세상에 대한 갈구 즉 내세를 향한 신의 정의 수호로 승화시킴으로써 사색의 심적 평온 상태가 감지된다. 그러니까 모어의 옥중생활은 강요된 것이긴 하지만, 생의 주기life cycle에서 청년기에 갈망했던 수도원 사제로서 사색기로의 귀환인 셈이다.

이전에 모어와 함께 의회의원으로 활동한 적이 있었으며, 당시 런던 부보안관이었던 신교 성향의 중도적 연대기작가 에드워드 홀은 모어의 죽음에 대해 다음과 같이 말을 했는데, 모어의 속내를 들여다보는 데 유용하다.

챤슬러 재직시 모어는 로마 교회의 수장권을 혐오한 사람들을 박해했다. 그는 바로 그 로마의 주교를 지지하다 결국 참수대로 끌려나와 목이 달아났다. (…) 나는 그를 멍텅구리 현자라고 불러야 할지 똑똑한 바보라고 해야 할지 모르겠다. 그런데 그는 사람을

비웃고 조롱하는 버릇이 있어서 세상 어떤 것도 잘된 것이 없다고
생각하는 것 같았다. (…) 목이 잘리는 판에도 그는 농을 지껄이면서
생을 마감했다.[73]

　프로이트의 인격 이론에 따르면 모어는 인간정신을 지배하는 인간
의 정신에너지 본체인 성충동 같은 원본능id, 본능의 내부적 욕구를
외부 현실에 맞춰 의식적으로 조절하며 통제하는 역할을 하는 자아
ego, 그리고 인격의 사법부로 인간 사회의 전통적 가치, 도덕, 신앙적
죄책감 같은 부분을 관장하는 도덕원리인 초자아super ego가 끊임없이
충돌하는 인간이다. 갈등 끝에 그는 결국 초자아에 자신의 운명을
맡기게 되는 그런 유형의 도덕적 인간이다. 양심적인 인간들은 바로
이러한 초자아의 지배를 받는 인간들이다. 이런 인간들은 겉으로는
평온해 보이지만, 그들의 내면세계는 끊임없는 일어나는 정념情念들
로 인해 '지속적 긴장의 심리상태'에 놓인다.[74] 이로 인한 정서적
에피소드(두려움, 불안, 우울 같은 감정을 수반하는 삽화)를 떨쳐버리
기 위해, 혹은 뒤엉켜 꼬인 내적 갈등을 해소하고자 이들은 자신의
일들에 광적으로 집중하거나, 아예 속세로부터 은둔해버리는 경향을
보이는 경우가 왕왕 있다. 그들은 기질상 예민한 도덕적 감수성으로
인해, 다른 이들에 비해 현실 세상의 불의나 부도덕에 대한 체감지수
가 한층 더 높다. 그래서 그들은 외적 조건에 더욱 쉽게 비관적으로

---

73) Edward Hall, *Chronicle*, p.260. 모어가 망나니에게 참수대에서 한 농은 다음과
　　같다. "날 좀 부축해주게나. 내려올 때는 나 혼자서 어떻게 해볼 테니까
　　(…) 내 수염을 비껴 놓을 동안만 잠깐만 기다리게나. 이 수염이야 반역죄를
　　짓지 않았으니까 말이야." E. E. Reynolds, *Saint Thomas More*, p.297.
74) E. J. Phraes, *Introduction to Personality*, 홍숙기 옮김, 『성격 심리학』, pp.58~62.

반응하거나, 내면의 트라우마를 심화시키면서 '조울의 바다manic-depressive sea'에 빠지게 되는 경향을 보인다.

제미슨의 조울증 임상 연구결과가 보여주듯이 걸출한 문인들 중에는 그러한 비관이나 우울을 작품 활동을 통해 승화시킨 그런 부류의 인간들이 많다.[75] 모어도 그런 부류의 인간이다. 이러한 시각에서 본다면 다음 장에서 다루게 될『유토피아』는 심화되어가는 불의한 현실에 대한 모어의 심적 우울을 투영하는 조울증적인 풍자 문학적 도덕서의 성격이 짙다. 따라서『유토피아』같은 작품은 저자의 집필 의도와 핵심 코드에 맞춰 치밀하게 분석되어야 할 필요가 있다.

---

75) 제미슨 저『천재들의 광기』에서 그녀는 유전·감정·기질·상황·창작활동 사이의 복잡한 상호 작용에 관해 상세히 다루고 있다.

제2장 현실과 정의

제1절 현실 진단과 유토피아국

1. 현실과 유토피아국 사이에 있는 정의로운 나라들

풍자문객 모어는 동시기 지리상 발견을 배경으로 설정하고, 미지세계 탐험가 베스풋치Vespucci의 항해 동반자로서 철학가 히슬로다이를 등장시킴으로써 허구를 사실화하는 문학 장치를 교묘하게 활용한다. 그리하여 히슬로다이의 미지 땅으로의 여정은 역사적 의미를 띠게 된다. 적도를 기준으로 기지既知의 땅과 거주민 그리고 미지의 그것들 간에 지리적·미학적으로 세상이 차별화되는데, 유토피아국이 바로 히슬로다이가 목격한 유일무이한 지리적·미학적 최상 상태의 이상공화국이다.

『유토피아』 제1부에서는 가공의 세 나라들이 거론되는데, 이 나라들은 독자에게 잉글랜드와 유럽의 갖가지 불의한 적폐·병폐·악폐를

환기시켜주기 위한 수단이자 독자를『유토피아』제2부의 유토피아국
으로 안내하기 위한 징검다리 장치이다. 폴리레리트국Polylerites, 아코
리국Achorii, 마카렌스국Macarenses이 바로 그 나라들이다. 이 나라들은
정의가 살아있는 모범국들로 묘사되지만, 공유재산제에 기반을 둔
유토피아국과는 달리 유럽처럼 사유재산제에 기반을 두고 있다.

폴리레리트국은 생계형 절도범마저 사형에 처하는 무자비한 비형
평적 보복정의를 자행하는 잉글랜드와 대조되는 온정적인 '형평적
정의국'으로 소개된다.[1] 잉글랜드의 보복정의는 무차별적으로 범해
지는 반인륜적 억압 정의이다. 이러한 보복정의는 정의란 이름을
빌어 저질러지는 불의인데, 사유재산제와 교만에서 비롯된 것이다.

모턴 가 식탁좌담 중이던 잉글랜드 변호사 같은 이들에게는 폴리레
리트국식 정의는 도저히 현실적용이 불가능한 것이었다.[2] 히슬로다
이가 목도했던 바로는 폴리레리트국은 형평법 제국 로마의 형벌체계
를 능가하는 최상의 '형평법적 형벌체계'를 갖추고 있어서 불의한
유럽이 본으로 삼을 만한 정의로운 나라였는데 말이다.[3] 이 나라는
지리적으로 타국의 침입을 막아주는 자연장벽들로 보호받아 '전쟁무
장대비'의 필요성이 없었기에, 인민들의 호전성이 싹틀 여지를 미연
에 차단할 수 있었다. 그래서 그들은 평화주의 성품을 자연스레 갖출
수 있게 되어 형평법적 정의를 내면화할 수 있었다.[4]

폴리레리트국은 극단적 엄벌주의보다는 온정적 자애주의에 입각

---

1) CW 4, *Utopia*, ed. E. L. Surtz and J. H. Hexter, p.73.
2) Ibid., p.81.
3) Ibid., p.74.
4) Ibid., p.75.

해서 공공근로나 사회봉사를 통해 범죄자들을 교화시켜 사회의 일원으로 복귀하게 했다. 절도범의 경우 피해 당사자에게 절도재산을 돌려주게 하고 정황을 참작하여 형평성에 따라 사회봉사 등을 명했다. 이 나라에서는 유럽이나 잉글랜드에서처럼 벌금과 재판금이라는 명목으로 탐욕스러운 군주가 절도재산의 많은 부분을 착복하는 일이 결코 벌어지지 않는다. 이 나라의 형벌방식의 원조는 스승국 유토피아국이다. 이를테면 공중정신으로서 애타주의 및 자애주의 내면화 및 타국 비非침략정책, 인간성 교화 도출을 위한 인도주의적 징벌체계, 생계형 절도범의 사형처벌 지양, 공공복리 기여 징벌제 장려, 엄정하고도 형평적인 '평등공익노동'을 통한 인간의 '나태척결정책' 등은 유토피아국의 유산들이다.

그러나 폴리레리트국에서 뇌물수수 행위만큼은 주는 자나 받는 자 모두에게 중범죄로 다스려지는데, 이것은 사유산제로 인한 인간본성의 타락 개연성을 방지하기 위해서였다.[5] 이렇게 함으로써 사적 소유욕으로 인해 본능적으로 고개를 들게 되는 뇌물수수 같은 탐욕조짐을 사전에 차단하는 셈이다. 그러니까 폴리레리트국은 한편으로는 공유제 나라 유토피아 사회체제로 가는 통과국으로서의 역할을 하고, 또 한편으로는 사유재산체제에 도사리고 있는 역기능을 자연스레 환기시키는 역할을 한다.

아코리국은 비밀회합에서 교묘한 술책을 통해 제국팽창정책을 꾀하는 왕과 간교한 자문관들이 판을 치는 프랑스 같은 유럽 현실국가들에 대한 가상의 건설적인 대안국이다.[6] 이 나라와의 대칭화를 통해

---

5) Ibid., p.77.
6) Ibid., pp.87, 89.

이탈리아 도시국가, 부르고뉴 및 여타 국가 왕들의 영토 확장을 위한 정복욕과 조신들의 간책이 부각된다.[7] 앞장에서 살펴본 바 이러한 것들은 에라스무스가 심히 우려했던 악폐이다. 이를테면 군주의 부패와 폭정은 필연적으로 일탈적인 전쟁도발을 유도하는 국왕자문관들의 아첨행위와 맞아떨어져 짝을 이룬다. 기만적 조약들, 용병들, 뇌물수수, 국가 간 정략적 혼인정책, 교란적 동맹정책 등의 배후에는 바로 이 자문관들의 간책이 있었다. 히슬로다이 같은 철인적 자문관은 이러한 회합에 비집고 들어갈 틈이 없다. 국왕자문관이라는 사람들이 회합에서 꾀하는 일들이란 게 주로 왕에게 인접국들과의 전쟁을 부채질하는 것이었기에 말이다.[8] 전쟁은 필히 군주와 그 하수인들의 재산증식수단으로 악용된다. 히슬로다이는 에라스무스가 표방하는 정의로운 군주와 사회를 염두에 두고 다음과 같이 언급한다.

왕 한 사람을 위해서 여러 나라를 혼란에 빠뜨리는 분망한 전쟁준비가 결국 왕국은 물론 왕 자신을 파멸시키기 쉽다는 것을 상기시킵니다. 나는 왕에게 조상이 물려준 왕국에만 온 힘을 기울이고 (…) 신민들을 자애롭게 다스리고, 이미 충분한 영토를 차지하고 있으니 모든 영토 확장을 포기하도록 권고합니다.[9]

'이 권고가 받아들여지겠는가'라는 히슬로다이의 질문에, 작중모어는 분명 받아들여지지 않을 것이라고 응답함으로써, 동시기 유럽

---

7) Ibid., p.87.
8) Ibid., p.89.
9) Ibid., p.91.

조정의 불의한 상황에 동감을 표한다. 역설적이게도 정복전쟁은 국부를 허망하게 고갈시키고, 국가기강을 교란한다. 아코리인들은 혼인정책을 통한 왕과 조정의 이웃 왕국에 대한 영토주권 행사로 인해 전쟁에 연루된다. 이 전쟁은 내부 반란과 외부로부터의 침공 동인이 되어, 아코리국은 지속적으로 군사적 무장을 해야만 했다.

> 이런 계속되는 군사무장은 결국 그들을 파멸에 직면하게 하였습니다. 국부는 모두 나라 밖으로 흘러나가고, 국민은 한 사람 왕의 작은 야망을 채워주기 위해 목숨을 잃어가고 있었습니다. 국내사정도 전시중보다 안전하지는 못했으니, 전쟁은 도덕심을 타락시켜 살인과 절도가 횡행하였습니다. 왕의 관심이 두 왕국으로 갈라져 있어서, 왕은 어느 한 왕국도 적절히 다스리지 못했기 때문에 준법정신은 무참히 무너졌습니다.10)

한 마디로 아코리인들은 폭정의 부자연스러운 상황을 감내해야 했다. 그들은 자신들이 나서서 어떤 조치를 취하지 않는다면, 이러한 절망적인 사태가 무한히 계속되리라는 것을 깨닫게 되어 집단행동을 취하게 된다. 그들은 에라스무스적인 '군주폭정제어자문방식', 즉 '조정정치질서판을 깨지 않는 공손하되 단호한 자문방식'으로 왕에게 자국 한 나라의 왕만이 되어주길 요청했고, 그 요청을 받아들여 왕은 아코리 본국 번영에만 온 정성을 쏟게 됨으로, 본국을 정의가 넘치는 행복한 나라로 만들었다.11)

---

10) Ibid.
11) Ibid., p.91.

아코리국은 탐욕에 기인한 전쟁의 악폐들에 관해 온 인민이 자각하여 행동을 취함으로써 비로소 왕을 정의로운 왕으로 만들 수 있게 되었음을 상기시킨다. 과연 이곳의 정의는 공화국 근골로서 유토피아국 정의의 공익 공동체적 성격과 맥락을 같이한다. 군주의 끝없는 정복욕 같은 탐욕에 의해 평화정신이 붕괴됨으로, 자연스러운 인적 유대감이 깨어지게 되어 공동체사회를 건전하게 이끄는 정의가 부식되어간다. 아코리국은 인민 전체가 나서서 폭정을 제어함으로써 다행히 그러한 상황을 막을 수 있었다.

그러나 여전히 아코리국은 공유재산제국가인 유토피아국과는 달리 사유재산체제의 군주제이기에 타락 개연적인 잠재국으로 남는다. 왕은 혼인에 의한 자신의 타국 영토권 주장을 실현하기 위해 전쟁 행위를 도발했으며, 그의 인민들에 의해 그것이 제어되어야만 하지 않았던가. 정복 영토들을 유지하기 위한 재산축적의 필요성은 왕의 탐욕을 지속시켰으며, 국법을 왕 제멋대로 유린하게 하였다. 이러한 아코리국의 사례는 인민에 대한 공익 공동체적 정의의 내면화 필요성을 제기하고, 폭정과 사유재산제 간의 필연적 유착으로 생기는 악폐에 대해 경고하면서, 아코리국을 영원한 정의공화국 유토피아국으로의 등정을 위해 거쳐 가야하는 통과국의 자리에 위치해 놓는다.

마카렌스국은 자신의 인민들을 궁핍상태로 몰았던 한 불특정 왕과 그 왕으로 하여금 그렇게 하게끔 충동질한 자문관들이 판치는 현실국가에 대한 대칭국으로 제시된다. 히슬로다이는 불의에 기반한 부의 획득은 반드시 일탈적인 수단들과 관련되게 됨을 지적하고, 왕에게 유리하게 화폐 가치를 조작하는 현실을 일례로 언급하면서, 마카렌스국 관련 대담의 포문을 연다.

또 다른 경우를 상상해봅시다. 어떤 왕의 재정 자문관들이 왕의 자본 증식 방안을 논의하고 있다고 합시다. 어떤 자문관은 왕이 지출해야 할 때에는 화폐가치를 인상하고, 그가 지불을 받을 때에는 화폐 가치를 터무니없이 인하할 것을 건의합니다.[12]

이어서 그는 왕실자금 충당을 위한 위장 전쟁, 폐기 처분된 법조항을 되살려 벌금 부과하기, 법망 회피자들에게 면벌증 판매하기, 법 조항들이 왕에게 유리하게 해석될 수 있도록 꼼수를 통해 법 조항을 모호하게 만들기 등의 현실의 적폐들을 예로 들면서,[13] 그러한 불의가 유럽 조정자문관들의 간언이나 아첨행위에서 비롯된 것임을 역설한다. 왕이 자신의 탐욕을 정당화하기 위해 정의를 명분으로 아첨꾼들로부터 만장일치의 동의를 이끌어내는 술책이야말로 왕의 부와 명예를 축적하는 가장 효과적인 방법이었다. 이 과정에서 특권층인 호위 자문관들 또한 부수적 이득을 챙긴다. 왕과 자문관들 간의 공모는 전쟁, 재산축적 및 폭정의 필연적 연결고리이다.

모든 자문관들이 크라수스 진술, 즉 군대유지를 위해서는 아무리 많은 돈도 충분치 못하다는 것에 대해 만장일치로 찬성하고 있습니다. 또한 그 나라의 모든 인민을 포함해서 만물이 왕 소유이므로

---

12) Ibid. 불특정 왕의 정책은 헨리 7세의 정책을 말한다. 모어는 사악한 왕들의 일반화에서 헨리 7세를 염두에 둔 것이다. 그는 헨리 7세 왕정의 악폐에 대한 반감을 보여주고 있다. 실제로 헨리 7세는 화폐가치를 평가 절상한 적이 있었다. Richard Marius, *Thomas More*, p.159 참고.

13) CW 4, *Utopia*, pp.91, 93. 상상 속의 조정에 대한 이러한 언급은 팽창주의와 불공정한 처벌들의 불의한 결과들로서 프랑스와 잉글랜드에 분명하게 적용될 수 있을 것이었다.

왕이 아무리 많은 것을 원한다 할지라도 왕은 결코 잘못을 범하는 것이 아닙니다.14)

유럽 조정의 국왕자문관들은 경제적 피억압자들은 반란을 일으킬 용기도 없으며, 반란 수단도 갖고 있지 못할 것이라는 교만한 생각을 하고 있음을 지적하면서, 히슬로다이는 그들의 논리를 반박한다. 이를테면 그는 "현재 삶의 상태에 불평불만을 가진 자들보다 그 누가 더 혁명을 갈망하겠는가?"라며 경제적 억압과 궁핍이야말로 인민 반란의 가장 큰 원인임을 역설한다. 이어 그는 에라스무스의 견해를 좇아 인민들은 자신들을 경제적 억압으로부터 벗어나게 해주고, 자신들의 재산들을 지켜줄 정의로운 목자에 대해서만 만족해할 것임을 언급한다.

히슬로다이의 입을 통해 에라스무스의 음성이 되뇌어진다. 그러니까 "자기 주변의 모든 이들을 신음과 비탄에 빠지게 하고, 단지 한 사람[왕]에게만 쾌락과 자아도취의 삶을 향유하게 하는 것은 왕을 왕국의 간수가 아니라 감옥의 간수가 되게 하는 것이다."15) 나태와 교만은 인민의 특징이기보다는 조정 모리배에 둘러싸여있는 왕의 특징이다. "왕은 자신의 나태와 교만을 고치는 편이 더 나을 것이다. 왜냐하면 이 두 악은 일반적으로 그의 인민들로 하여금 그를 경멸하게 하거나 증오하게 하는 요인이 될 테니까 말이다."16)

지리적으로 유토피아국에 인접해 있는 마카렌스국은 왕의 부를

---

14) Ibid., p.94.
15) Ibid., p.95.
16) Ibid., p.97.

지혜롭게 제어했다. 마카렌스인들은 행복한makar 사람들이다. 왜냐하면 자신의 부보다는 국가의 관심사에 더 신경을 쓰는 바로 그선량한 왕이 왕실재산을 반란과 침략에 대비할 정도의 액수로 한정하는 법을 통과시켰기 때문이다. 이 법의 요지는 신분고하를 막론하고 타인의 재산을 침범하는 것을 예방하여 정의를 실천하는 데 있었다. 왕실 금고에 채워지고 남는 수천 파운드의 금화는 공중의 요구나 공익을 위해 사용될 것이었다. 타인의 재산을 침해하는 것은 마카렌스 국의 배경 정황에서 볼 때 당연한 불의였다. 따라서 정의는 사유재산에 대한 관심보다는 공중 복리에 대한 관심이었다. 에라스무스의 언어를 빌릴 때 그러한 정의로운 왕은 악인에게는 두려운 대상이 될 것이며, 선인에 의해서 사랑받을 것이었다. 히슬로다이는 계속해서 작중모어에게 말하기를 "그러나 만일 내가 이미 고루하게 반론으로 무장되어있는 자문관들에게 그런 말을 한다면, 귀하는 그들이 내 말을 들어 주리라 생각하십니까?"라는 것이었고, 이에 대해 작중모어도 '그렇지 않으리라'는 히슬로다이의 견해에 동의했다.[17] 이 대담이 시사하는 바는 유럽 현실처럼 불의가 극에 달한 사유재산제 나라에서는 정의로운 왕이 결코 존립할 수 없다는 것이었다.

이제 세 나라 관련 대담이 모어 동시기 지식인들에게 어떤 메시지를 전달하고자 했는지에 초점을 맞춰보자. 우선 이 세 나라는 각각의 유럽적 불의들에 대한 대위법적인 사회상을 제시할 뿐만 아니라 참다운 정의공화국인 유토피아국에 이르기 위한 지리학적인 전주곡이기도 하다. 무자비한 폭정, 대외정복, 인민억압 등의 문제들은,

---

17) Ibid.

히슬로다이가 '자문관에 관한 대담'을 통해 거듭 강조한 것처럼, 유럽 현실에서 비근한 악폐였다. 그러니까 잉글랜드나 프랑스 같은 유럽국들의 반면교사의 나라들로서 폴리레리트국, 아코리국, 그리고 마카렌스국은 영원한 정의공화국 유토피아국으로 진입하기 위한 교량적 의미로 설정된 배경 장치들이다.

유토피아국에 대한 전주곡으로 이 세 사회의 개진은 지리적 의미뿐만 아니라 도덕적 함축도 담고 있다. 유토피아국과 달리 이 세 나라는 유럽처럼 사유재산제 국가들이었지만 모든 왕들이 지혜로웠을 뿐만 아니라 그들의 불의 잠재 가능성이 제어될 장치가 마련됨으로써 정의공화국의 면모가 유지될 수 있었다. 그러나 유럽 나라들의 거꾸로선 대위법적 사회상인 이 세 나라도 마찬가지로 사유재산제국들이기에, 유럽 나라들이 겪은 동일한 문제들에 대비해야했다. 이를테면 폴리레리트국은 금전·뇌물수수를 극형부과로 제지시켜야 했고,[18] 아코리국은 민중의 점잖은 반대시위로 전쟁도발을 중지했다.[19] 그리고 마카렌스국은 왕실재정금고를 제어함으로써 폭정을 방지하였다.[20] 이 세 나라 사회들의 유럽 사회와의 차별성은 불의의 잠재 개연성의 인식과 폭정들을 방지하기 위한 통제력의 활용에 있다. 그러니까 이 세 나라는 에라스무스적 이념에 따른 가능한 최상상태의 사회상을 보여주는데, 모어는 이 나라들을 유토피아국에 대한 이념적 전주곡으로서 제시했다. 그것은 이상적인 국가들로서 제시된 에라스무스적인 사유재산제 사회가 부패의 늪에 빠진 유럽현실을 변화시킬

---

18) Ibid., p.77.
19) Ibid., p.91.
20) Ibid., p.97.

만큼 충분히 혁명적이지 못하다는 절묘한 비판을 보여주기 위해서였다.

에라스무스계 휴머니스트들은 고전적인 철인군주이상론을 기반으로 점진적 개혁을 그려보면서 조화로운 이상사회가 펼쳐지리라 낙관하고 있었다. 그러나 모어는 이 당시 특권층으로서 식자귀족층의 타락상과 폭정적인 군주의 대두와 관련하여 그러한 낙관에 대해 회의를 품고 있었다. 이것은 폭정적인 군주가 지배하는 조정과 그의 비위를 맞춰 이 군주를 한층 더 폭정화시키는 국왕자문관들의 역기능에 대한 히슬로다이의 지적과 진정한 자문관들의 역할 무용론에 대한 그의 역설에서 명백히 드러난다. 작중모어는, 그 자신이 자문관으로서 실용적인 '간접 접근론'을 거론하고 나서지만, 결국 불의한 유럽 현실 속에서 자문관 역할의 비효율성에 대해 수긍할 수밖에 없었다.21) 이렇게 보면 『유토피아』는 불의한 사회를 근원적으로 개혁하려고 시도하는 진정한 자문관으로서 한 휴머니스트의 고충을 토로하는 '현실 비판 반영서'인 셈이다.

2. 현실의 불의와 유토피아국의 정의

『유토피아』 제1부 대담에서 히슬로다이가 그 자신이 국왕자문관임을 가정하고, 동료 국정자문관들과 국왕에게 정직한 충언을 한다면, 과연 그들이 그것을 받아들이겠는가라는 질문에, 작중모어는 그들에게 그것은 비현실적인 발상의 소치로 취급될 것이라고 대답한다. 모어는 히슬로다이의 입을 빌려 이러한 자문관 역할론은 제1부 대담

---

21) Ibid., p.99.

같은 논의마당에서의 담론거리이지, 실제로 국사가 논해지는 불의의 산실인 현실 조정의 국정자문관회의에서는 입도 벙긋하기가 민망한 허망된 것임을 동시기 지식인들에게 강하게 호소한다.

이어서 히슬로다이는 철학과 왕권이 유럽에서는 도대체 화해되기 어렵다는 단정적 주장으로 작중모어의 말문을 막는다. 이를테면 국왕 자문위원회에서는 진정한 철학이 먹혀들어갈 틈이 없다며, 히슬로다이는 이런 현실을 감안할 때 유럽의 국왕자문관들과 군주가 축적된 기득권과 사욕을 포기하면서까지 유토피아국의 공유재산제 개념을 자신들의 현실에 결코 적용할리 만무하다고 단언한다.22) 그러자 작중 모어는 학문적 접근에서 실용적 철학으로 전환함으로써 자문관으로 서 지식인 역할에 대한 비관적 입장을 극복하고자 한다. 이러한 접근 방식은 민감한 상황들에 융통성 있게 적응함으로써 경직된 상황을 피하게 할 것이었다.

(…) 귀하는 바람을 억제할 수 없다는 이유만으로 폭풍우 속에서 배를 버리지는 못할 것입니다. 귀하는 새로운 계획을 인정받으려고 노력할 필요는 없습니다. (…) 귀하는 간접적으로 움직여야 합니다. 귀하는 가능한 한 그 사악한 점이 적어지도록 노력하면 그만입니다. 인간이 완전해질 때까지는 세상은 결코 완전해지지 않을 것입니 다. 저는 인간이 수년 내에 완전해지리라고 헛되게 기대하지는 않습니다.23)

---

22) Ibid.
23) Ibid., pp.99, 102.

반면 히슬로다이는 유럽현실에서의 공유제 원칙의 유연한 조절과 수정의 개연성마저 거부한다. 왜냐하면 유럽 같은 불의한 상황에서 그리한다는 것은 사실상 정의를 특권층 기득권자들의 입맛에 맞추는 것으로, 결과적으로는 정의를 포기하는 것이나 별반 다를 바 없었기에 말이다.

유토피아국은 어차피 정의의지가 내면화된 이성적인 사회이기에 순수한 공유제 원칙의 적용이 거침없이 딱 먹혀들어간다. 이를테면 히슬로다이와 작중모어 양자는 정의공화국 추구자들이지만, 전자가 유럽을 구제불능의 비공화국으로 간주함으로써 유럽 개혁의 가능성을 일축한 반면에, 후자는 여전히 그 가능성을 열어놓고 지혜로운 자문관의 역할에 일말의 기대를 걸고 있는 것이다. 이러한 유럽에 대한 히슬로다이의 비관적 사색은 "사유재산이 완전히 폐지되지 않는 한, 그 어떤 정의도 그리고 물품의 분배조차 이뤄질 수 없으며, 그 어떤 행복도 인간사회에서 발견될 수도 없으리라는 사실을 나는 확실히 알고 있습니다"[24]라는 그의 토로에서 반증된다. 아울러 히슬로다이는 유토피아국 제도들은 그것들이 공유제에 기반을 두고 있기에, 그 제도에 낯선(전통적으로 사유재산제 하의 귀족 중심 계서사회였기에) 유럽인들에게 괴이하게 보이는 것은 당연할 것이라고 언급한다. 이 문맥에서 우리는 히슬로다이도 유럽질서 속에 유토피아 공유제를 적용하려 하지는 않았다는 인상을 충분히 받을 수 있다.

히슬로다이는 유토피아국에서 공유재산제 원칙을 도입하게 된 배경을 정의의 문제와 관련시키면서 다음과 같이 진술한다.

---

24) Ibid., p.105.

솔직히 말씀드리면 사유재산이 존속하고, 모든 것이 돈에 따라 판단되는 그런 나라에서는 진정한 정의나 번영이 결코 실현될 수 없습니다. (…) 달리 말하면 사유재산이 완전히 폐지되지 않는 한, 공평한 재화 분배나 인간제도의 공정한 운영이 결코 이뤄질 수 없습니다. (…) 사유재산이 존속하는 한, 인류의 대부분은 가난과 고뇌라는 짐을 지고 고생할 수밖에 없을 것입니다.[25]

위 문맥은 불의한 유럽 현실에 대한 신랄한 비판이다. 그러나 히슬로다이가 제시한 사유재산제의 세 나라에서는 정의와 번영이 실현되는데, 마찬가지의 사유재산제 유럽에서는 어째서 그것들이 실현될 수 없는가. 그것은 바로 유럽현실이 사유재산제 체제하에서 그 어떤 수단을 동원해도 정의와 번영이 실현될 수 없을 정도로 부패해 있음에 대한 모어의 비판을 반증하는 것이며, 에라스무스계 휴머니스트들의 낙관적 이상사회 질서론에 대한 모어의 비판을 반영하는 것이다. 다시 말하면 유럽현실에 개선 가능성의 여지가 있다면 상상 속의 사유재산제 세 나라처럼 사유재산제의 유럽에서도 정의와 번영이 실현될 수 있는 것이다. 그래서 모어는 급진적 휴머니스트(이상적 자아 히슬로다이)가 되어 일국의 공공복지는 오로지 귀족적 위계질서 타파, 사치와 방탕 풍조 일소, 왕권의 제어, 사유재산제 폐지 등에 의해서 달성될 수 있을 것이며, 그렇게 해서 실로 평등은 실현되며 유지될 수 있을 것임을 주장하게 된다.[26]

그러니까 모어의 이상적 자아 급진적 휴머니스트 히슬로다이는

---

25) Ibid., pp.103, 105.

26) Ibid., p.259.

그 자신의 이념적 동지들이었던 현실적 자아로서 온건 휴머니스트 작중모어(에라스무스계 휴머니스트들, 즉 사유재산제 하의 '귀족질서 체제 유럽'에서의 공익활동주의자들)의 강력한 비판가가 된 셈이다.

그렇다고 히슬로다이는 이해집단으로서 유산자계층 중심의 위계 질서가 질서정연한 사회를 창출시키지 못하거나 유지시키지 못할 것이라고 보지는 않는다. 유럽과 마찬가지의 사유재산제 조건에서도, 폴리레리트국, 아코리국, 마카렌스국 등 세 나라 인민들은 건전한 도덕적 양식으로 체화되어 있기에, 정의가 숨 쉬는 공화국이 될 수 있지 않았던가. 이것은 사유재산제 그 자체가 문제가 아니라 그 제도의 운영자가 문제임을 시사한다. 즉, 유럽현실처럼 극도의 불의한 사회 조건에서는 제도운영자들의 불의로 그것이 악용됨으로써 인민의 빈곤화가 증폭되어 사회 불안이 야기된다는 것을 의미한다. 이로 인해 결국 그 같은 불의한 사회에서는 국가적으로 프롤레타리아트 반란에 직면하게 되어, 소수의 부유계층민들도 나중엔 파국을 맞이하게 될 것이라는 게 히슬로다이의 생각이었다.

또한 히슬로다이는 소수의 사회적 강자와 대다수 약자로 이분된 양극적 사회구조 속에서는 계서상 형평적이면서도 공정한 잣대가 기대될 수 없다고 말한다. 이러한 불평등 구조에서는 그렇게 대우받을 만한 가치가 없는 유산층 인간들에게 과분한 몫들이 배분된다. 대부분의 인민들은 사회적으로 유익한 필수품들을 위해 노동하지만, 그 노동의 결실은 불가피하게 부자들에게 돌아가게 된다. 그러나 최소의 생계수준도 이어가지 못할 정도의 몫을 받는 수많은 노동자들이나 농민들 같은 인민들은 생존을 위해 도둑질을 해야 할 만큼 온갖 비참한 상황에 내몰리게 된다.

'온갖 비참한 상황'은 모턴 가 식탁에서 벌어진 한 변호사와 히슬로다이 간의 대담에서 상술된다. 이 논점은 '엄격한 응보정의'를 절대불변의 진리라도 되는 듯 부르짖는 식자귀족층의 한 대변자인 변호사에게서 드러나는 교만한 태도에 있었다. 이 변호사의 교만에 대한 히슬로다이의 반응은 이런 절도범들에 대한 냉혹한 응보정의가 비효과적이었다는 것이었다. 절도범들에 대한 대대적 사형집행에도 불구하고 온 나라는 여전히 절도범들로 들끓었으니까 말이다. 이것은 절도범이 그렇게 될 수밖에 없었던 근원을 해결하기보다는 오로지 인간의 피상적 문제에다 초점을 맞춰서 생긴 결과였다. 이 피상성은 사회의 불의로 인해 죄를 저지를 수밖에 없었던 자들을 근본 해결 없이 무조건 사형에 처했다는 사실에서 밝혀진다. 아이들을 가르치기보다는 매질에 열을 올리는 자격 미달의 교사들처럼 유럽의 지도자들은 생존하기 위해 도둑질했던 제대로 교육받지 못한 무식한 사람들에게 근본 해결책을 제시해주기는커녕, 형평적인 정상 참작 없이 무자비한 엄벌로 그들을 다스리고 있었기에 말이다.

　　이어서 귀족가문 소속의 전쟁참전용사에 대한 영웅적 행위를 찬양하는 식자귀족층의 대변자인 변호사의 교만한 태도를 깨우치기 위해, 히슬로다이는 평화 시 백수건달 프랑스 용병들이 용병으로서의 전문가적 군사기술을 유지하기 위하여 프랑스 도처에서 저지른 야수적인 만행을 거론한다. 귀족층들은 바로 이러한 용병들의 야수성을 이용하여 전쟁 구실을 끊임없이 만들어 유럽을 전쟁판으로 몰고 가는 바람에 유럽의 현실을 더욱 비참한 상황에 처하게 하였다.[27] 결과적으로

---

27) Ibid., pp.61~64.

귀족층들은 자국은 물론 다른 나라들까지도 황폐화시키는 야수 같은 불한당들을 육성하고 있는 주범인 것이다. 결국 히슬로다이는 사리사욕 지향의 허상虛像귀족들에 의해 조장된 유럽의 불의한 현실 상황을 역설적으로 폭로하고 있는 셈이다.

전쟁터 야수적 인간들과 유사한 것이 인클로저 야수들이었다. 그들은 다름 아닌 기만과 무력에 의해 토지와 노동자들을 착취했던 탐욕스러운 잉글랜드 젠트리를 비롯한 지주귀족들이다.[28] 소수독점 귀족들은 무소불위의 자본과 권력을 이용하여, 대부분 인민들의 삶의 터전인 농경지와 공유지 대부분을 방목지화하는 과정에서 인민들을 비참한 유랑민으로 혹은 날품팔이로 몰아갔다. 이것은 마치 귀족들의 상징물인 양떼가 인민들을 게걸스럽게 먹어치우는 것과 같아 양과 귀족은 야수나 다름없었다. 그 결과는 비참한 빈곤계층과 방탕과 사치를 일삼는 부유계층의 양극화였다. 그러한 양극화의 악폐로 사회의 맨 아래쪽에 위치한 빈자들은 살아남기 위해 도둑질할 수밖에 없는데도, 그렇게 도둑질을 하도록 유인된 그들이 절도범으로 사형에 처해지게 되는 상황이 잉글랜드 도처에서 발생하게 되었으니 이 얼마나 불의한 상황이던가. 그러니까 히슬로다이가 보기에, 그러한 절도범을 사형 집행하는 상황에서 정의를 운운해봤자, 정의란 이미 그 의미가치를 상실한 것이며, 그러한 정의는 실제로 정의롭고 유용하기보다는 극도로 불의하고 백해무익한 허상에 불과한 것이었다.[29]

논쟁의 불길이 확산되는 것을 제지하기 위해 추기경 모턴이 몇 가지 질문들로 개입한다. 만일 사형으로도 상황이 충분히 개선되지

---

28) Ibid., p.67.
29) Ibid., pp.67~71.

않는데, 그렇다면 어떤 방법이 좋을까라는 중재적 질문으로 말이다. 히슬로다이는 응답하기를 형평법을 가지고 사회적 약자를 보호했던 신과 모세Moses의 율법들이 인간 법들에 의해 상쇄되어왔기에, 극단적 정의는 극단적으로 불의해질 수밖에 없다는 것이었다. 이를테면 사소한 범죄에 대한 사형집행의 비합리성은 범죄자들로 하여금 도둑질 행각을 증언할 수 있었던 참고인으로서의 증인들을 살해하게끔 유도한다는 것이었다.[30] 이러한 불합리성을 알고 있었던 로마인들은 공중 범죄에 대해서 공익근무를 부과하는 형평적이면서 인도적인 지혜를 이미 예시한 바 있었다.

그러면 어떻게 정의로운 분배와 공과가 부여되는 질서정연한 사회가 형성될 수 있을까? 유토피아인들은 그들의 가장 지혜롭고 지성적인 제도들을 가지고 가장 지혜로운 철학자 플라톤의 조언을 따른다.[31] 유토피아인들은 공공의 이익을 위해 공유재산제 체제를 운영하는 데 있어서, 또한 질서정연한 형평적 정의를 실천하는 데 있어서 참으로 지혜로웠다. 공유재산제는 정의로운 사회를 구축하기 위한 수단으로서 유토피아국 질서 확립의 제일 중요한 준거이다. 이러한 확실한 준거가 있기에 유토피아국은 극소수의 법만으로도 정의공화국으로 자리매김할 수 있는 것이다. 이러한 맥락에서 한 폴리스의 법률제정의 요청을 받은 플라톤은 그 폴리스가 공유제법을 반대하고 있다는 사실을 알고는 모든 물품의 공평한 몫을 모두에게 나누어주는 그러한 입법을 용납하지 않는 자들을 위해 법을 만들기를 아예 사전에 거부하

---

30) Ibid., pp.71~75.
31) Hexter, *Biography*, p.60. 아울러 J. C. Davis, *Utopia and the Ideal Society : A Study of English Utopian Writing, 1516~1700*, p.57 참고.

였던 것이다.32) 만일 폴리스의 정책자들의 요청대로 만일 사유재산제 촉진법들이 제정된다면, 그 법들은 불의를 더욱 조장할 것이며, 무지한 자들을 그 법 조항에 대한 해득력 결핍으로 인해 '법 곡해·악용 귀족들'의 먹잇감이 되게 할 것이라는 것을 깨달을 만큼 플라톤은 충분히 현명했던 것이다. 현자 플라톤의 생각이 철저히 반영된 나라가 바로 유토피아국인 것이다.33)

'극소수 법' 관련 논의는 제2부 유토피아국 담화에서도 계속된다. 공유제 체제 하의 유토피아인들은 공공복리에 기여해야 하는 자신의 책무에 관해 충분히 이해할 만큼 공동체 정의 의식이 내면화되어 있기에, 극소수의 법만으로도 유토피아는 정의로운 공공복지국가가 된다.

유토피아인들은 법률의 유일한 목적은 사람들에게 그들이 마땅히 해야 할 책무를 일깨워 주는 것에 있으며, (…) 극소수 법률의 단순하며 명백한 의미는 누구에게나 이해가 됩니다.34)

그렇게 많은 법이 요구되지 않는 유토피아국에서는 국제법 효력이 있는 국제조약 체결도 회피한다. 조약이라는 인위적 맺음은 자신의 편의와 변덕에 따라 그것을 무용지물 취급하는 왕, 고위고관·고위성 직자 등에 의해 인간 사이의 자연스러운 유대를 곧잘 복잡한 구속과

---

32) CW 4, *Utopia*, pp.6~7. 모어는 플라톤이 초빙되어 Megapolis의 입법자가 되었던 것을 언급하고 있다(Diogenes Laertius, Lives of the Philosophy 3. 23).

33) CW 4, *Utopia*, p.103.

34) Ibid., p.195.

억압으로 변질되게 하기에 말이다. 그러하기에 유토피아인들은 동맹국들과의 관계에서도 형제애를 형성하는 데 주력한다. 일례로 유토피아인들은 관리들을 이웃 동맹국들에게 파견하여 이웃 동맹국 국민들을 편애와 탐욕에서 벗어나도록 훈련시킴으로써 그들에게 형제애를 배양·형성·숙성시키고자 한다. 유토피아인들은 자연스레 생겨난 동무 감정으로서 형제애가 조약을 대신하며, 협정에 의하기보다는 선의에 의해, 그리고 말에 의하기보다는 정신에 의해서 인간관계가 더욱 돈독하고 확고하게 맺어진다고 생각하고 있기 때문이다. 그러니까 유토피아 사회의 공동식사제도도 형제애 혹은 동무애의 자연스러운 발로인 바, 이 제도 또한 신뢰기반의 상호애만으로도 작동되는 정의로운 사회를 형성하기 일환으로 이해될 수 있는 것이다.[35]

유토피아국과는 달리 형제애보다는 법이나 조약에 의존하는 유럽에서는, 횡행하는 온갖 불의로 인해 일반민들은 자신들의 세상에는 두 가지 정의가 엄존하고 있다고 생각한다. 이를테면 힘없는 일반민들에게 적용되는 엄격한 정의와 자의적이고 독단적인 특권계층을 위한 특별한 정의가 말이다. 이 두 정의가 존재하는 현실이 함축하는 바는 유럽에서는 인간의 덕으로서 정의가 속수무책 상황으로 상실되어 있다는 것이다.[36]

과연 정의는 유토피아국의 필수불가결한 덕이 되는데, 히슬로다이는 편애와 탐욕 두 악이 인간들의 판단 속에 꿈틀거리고 있을 때마다, 끊임없이 공화국의 가장 강력한 근골인 정의가 파괴된다며, 이 두 악에 대해 경종을 울린다. 편애와 탐욕은 상호간의 자연스러운 선의를

---

35) Ibid., p.140.
36) Ibid., pp.194~199.

균열시키기 때문에, 정의를 부식시키는 악으로 강조된다.[37] 정의는 인간들 영혼 속에서 편애와 탐욕이 일소된 결과로 성취되는 평등, 형제애, 공익활동의 표상이며, 진정한 공동체 번영과 구성원 개개인의 행복의 결과를 가져오는 종합적이면서도 응축적인 관념이다. 정의는 편애와 탐욕이 발붙일 곳 없는 사회질서와 동의어이다. 그러하기에 유토피아국은 공유제를 바탕으로 고정된 신분 개념 없는 '질서정연한 정의로운 사회'가 될 수 있는 것이다. 그러나 유럽 현실은 정확히 그 반대이다. 편애와 탐욕이 인간들의 영혼을 사로잡고 있으니까 말이다. 그래서 유럽은 정의로운 나라가 될 수 없다.

그렇다면 유럽과 유토피아국의 이러한 차이는 어디에서 비롯되는 것일까? "비록 우리 유럽인이 두뇌에서는 그들보다 더 앞선다지만, 우리는 적용 능력과 근면에서 유토피아인들보다 훨씬 더 열등하다"[38] 라며 히슬로다이가 말한 대목에서 그 차이가 간파될 수 있다. 예컨대 유토피아인들이 행복한 정의공화국이 될 수 있었던 데는 적용 능력과 근면의 배양을 근간으로 하는 교육을 통한 덕성 함양이 배경이 되었음이 시사된다. 바로 이러한 교육을 통해 유토피아인들의 영혼 속에 탐욕과 편애가 발붙일 틈이 없게 되었던 것이다. 그러나 이와 대조적으로 유럽에는 나태와 아집이 지배함으로써 '덕성함양교육'이 제대로 펼쳐질 수 없다. 즉, 본받아 가르침을 받을 만한 사람들이 존재한다는 것이 유토피아국을 정의공화국으로 번영하게 이끌었던 반면에, 그렇지 못한 유럽에서는 갖가지 불의가 들끓을 수밖에 없었다. 그러니까 유토피아국과는 달리 교육의 효능이 전혀 먹혀들어가지 않을 만큼

---

37) Ibid., p.89.
38) Ibid., p.107.

불의가 판을 치는 유럽은 결국 구제불능의 종말론적 상황으로 내몰릴 수밖에 없을 것이었다.

요컨대 모어의 생각에 유럽은 어차피 치유불능의 암적 말기 상황이므로 그냥 놔둬도 종말을 향해갈 것이었다. 그래서 혁명을 혐오하는 모어 같은 휴머니스트에게 유토피아국 같은 신판 사회의 구상은 가능한 것이다. 유럽은 치료대상이라기보다는 그냥 내버려 두면 자연스럽게 고사할 테니까, 모어는 현실세상에서 원하지 않는 혁명적 상황을 초래하지 않고도 상상 속에서 신판의 급진적 이상국을 창조할 수 있었던 것이다.

3. 현실의 사익 추구와 유토피아국의 공익 정신

『유토피아』제2부 종언부 대담에서는 불의의 원인으로 유럽인들의 사익추구문제를 주로 논한다. 히슬로다이는 유일무이한 정의공화국[39]인 공유제 유토피아국에 대해 극찬하고 나서 불의한 유럽국들에 대해 조목조목 비판한다.

다른 곳에서는 사람들은 입만 열면 공공의 이익을 말하지만 실제로는 개인재산에만 눈독을 들이고 있습니다. (…) 사실 나는 현재 세계에 퍼져 있는 사회제도를 생각할 때, 참으로 슬픈 일입니다만 부자들이 공화국이라는 미명하에 자기네들의 이익을 증진시키고 있는 음모

---

39) Ibid., p.237. 폴 터너의 견해에 따를 때, 공화국이라는 말의 의미는 바로 다음의 'respublica(공공의 일이나 재산)' 및 'Pullicum Commodium(공공의 이익)' 등의 언어적 연관성과 관련되어있다.

이외에는 아무것도 인정할 수 없습니다.[40]

　한마디로 유럽현실과는 달리 유토피아국에서는 사적 재화소유문제에 매달릴 필요가 없기에, 유토피아인들은 사회적·도덕적 의무에 매진할 수 있는데, 이 또한 당위적·합리적 행위이다. 모든 것이 모든 이에게 속하는 유토피아 사회에서는, 그 누구도 모든 것을 소유하지는 않지만, 모든 것이 부족함 없이 충족되므로 모든 이가 부자이며 귀족이기에 말이다.[41] 이를테면 이곳에서는 모든 이가 함께 충분히 사용할 수 있는 공공 곡물 창고가 마련되어 있다. 예비식량과 가정행복의 보장은 근심 없고 즐겁고 평화로운 마음을 이끄는데, 유토피아인들은 그러한 마음 상태를 진정한 부라고 생각한다.[42] 그러한 상태야말로 참된 공화국의 자연스러운 건강이다.

　그런 유토피아국의 정의로운 재화분배는 그 이외 세상 도처에 퍼져있는 갖가지 불의와 비교된다. 이 비교는 제1부 대담 서언에서 '최악의 소수인들'에 관한 신랄한 비판적 서술과 관련이 있다.[43] 모어는 유럽의 불의한 현실에서 목도되는 '인류의 가장 모범적인 계층'의 불가피한 빈곤으로 인해 사적 소유제도는 재화의 정의로운 분배와 공공복리의 실현가망성을 공허하게 만든다고 결론짓는다. 모어에게 '최악의 소수인들'은 전혀 일을 하지 않거나, 일을 하되 불필요한 일만 하는데도 사치스럽고 호화로운 생활이 보장되고 있는 악덕귀족·

---

40) Ibid., pp.239, 241. Plato, *Politeia*, 박종현 역주, 『국가政體』 제8권 pp.550~551.
41) CW 4, *Utopia*, p.239.
42) Ibid., p.239.
43) Ibid., p.105.

지주계층·금은세공업자·고리대금업자 등을 의미한다. 반면에 '인류의 가장 모범적인 계층'은 황소처럼 끊임없이 온갖 힘든 일을 하고 게다가 사회에서 꼭 필요한 일들을 하는 노동자·마부·목수·농부 등을 의미한다. 만일 이들이 일을 멈추면 어떤 나라든 일년도 채 안 되어서 환란에 처하게 된다. 그럼에도 국가존립의 진정한 은인들인 이러한 사람들은 일한 만큼 보상받기는커녕 미래에 대한 막연한 불안감을 안고 평생 비인간적인 노동의 고통을 당하다가 비참하게 죽을 수밖에 없지 않은가.[44] 이 얼마나 배은망덕한 일이던가.

더욱이 가진 자들은 빈자들의 희생을 미끼로 개인적 복리를 위해 일방적으로 법령을 포고한다. 그리하여 법은 왜곡되고 불의는 심화된다. 그렇지만 자연법으로서 정의는 왜곡된 사회법의 소산인 불의에 의해 방해받을 수 없다. 모어는 그 어떤 권위도 강제적으로 사회법을 자연법으로 그리고 자연법을 사회법으로 둔갑시킬 수는 없다고 말한다. 자연법이 되기 위해서는 인간법들이 정의에 순응해야 한다.[45]

모어는 불의의 원인들을 분석하기 위한 토대로 자연법의 신성불가침한 특성을 직시한다. 불의는 무질서와 불행의 원천이다.

유토피아국 이외의 다른 나라들에서는 탐욕으로 꽉 찬 이 사악한 인간들이 모든 사람들에게 충분할 모든 물품들을 자기네들끼리만 나눠 가집니다. 이 불의한 악폐로 인해 다른 나라들에서는 정의와 행복의 길이 얼마나 요원하겠습니까?[46]

---

44) Ibid., pp.239~240.
45) Ibid., p.241.
46) Ibid.

나라는 부자일지 모르지만 소수 특권층만이 그 혜택을 누릴 뿐 나머지 대다수 인민들은 비참할 정도로 가난하다. 또한 그 특권층들이 부자일지 모르나, 생존투쟁 와중에 빈곤층들이 가하는 폭력적 위협 때문에 부자들도 행복이란 참된 부를 향유하지 못한다. 그러니까 불의는 개인적 선점과 사적 소유로 인한 무질서이다.[47] 이것은 상류계층의 공공복리에 대한 관심 결여를 위장했던 부자연스러운 기만과 억압적인 불공정 상황에서 비롯된 것이었다. 정의는 온당히 공화국 전체의 질서정연한 유기적 관계 속에서 보존된다. 물질적 평등 질서만이 공평성aequitas을 보장할 수 있다. 공평성은 대체로 정의iustitia의 다른 이름이다.[48]

불의의 원인에 대한 분석은 '현금가치 숭배'를 조장하는 사회제도로부터 시작된다. 공유재산제를 가진 유토피아국에서는 온갖 종류의 범죄와 무질서가 근절되었다. 히슬로다이는 공공 곡물창고에 먹을 게 늘 빼곡히 차 있어서 먹고 사는 데 대한 근심이 없는 이 유토피아인들과는 반대로, 유럽부자들의 창고 또한 그러하지만 대다수 유럽인민들은 먹을 게 없어서 아사 상태에 빠져 있음을 말하면서, 유럽의 비참한 현실을 개탄한다. 아이러니하게도 일상품 구매 등 공동체인으로서 인간생활의 편의를 위한 매개 수단으로 창안된 돈이 그런 용도에서 일탈하여 돈은 타자의 편의를 짓밟는 물욕성취 도구이자 신분상승 척도로 전락하였다. 이리하여 돈은 일신상의 안위를 지키는 울타리 같은 필수불가결한 것으로 인식되면서, 그것의 무한한 증식을 추구하는 소수 부자들로 하여금 대다수 인민의 희생을 당연하게 생각하게

---

47) Ibid., pp.363~364.

48) J.M. Major, *Sir Thomas Eylot and Renaissance Humanism*, p.120.

하는 인식 왜곡과 불의의 씨앗이 되었다.

나태한 부자들로 하여금 물품 독점에 혈안이 되게 하는 매개적 원인은 그들의 내면 깊이 똬리를 틀고 있는 탐욕이다. 히슬로다이는 대다수 인민들이 빈곤에 시달리고 있는데도 부의 과잉을 누리는 이런 부자들을 거론하면서, 어째서 그들이 병폐적인 기생충 같은 존재이며 악폐적인 쾌락 조달자인지를 예증한다.[49] 모어에게 이것은 법률이 증가함에도 불구하고, 어째서 유럽에는 진정한 정의와 참된 공화국이 존립할 수 없는지를 해명해주는 논거다. 현실 유럽에서 법률은 탐욕을 정당화하고 보호하기 위해서 형성된 것에 불과하다. 또한 그것은 어째서 억압과 불행이 판치는 상황에서 왜곡된 권위들이 활개 칠 수 있는지를 반증해준다.[50]

유럽의 불의의 궁극적 원인은 교만이다. 이것은 가톨릭 질서의 유럽에 두루 알려진 것이기에 모어는 간략히 거론한다. 교만은 아우구스티누스 같은 교부들이나 성서에서도 인간이 지옥에 떨어질 7죄종 중에서도 으뜸 죄였는데, 그 죄는 인간의 당위적 책무의 거역과 이로 인한 전반적 윤리 기준의 위배와 상관된 것이었다.[51] 교만은 인간본성과 관련하여 유럽 현실의 불의를 해명하는 데 있어서 핵심 논거이다. 가톨릭 유럽은 교의의 실천자여야 할 고위성직자들의 핵심부까지도 부정부패로 만연되어 있다. 지혜와 선의 상징 그리스도는 유토피아국의 소수 법률들에 대해 흡족해 했을 것이지만, 교만이라는 괴물로

---

49) CW 4, *Utopia*, pp.241, 243.

50) Ibid, p.243.

51) Hexter, *More's Utopia : The Biography of an Idea*, Reprinted. with Epilogue, pp.57, 72, 75, 80.

에워싸인 현실세상의 넘쳐나는 법률들을 내려다보면서 개탄을 금하지 못했을 것이라는 게 모어의 생각이었다. '악의 여신whore goddess'에 대한 이 괴물[교만]의 맹목적 헌신은 빈자들의 비참한 상황을 심화시키는 부자들의 허욕과 과시욕에 의해 예증된다. 모어는 타락한 낙원의 뱀과 같은 교만이 잉글랜드 귀족층의 한복판을 헤집고 다닌다고 생각하였다.

교만은 인간 내면 깊숙한 곳에 자리 잡고 있어 쉽게 근절될 수 없다. 타자의 희생을 번영의 척도로 삼는 교만은 타자의 비참한 상황을 이용하면서 역겹게 우쭐댄다. 교만의 불가피한 자기 파멸적 짝은 탐욕이다. 이에 반해 유토피아국에서는 인간 내면에 정의를 체화하기 위한 제1의 수단으로 공유재산제를 도입함으로써 개인적 야심과 공공의 파벌 의식뿐만 아니라 그러한 탐욕과 교만을 제어할 수 있었다.

제2부 담화 종언부는 제1부 대담을 강조하는 것으로 귀결된다. 작중모어는 히슬로다이의 학식과 경험에서 우러나오는 지혜를 인정했지만, 그가 진술한 모든 것을 죄다 동의할 수는 없었다.

나는 그 나라의 법률이나 관습 중에는 불합리한 것이 상당히 많다고 생각했다. 군사전략이나 예배형식도 그렇지만 (…) 특히 유토피아 사회 전체가 기반으로 삼고 있는 것, 곧 돈을 제거한 공유제도는 매우 불합리했다. 그런데 돈을 사용하지 않는 공유제도는 본질적으로 귀족 정치의 종말을 의미할 것이다.[52]

---

52) CW 4, *Utopia*, p.245. 귀족 정치의 유지는 모어를 포함해서 휴머니스트들이 신분 속성상 식자귀족계층 일원이라는 점에서 재론의 여지가 없다. 그러나

위 인용문은 유토피아국을 현실에 적용하기에는 무리가 있음을 지적하는 결정적 문맥이다. 작중모어는 히슬로다이의 제2부 유토피아국 담화를 다 듣기 전에는, 유토피아 사회의 세부적인 내용을 듣는 데 관심을 가졌을지 모르지만, 다 듣고 난 후 그런 사회에 마음이 쏠리지 않았음을 독자는 간파할 수 있다. 독자는 히슬로다이와 한 변호사 간의 대담이 끝난 후에 히슬로다이의 견해에 수긍하면서도 결국 이 변호사 편에 기울어지는 것처럼 보였던 지혜로운 귀족 모턴 추기경을 상기하게 될 것이다.[53] 작중모어는 다소 가벼워 보이는 아첨적 형태의 간접적 방식으로 히슬로다이의 비위를 맞춘다. 작중모어가 제1부 대담 서언에서 그 자신이 현실에 맞게 그렇게 처세했던 것처럼 그리고 유럽 자문관들이 그렇게 행동했던 것처럼 말이다. 다른 한편으로 작중모어는 유토피아국의 논의의 여지가 있는 화제들을 더욱 깊이 논의코자 하는 바람을 표명함으로써 독자들에게 숙고의 여운을 남긴다.

제2부 담화 후에 근본적인 의견 불일치가 생긴다면, 이 대담이 어떻게 진행될까. 작중모어는 유토피아국의 특징들을 유럽국가들에서 찾아봤으면 하는 모호한 바람을 남긴다. 그 제도들이 유럽현실에 접목될 가망이 없지만 말이다. 중의적中意的이게도 유토피아 사회는 현실사회에 그런 이상사회의 도래를 기대하게 하면서도, 동시에 그것의 현실구현에 대한 불가능성을 시사해준다. 이 세상 모든 인간들이 선하지 않는 한, 모든 것들이 완전하게 잘 되리라는 것은 불가능한

다른 휴머니스트들과는 달리 모어는 부와 관련한 귀족 자체의 문제보다는 귀족층의 정의문제에 초점을 맞추고 있다.

53) Ibid., p.81.

일이기에 말이다.54) 그렇기는커녕 현실유럽은 도처가 악으로 팽배하여 종말을 향해가고 있지 않던가. 모어는 현실세상이 그렇게 된 원인을 모든 인간들이 선의지善意志를 갖도록 그들의 영혼 속에 정의가 체화되거나 내면화되지 않은 데서 찾고 있다. 그래서 유토피아국에서는 정의를 내면화하는 데 온 힘이 쏠려 있다.

공유제평등원칙은 정의를 내면화하기 위한 제일 중요한 제도적 장치이다. '정의체화수단'으로서 공유제평등원칙은 자연스럽게 유토피아국을 정의지향 세상으로 이끌어간다. 물론 이것을 주도해가는 계서적 상부층의 노블레스 오블리주로 무장된 식자귀족층의 역할이 매우 중요하다. 그래서 유토피아국에서는 이러한 통치귀족층이 지혜와 정의로 무장된 학자층(예비사회주도층)에서 선발된다.

제2절 유토피아국에서의 정의의 수단

유토피아국에서는 공유제에 기반한 자연스러운 질서, 경제적 평등의 원칙, 공익을 위한 공평한 기여, 쾌락의 장려 등 네 가지 '정의체화 수단'을 통해 정의가 유토피아인들의 영혼 속에 내면화된다.

첫 번째로 유토피아국은 공유제를 바탕으로 사회조화가 원활하게 이뤄지는 자연스러운 질서의식이 토대에 깔려있는 세상이다. 이런 토대가 있기에 유토피아국은 정의가 근골이 되어 정의공화국으로 자리매김하게 된다. 공동소유가 유토피아국 인민들 모두에게 정의의

---

54) Ibid., p.101.

토대를 제공해준다. 비유토피아국들은 참된 공화국이 아니다. 왜냐하면 거기서는 갈등적 소유권 주장에서 비롯된 노골적인 탐욕이 공익지향의 공동체 유대를 깨기 때문이다. 그 누구에게나 쉽게 이해 가능한 '소수의 유토피아국 법'은 자연스러운 사회질서 창출을 위한 매개체로서 철저히 이성적 준거에 따르면서도 인간애적인 형평성에 토대를 두는 참다운 정의구현의 등불이다.[55]

정의는 사회법의 준거라는 점에서 정의와 법은 사실상 동의어이다. 법은 자연스러운 원칙들을 자리잡게 함으로써 사회를 질서정연하게 하는 매개체이다. 정의가 숨 쉬는 자연스러운 질서의 유대 공동체로서 유토피아국은 질서정연하게 순리에 따라 작동되는 이성적인 공화국이다. 유토피아국처럼 자연스러운 질서 유대가 존중되는 사회에서는 조화·평화·번영·행복이 자연스럽게 성취된다. 공유제를 기반으로 하는 자연스러운 질서는 유토피아 사회 도처에 깔려있는 개념이다. 이 개념은 유토피아국 정의의 필수불가결한 토대이다.

두 번째로 유토피아국은 경제적 평등주의 원칙에 맞춰 이성적·순리적으로 일사불란하게 작동되는 사회이다. 모어는 모국 잉글랜드나 유럽 나라들의 역상으로서 유토피아 사회를 모든 것들이 모든 이들에게 속하는 철저한 평등사회로 그렸다. 유토피아국의 모든 이들은 공동 소유의 땅을 경작한다. 그는 역설적인 독특한 방식으로 평등사회상을 연출해냄으로 상류계층을 파멸시키는 동시에 보편화한다. 모든

---

55) 모어는 Ibid., p.225에서 "유토피아인들은 자연의 탐구가 신에게 향한 숭배행위라고 생각한다"라고 기술하고 있다. 이것은 자연탐구를 신·이성·정의·행복에 연결시키는 키케로적 언어의 차용이다. Cicero, *De finibus bonorum et malorum*, ed. and trans. by H. Rackham, 2nd ed. Loeb Classical Library, 5. 21. 58.

이들이 육체노동을 통해 공동 소유지를 경작하기 때문에 상류계층은 없다. 한편 모든 이들이 표면적으로 귀족이라는 특권계층 없이 여가를 보내고 쾌락을 향유하기 때문에 모든 이들이 상류계급화 된다. 그러니까 유토피아국에서의 평등주의 원칙은 유토피아인들의 '정의체화수단'의 동력 역할을 하는 것이다.

세 번째로, 유토피아국에서는 누구든지 공익을 위해 공평하게 기여해야 한다. 유토피아국은 철인왕 유토퍼스에 의해 구축된 정의공화국이다. 유토퍼스는 최상의 지혜를 가지고 아브락사족을 문화적으로 탁월한 유토피아국으로 변모시킴으로써 그것을 1760년 전통의 정의공화국으로 자리하게 하였다.[56] 유토퍼스의 가장 큰 업적은 유토피아인이라면 누구든지 공익을 위해 공유된 노동을 통해 생산에 종사하게 함으로써, 그가 모든 유토피아인들이 공익에 기여할 수 있는 기반을 마련했다는 것이다.[57] 이러한 공유노동 덕에 필수품들이 늘 충족되며 잉여제품들은 이웃들과 함께 덕스럽게 공유될 수 있었다.

그러니까 유토피아국은 모든 이들이 의무적으로 공익을 위해 기여해야 하는 공화국이었다. 이들의 공익을 위한 기여는 농업 노동에 의한 것이었는데, 예외 없이 이들 모두는 지주가 아닌 소작농으로서 농업에 종사해야 한다.[58] 소작농으로서의 의무는 땅에 대한 인민들의 겸허한 자세를 환기시키는 단초가 된다. 도시민들은 시골의 농지들을 경작하기 위해 그곳에 윤번제로 일정 기간 체류하고 농산물 이외의 필수품들을 제공하는 숙련기술과 정원 가꾸기 등을 통해 자연에

---

56) CW 4, *Utopia*, pp.113, 117, 121.

57) Ibid., pp.113, 115, 117.

58) Ibid., pp.113, 125.

대한 미학적 인식을 키웠다.[59] 하루 노동시간이 6시간이기에 농업생산노동은 단기간 집약성으로 수지가 높으며 고난도의 일이 아니기에 힘들지 않다. 그 일은 운명공동체인민으로서 누구나 동참해야 하는 의무였기에, 공익에 대한 개인적 기여뿐만 아니라 공동체의 공공복리에 대한 인식을 고양시켰다.

특히 농업 노동은 자연의 원리를 배울 수 있는 많은 기회를 유토피아인민들에게 제공한다는 점에서 생생한 교육적인 행위이기도 하다. 자연은 미와 모든 가치의 스승이다. 친절하고 관용적인 어머니인 자연은 공기·물·땅 같은 인간에게 필수불가결한 모든 것들을 쉽게 감지하도록 그것들을 명료하게 노출시켜 놓았다. 그러나 자연은 황금 같은 모든 헛되고 무익한 것들을 우리로부터 가능한 한 멀리 떼어놓는다.[60] 유토피아인들은 자연의 질서미학을 관찰함으로써 계서적으로 각 개인이 제 위치에서 최선의 노력을 다할 때, 인간사회는 조화로운 정의사회로 자리할 수 있다는 사실을 배운다.[61]

자연으로부터 습득될 수 있는 최고의 교훈은 순리적이면서도 평등한 사회질서이다. 지형·도시·정체가 등가적으로 유토퍼스 왕에 의해 질서정연하게 체계화되었다. 개인적 선점이 없기에 탐욕과 교만은 근절된다. 유토피아국 곳곳에서 보이는 유럽과의 대칭상은 유토피아국의 자연스러운 사회조화질서를 반증하는 것이었다. 잠재적인 지역 간 불평등조차 주민들의 도농 간 주기적 로테이션이나 주기별 거주지

---

59) Ibid., pp.121, 125~127.
60) Ibid., p.151. 자연 가치의 대조는 돈이다. 유토피아국에서는 최고의 현금가치인 황금이 노예의 쇠고랑, 요강, 아이 장난감 등의 제작재료가 되므로 가치 절하된다 : Ibid., pp.149~157, 167.
61) Ibid., pp.127, 133, 157, 235.

교환 등에 의해 제거된다.

'주민관장업무'가 실무책임 관리자 시포그란트들syphogrants/ phylarchs을 주축으로 구성된 원로회senate 회의 결정에 따라 수행되는데, 그들의 첫 번째 책무는 노동의 감독이다. 시포그란트 같은 실무엘리트층의 폭정 소지를 강력히 제지하기 위해서 그에 대해 사형 같은 중형 처벌이 법으로 규정되어 있다. 이 규정은 시포그란트들을 통솔하는 최고위 관리자들인 트라니보르들tranibors/ protophylarchs에게도 동일하게 적용된다.

공공복리에 관한 안건을 트라니보르 회의 같은 공식적인 회의 이외의 임의 모임에서 논의하는 것은 사형의 대상이 되는 중죄입니다. 그것을 중벌로 다스리는 이유는 트라니보르들이 시장에서 은밀하게 모여 공모하여 폭정을 기도하거나 사리사욕을 위해 시 법규를 제멋대로 고치는 일을 방지하기 위해서입니다.62)

유토피아인들은 가정 안팎에서나 국가 안팎에서 발생되는 폭압을 비이성적인 야수 같은 행위로서 조화로운 사회질서를 깨는 최악의 불의로 간주한다. 폭압 같은 불의를 방지하기 위해 유토피아국에서는 도덕 교육이 생활화되고 공식·비공식적 교육이 평생교육 차원에서 이루어진다.63) 이렇게 함으로써 유토피아인들은 정의로운 인간들이 되도록 영혼 속에 내재된 이성을 자연스레 깨우칠 수 있었다.64) 이러

---

62) Ibid., p.125. 유토피아국 같은 이상사회에서조차 모어는 폭압을 유발할 우려가 있는 경우에는 사형이라는 단호한 조치를 취했는데, 이것은 당시 잉글랜드나 유럽의 군주들이나 귀족들의 폭압적인 불의에 대해 모어가 얼마나 깊이 우려했는지를 단적으로 보여준다.

63) Ibid., p.121.

한 '불의차단교육'은 가정교육에서부터 이뤄진다. 가부장적 가정은 도덕적 가족 유대 질서가 자연스럽게 작동됨으로써 정의 교육이 이뤄지는 최초의 장이다. 유연하면서도 촘촘한 가족질서는 유토피아 사회 구석구석까지 확장된다.

원로회는 즉시 한 곳의 자원의 결여를 다른 곳의 잉여품으로 채워지게 합니다. 이러한 일을 그들은 대가를 받지 않고 수행합니다. 따라서 섬 전체가 하나의 가족과 같습니다.[65]

그러니까 가족은 유토피아 사회질서의 기본 축으로서 가내 또는 국내 필수품의 든든한 제공자이다.[66] 자연스러운 유대의 기초로서 가족은 전체 공동체 사회를 위한 경제적 기여와 도덕적 기강을 확립시켜 준다.[67] 자연이 어머니라면, 지도자들은 아버지들이며, 미트라스는 하느님 아버지이다.[68] 결국 보편적 인간제도로서 가족은 유토피아나 유럽에 공통적인 것이나 결과는 다르게 나타난다. 이를테면 유토피아국의 가족제가 공익지향적인 반면에 유럽의 가족제는 사익지향적이다. 이러한 차별성으로 인해 유토피아국이 정의공화국으로 존립하게 되지만 유럽 국가들은 불의한 나라들로 전락하게 되는 것이다. 자연스러운 질서유대체제로서 유토피아 가족제의 장점은 유토피

---

64) Ibid., pp.115, 181~183 ; Rogers, Correspondence, Letter 27, pp.81~84.
65) Ibid., p.149 ; J. C. Davis, *Utopia and Ideal Society : an English Utopian Writing, 1516~1700*, p.50과 G. M. Logan, *The Meaning of More's Utopia*, p.213.
66) CW 4, *Utopia*, pp.127, 135.
67) Ibid., pp.187, 211.
68) Ibid., pp.170, 195, 217.

아국과 타국 간의 대외관계에서 부각된다. 이 가족제는 (일가족이 전쟁에 참여해서 끈끈한 자발적 유대를 결속할 수 있기에) 대외관계 특히 불의한 타국과의 불가피한 전쟁의 경우 적들에게 치명타를 입히는 '인적유대결합수단'이 된다. 유토피아국의 충분한 재정력은 대외관계에서 유토피아국의 최대의 무기로서 종속국을 유토피아 자국의 휘하에 묶어두는 데 투입된다.[69] 대외관계에서 조약들은 부자연스러운 구속들로서 거부된다. 법률들처럼 조약들도 자연스럽지 못하게 인위적으로 강제된 약속이라는 점에서 기껏해야 불건전한 사회의 국면들을 반영하니까 말이다.[70]

도시규모와 인구규모 등 유토피아국의 도시계획기준에 따른 질서 정연한 도시정비기획에 따라, 아울러 다른 나라들의 미사용 척박한 자연[땅]의 실용적 개간이라는 명분으로 유토피아인들의 식민지개척이 정당화된다. 이것은 황무지 같은 땅을 선용하라는 자연규칙에 응하는 순리적인 행위이다.[71]

대외전쟁에서 유토피아인들은 암살·봉기·교사 등의 마키아벨리즘적 전략으로 상대 적국을 무력화시킨다.[72] 유토피아국 측에서 볼 때 그러한 방법은 정의로운 자국민이 전혀 피를 흘리지 않고 불의한 자들이 자기네들끼리 싸워 자멸하게 하는 이성적 전술이다. 또한 이 전쟁은 불의한 자들이나 불의한 국가들이 반드시 붕괴된다는 것을 유토피아인들에게 환기시키는 도덕교육자료로 활용된다.[73]

---

69) Ibid., pp.149, 185, 215.
70) Ibid., p.199.
71) Ibid., p.137.
72) Ibid., pp.149, 199~211, 219.
73) Ibid., pp.203~205. 이러한 대외관계에서의 유토피아국의 선점은 정의의

그러니까 유토피아국에서는 타국과의 전쟁마저 도덕교육자료로 활용함으로 정의의 내면적 분열 원인들인 돈·탐욕·교만 같은 것들을 자연스레 제어하여 불의가 유토피아인들의 영혼에 아예 발을 디디지 못하게 하는 것이다. 그러므로 가족적 유대의 운명공동체로서 유토피아인들에게 자연스럽게 발동되는 공익지향주의는 유토피아국을 정의 공동체로 묶어주는 연대적 수단이 되는 것이다.

네 번째로 유토피아인들은 내면에 정의를 체화하기 위한 '심성자극수단'으로서 쾌락을 장려한다. 유토피아인들은 건전하기만 하다면, 쾌락은 육체적인 것이든 정신적인 것이든 인간의 심적 평화 조성과 인간의 행복감 형성에 도움이 된다고 생각한다. 그러므로 쾌락은 인간이 악에 물들지 않는 도덕심성을 인간의 영혼 속에 자리하게 함으로써 인간 세상을 정의로운 세상이 되게 하는 촉진제이다. 이를테면 유토피아국에서 쾌락은 인간들로 하여금 행복감을 느끼게 하여 정의를 인간들의 내면에 체화시키기 위한 유인수단인 것이다.

모어에 따르면 가정에서 국가에 이르기까지 각 개인 간의 행위는 계서적으로 자연스레 돌아가는 조화로운 우주질서 속 삼라만상의 움직임의 일부이다. 심적 평화, 행복감, 정의로운 세상과 연관된 쾌락의 본질은 변질될 수 없는 우주질서 개념을 내포하고 있는 것이었다. 그러니까 쾌락정의는 불변의 계서적 우주질서에 대한 개인적이면서도 사회적인 순응인 셈이다.[74] 모어는 그러한 질서에 대한 순응의 결여 상태에서 악마적 무질서나 혼돈상황이 촉발된다고 보고 있다.

불의에 대한 승리를 예증하는 것이다. 물론 정의라는 명분하에 식민지개척이나 용병 활용 운운이 과연 정당화될 수 있는지 재고될 여지가 있지만 말이다.

74) Ibid., pp.163, 173.

이때 그 무질서나 혼돈은 불의로서 정의의 대칭적 개념이다. 모어가 말하는 쾌락은 자연의 이치를 고스란히 담고 있다.

최고로 유덕한 행위를 할 때에 있어서도 누구를 막론하고 쾌락을 궁극적 행복이라고 여긴다고 유토피아인들은 말합니다. 그들은 자연적으로 즐길 수 있는 육체적 또는 정신적 활동 상태가 쾌락이라고 정의합니다. 가장 중요한 말은 '자연적'이라는 말입니다. 그들의 주장에 따르면 우리는 남을 해치거나 가치상 상위의 쾌락을 방해하거나 불쾌한 후유증을 남기지 않는 한, 이성과 본능에 따라 쾌락을 향유하도록 인도된다는 것입니다. 유토피아인들은 비자연적 쾌락은 행복에 기여하기는커녕 행복을 방해하게 만든다고 생각합니다.[75]

모어에 따르면 쾌락은 참되고 순수하며 무해한데, 그것은 이 쾌락 속에 자연스러운 합리성, 즉 순리성이 배어있기 때문이다. 쾌락의 조건은 개인적 건강이자 사회적 건강이다. 고통을 야기하는 오염과 질병이 난무하는 곳에서는 사회 정의는 의미를 상실하며, 공동체 행복은 상상할 수 없는 것이다.[76] 여기에서 육체적 쾌락들이 저급한 것으로 설명되지만, 고통을 이기기 위해서는 꼭 필요한 것이다. 이것들은 선용되기만 한다면 심리적 안정을 가져와 질병에 맞설 수 있는 면역증강제 역할을 할 수 있기에 말이다.[77]

유토피아국에서는 오염과 질병 원인을 차단하기 위해 도살장 같은

---

75) Ibid., p.167.

76) M. Eliav-Feldon, *Realistic Utopias : The Ideal Imaginary Societies of the Renaissance, 1516~1630*, p.31.

77) CW 4, *Utopia*, p.177.

곳은 철저히 격리시키는 등 주거 환경에 세심한 배려가 주어진다. 또한 그곳에서는 심신의 고통으로 인해 쾌락의 지향점인 행복과 정의가 손상되는 것을 예방하기 위해 의술이 존중된다.[78] 안락사는 지혜로운 선택이다. 죽음을 통해 불가피한 고통을 종식시킬 수 있다는 점에서 안락사는 내세의 영원한 쾌락을 위한 긍정적 선택이 될 수도 있다.[79]

최고의 쾌락은 종교생활, 담화, 레크리에이션, 독서, 음악 감상 등을 포함하는 정신적 활동들이다. 이러한 것들은 공식적 교육 활동에 못지않게 유토피아인들의 영혼에 정의를 체화시킬 수 있는 유익한 '심성함양교육활동들'이기도 하다. 모어는 인간의 행복이 부단한 심성연마에 있는 것으로 보면서 다음과 같이 도덕 철학적 견지에서 쾌락을 논한다.

그들은 덕과 쾌락 같은 문제도 논합니다. 그러나 그들의 주요한 토론 주제는 인간 행복의 본질, 곧 행복의 요인은 한 가지인가 혹은 여러 요인이 있는가 하는 것입니다. 이 점에 관해서 그들은 대체로

---

78) Ibid., pp.115~123, 183.

79) Ibid., p.187. 다음은 유토피아인들의 죽음관을 드러내는데, 그것은 챤슬러직 사임 후 있게 될 모어의 죽음과 관련해서 그의 죽음관이 어떤 것이었는지를 환기시킨다. 예컨대 1) 그것이 하느님의 뜻이라면 이 세상의 영화 속에 오랫동안 잘 사는 것으로 해서 하느님에게서 떨어져 있어야 하는 것보다는 차라리 고통스러운 죽음 후에 하느님 계신 곳으로 가는 것이 훨씬 더 즐거운 일이라고 생각합니다(제2부 유토피아국 담화 말미부분), 2) 구차하게 목숨을 부지하느니 명예롭게 죽는 게 더 낫다(제2부 담화 중 전쟁 편), 3) 치유 불가능한 말기 환자의 경우 성직자가 허락한다면 스스로 죽음을 택하여 하느님 곁으로 선착할 수 있다(제한적 안락사 인정), 4) 무덤 없는 사람은 하늘이 덮어 주며 천당에 가는 길은 어디서나 같다(제1부 대담 시작 부분) 등은 유토피아인들의 죽음관을 잘 보여준다.

오히려 쾌락주의적 견해에 기울어져 있는 것 같습니다. 그들의 견해
에 따르면 인간의 행복은 주로 또는 전적으로 쾌락에 있기에 말입니
다.[80]

특히 종교는 쾌락을 불멸의 차원에까지 끌어올린다. 유토피아의
종교는 불화가 아닌 관용·평화·덕 등의 실천이다. 유토피아인들은
신의 섭리, 영혼불멸, 내세에서의 사후 보상과 처벌에 대한 제 관념을
당연한 것으로 받아들이고 있다.[81] 유토피아인들은 각자 자신이 믿는
신은 다르지만, 자신의 신을 미트라스라고 부른다. 미트라스는 로마
제국 시기에 인기 면에서 그리스도교 신과 겨루던 페르시아 신이었다.
분명 미트라스는 유토피아국의 창건자 유토퍼스 왕이 선대로부터
물려받은 전승의 조상신이었을 것이다.[82]

그러나 유토피아인들의 그리스도교도로의 개종이 손쉽게 이뤄진
다. 왜냐하면 그리스도교의 사도적 공동체 생활 방식이 신성한 의식으
로서 공익지향의 유용한 노동을 보장하기 때문이다.[83] 그리스도교
유럽인들이 이교도 유토피아인들로부터 배워야 할 많은 것들이 있다
는 히슬로다이의 말에 작중모어는 고개를 끄덕인다. 이것은 이교도
국가인 유토피아국과 비교해볼 때, 그리스도교 국가라면 마땅히 이웃
타자에 대한 사랑을 근간으로 해야 함에도 불구하고, 갖가지 사익지향
적인 아귀다툼과 종교적 갈등으로 초래된 불의한 유럽현실 상황이

---

80) Ibid., p.161.
81) Ibid., pp.219, 231, 235. 현세의 덕업을 내세의 보상(개인 구원)에 연계시키고
    있다는 점에서 매우 가톨릭적이다.
82) Ibid., pp.181, 233.
83) Ibid., pp.219, 227.

얼마나 치유불능의 중증상태인지를 반증하는 것이었다. 유토피아국이 이교도국이면서도 정의공화국이 될 수 있었던 데는 유토피아인들이 신앙과 건전한 도덕철학으로서 쾌락철학 간의 관계를 자연스럽게 연계시킬 수 있었기 때문이기도 하다. 이것은 신앙과 도덕철학간의 연계가 자연스럽게 상관되어질 때 국가 정의가 성취될 수 있음을 역설적으로 말하는 것인데, 유토피아국이 바로 그러한 국가의 전형이다.

또한 음악은 사회조화를 강화하는 '의미와 형식의 융합 예술'로 자연스러운 감정들을 이성적으로 표현한다. 음악은 듣는 이들의 영혼에 스며들어가 인간들 간에 조화로운 관계를 촉진시킨다.[84] 그러니까 음악은 사람들로 하여금 쾌락 감정을 느끼게 하여 행복감을 불러일으킴으로써 인간사회에 정의가 충만케 하는 데 기여하는 쾌락 유인수단인 것이다.

요컨대 인간은 자연법에 따라 덕스럽게 살아가도록 창조되었다는 점에서 자연본성에 따르는 인간 사회야말로 진정으로 정의로운 사회인데, 쾌락은 바로 이 자연본성에 기반을 두고 있다. 유토피아인들이 '너 자신의 쾌락을 얻기 위해 타자로부터 쾌락을 빼앗는 것, 그것은 확실히 불의이다'[85]라고 생각하는 것처럼 쾌락은 타자의 쾌락을 배려하거나 존중할 때, 그것은 '사회정의성취유인수단'으로서 제 역할을 다 할 수 있다. 확실히 유토피아국에서 쾌락은 유토피아인들로 하여금 행복을 체감하게 함으로써 자연스럽게 정의라는 덕에 이르게 하는 '심성자극수단'인 것이다.

---

84) Ibid., *Utopia*, p.237.
85) Ibid., p.165.

그러면 정의체화수단들을 작동시키는 정의체화관리자들은 어떤 사람들일까. 이들 정의체화관리자들은 하루 6시간 의무노동이 면제된 국정예비운영자그룹인 학자층그룹에서 선발된 관리층과 성직자층이다. 유토피아국에서는 누구든 역량이 되면 학자층에 진입할 수 있다. 일단 학자층그룹에 속하게 되면 유토피아인이라면 누구나 해야 하는 하루 6시간 의무노동이 면제되는 특혜를 받는다.[86] 물론 이 특혜층 진입의 길은 누구에게나 열려 있다. 그러나 설사 진입이 허용되었다 할지라도, 학자로서의 역량이 결여된다면 다시 6시간 의무노동에 종사하는 일반 유토피아인으로 되돌아가야한다는 점에서 모든 유토피아인들에게 기회의 평등이 보장된다.

그렇다면 어떤 사람에게 그럴 기회가 더 많이 주어질까. 유토피아국이 공유제적 평등사회라는 점에선 경제적 평등은 확실히 보장된다. 그러나 학자층으로의 진입가능성은 정치·사회적 상층부 진입가능성 문제와 관련되는데, 과연 실질적으로 모든 이들에게 똑같이 그런 정치·사회·문화적 평등이 보장될 수 있겠는가. 유토피아국에서는 계급과 혈통 또는 부에 대한 세습적 특권이 존재하지 않고 오로지 학자로서의 역량이 고려되어 민주적 방식에 의거하여 관리층이나 성직자층에 등용될 수 있기에 언뜻 보기에는 정치 사회적 진입의 기회균등이 보장된다. 그 이면을 들여다보자. 학자로서의 역량의 모태가 되는 지적 재능은 태생적으로나 선천적으로 불평등하게 주어지지 않는가. 실제로는 학자층 진입을 꿈도 꾸지 못하는 자들이 다수 존재할 수 있지 않는가.[87] 쾌락의 문제만 잘 들여다봐도 학자층그룹의

---

86) H. Trevor-Roper, *Renaissance Essays*, Rev. ed. p.44. 트레버 로퍼는 유토피아국을 휴머니스트들에 의해 장악된 '식자층 주도 질서사회'로 단정 짓는다.

진입기회가 애초에 제한될 수밖에 없다는 사실이 쉽게 간파된다. 유토피아 사회에서 최고의 쾌락은 종교 생활, 담화, 레크리에이션, 독서, 음악 감상 등을 포함하는 정신적 활동들이다. 이것들은 기회가 평등하게 주어진다 하더라도 타고난 지적 재능, 신체적 건강, 기질적 성향 등에 따라 활동욕구에 관계없이 어떤 사람에게는 접근이 아예 이뤄지지 못할 수도 있는 것이다. 이를테면 인간 세상은 물리적 제도의 도입을 통해 경제평등 같은 하부구조적 평등은 성취될 수 있을지언정, 태생적·생물학적 불평등으로 인한 지적·정신적 활동 영역으로서 정치·사회·문화적 범역의 상부구조적 평등은 기회균등이 제도화된다 할지라도 성취될 수 없을 여지가 많기에 말이다. 이렇게 보면 유토피아국은 혁명적 공유제 평등세상으로 그려지고 있지만, 실질적으로는 소수 식자귀족층 지배사회 혹은 문인주도사회로서 모어 그 자신과 같은 휴머니스트들이 주도하는 사회로 해석될 수도 있다. 이 점을 부각시킴으로 스키너 같은 모어 연구자는 『유토피아』를 정의구현을 위한 덕치귀족의 출현을 열망하는 시대적 요청 제안서라는 결론을 도출하기도 한다.[88]

그러나 엄밀히 따져볼 때, 어차피 유토피아국에서는 가짜 귀족이 존재하지도 않으며 귀족 폭의 확대로 유토피아 귀족들은 모두가 더 이상 귀족이 아니다. 유토피아인들은 그 누구든 '6시간공익노동의

---

87) CW 4, Utopia, p.193. 불평등이 로건에 의해 지적된다. G. M, Logan, *The Meaning of More's Utopia*, p.150. "평범한 시민들은 높은 지성을 필요로 하는 수양이나 교육 등을 분명 소화해낼 수 없을 것이다." 로건의 말처럼 유토피아 사회는 확실히 식자귀족층들이 정치적 열망이나 야심을 펼치기에 유리한 세상이다.

88) Quentin Skinner, *The Foundations of Modern Political Thought*, 1 vol., pp.137~154.

무' 이행 후에는 여가를 정의 수련 학습으로 활용함으로써 참된 귀족으로서 학자층그룹에 진입할 수 있는 길이 열려 있기에 말이다. 그래서 정의는『유토피아』에서 핵심 주제로 자리하게 되고, 참된 귀족으로서의 학자의 문제는 그것의 하위 주제가 되는 것이다.

분명한 것은『유토피아』가 불의한 유럽이 정의공화국으로 변모될 수 있도록 참된 식자귀족층으로서 휴머니스트들이 현실정치인으로 적극 참여할 것을 촉구하는 모어의 생각을 담고 있는 책이라는 사실이다. 이것은 결국 유토피아국이 정의공화국으로 자리매김할 수 있던 이면에는 정의체화관리자들로서 식자귀족층의 헌신적인 노력이 숨어 있었다는 것을 반증하고 있는 것이다. 그러니까 역으로 뒤집어 보면, 모어는 유럽현실이 그렇게 불의하게 된 책임 소재를 정의체화관리자들로서 모어 자신과 같은 식자귀족층의 정치적 의무 불이행과 당위적인 사회·도덕적 역할 부재에서 찾고 있는 것이다.

『유토피아』집필 후 법조공직자 모어는 국왕자문관으로 출사하게 되어 조정 정치인으로 헨리 8세를 측근에서 보좌하게 됨으로써 공익활동에 매진하게 된다. 이것은 그의 소년기 사표로서 현실정치인 모턴경의 예를 따른 것이며, 히슬로다이 같은 현자는 국왕자문관으로서 국왕이 올바른 길로 가도록 측근에서 조언해야 한다는 작중모어의 주장을 받아들인 것이다. 이때의 모어의 모습은 은둔적 사색 활동을 갈망하는 히슬로다이가 아닌 공익활동의 변론자 작중모어의 모습이다. 만일 모어가 히슬로다이와 동일시되려면, 히슬로다이처럼 명상생활을 꿈꿨지만, 왕의 강요에 따라 마지못해 국왕자문관이 되었을 것이라고 가정할 수도 있다. 그러나 이것은 인물 미화적인 가정에 불과하다. 왜냐하면 모어는 정치적 기회가 찾아왔을 때, 겉으로는 고사를 운운했지만, 실제적으로는 그 호기를 꿰찼으니까 말이다. 그 대표적인 일례가 바로 말년의 챤슬러직 출사였다.[89]

헨리 8세의 큰 문제에 침묵으로 저항하다가 결국 챤슬러직을 사임하고 옥중 생활을 거쳐 맞이하게 되는 1535년 7월 6일 모어의 죽음은 그가 딛고 서있는 현실 정치에서의 명백한 패배를 의미한다. 이 패배는 유럽 같은 불의한 현실상황에서는 국정자문관으로서의 공익활동을 포기하고 은둔적 명상활동에서 자신의 심적 평화를 찾는 게 상책이라는 히슬로다이의 주장이 옳았음을 입증한 것이었다. 히슬로다이의 말대로 불의한 현실유럽은 확실히 정의공화국 유토피아국과는 정반대의 모습을 보여주고 있었다. 이런 유럽의 현실 정치에서 모어 같은 도덕론자가 작중모어의 말대로 간접적 실용철학을 적용하여 현실 정치판을 깨지 않으면서 조정에서 버텨낼 융통성을 발휘할 수는 없었다. 모어 같은 도덕론자의 기꺼운 공익활동 참여는 그가 창조한 유토피아국 세상에서나 가능한 일이었을 것이다.

한마디로 유토피아국은 유토피아인들 개개인, 가족과 정치체에 이르기까지 정의의 내면화가 일사불란하게 이뤄진 사회이다. 모어는 아마도 이러한 유토피아국 같은 정의공화국이 유럽사회에 실제로 달성될 수 없을지라도 그러한 사회를 추구해본다는 것 그 자체만으로도 덕스럽고 유익한 일이 될 것이라고 생각했을 것이다.

그러니까 이런 유토피아 사회야말로 제1장에서 살펴본 에라스무스

---

89) John Guy, *The Public Career of Sir Thomas More*, pp.11, 21에 따르면 모어가 1516년『유토피아』집필 무렵, 모어의 정치적 야심이 강렬했다. 이를테면 모어의 '자문관 관련 대담'은 16세기 휴머니스트들의 전형적인 딜레마를 제기했을 뿐만 아니라 1516년『유토피아』가 집필되었을 때, 국왕자문관의 일원으로 들어가고자 하는 모어의 욕구가 이미 강렬했었음을 보여준다.

계 휴머니스트들의 낙관적 사회조화이상론이 실현된 사회일 것이다. 그러나 모어 생각에 유토피아 사회의 역상인 불의한 유럽 세상에서는 그러한 사회조화이상론이 적용될 수 없었기에, 그는 잠복해 있던 자신의 이상적 자아 히슬로다이를 전면에 드러내게 된다.

제3장 정의의 이념

앞장에서 살펴본 것처럼『유토피아』는 모어 동시기 지식인들이 에라스무스의 '낙관적 사회조화이상론'을 불의한 유럽현실 속에 적용하고자 하는 것에 대한 모어의 강한 회의를 담고 있는 책이다. 또한 이 책 행간에는 동료 지식인들로 하여금 지혜제일주의에서 벗어나 정의를 제1의 논제로 삼게 하고자 하는 모어의 생각이 깔려있다. 그래서 모어는 정의를 유토피아국 제1의 덕목으로 확립했고, 유토피아 인민들의 영혼 속에 정의가 체화·내면화되도록 유토피아 사회에 각종 장치를 마련했다.

『유토피아』는 기본적으로 사회정의담론서이다. 그렇지만 주목할 것이 있다. 유토피아국은 특이하게도 이교도·다신교 국가이면서도 교황 같은 무소불위의 신성 불가침적인 권위를 지니는 소수성직자들이 존재하고, 성직자들이 청소년 교육이나 도덕적 문제에 깊이 관여한다는 점이다. 이 점에서『유토피아』는 신의 정의의 문제가 은연중 노정되어 있는 책이다.

이제 모어의 정의의 속내를 들여다보기 위해 개략적으로라도 모어의 정의관념 형성에 끼친 지적 스승들이자 유토피아에 흐르는 사상적 원류로서 플라톤·키케로·아우구스티누스의 정의관념을 살펴보고, 그것들이 유토피아국 정의와 어떻게 상관되어 있는지를 고찰해본다. 이렇게 함으로써『유토피아』를 집필한 모어의 의도가 더욱 확연히 드러나게 된다.

제1절 정의의 사상적 원류 : 플라톤, 키케로, 아우구스티누스

플라톤은『국가_politeia_』에서 선善의 이데아를 지상에 실현하는 것을 국가의 과제로 보고 이와 관련하여 정의를 논하였다. 그는 폴리스 사회가 조화와 안정을 유지하는 것을 국가의 이상적 모습, 즉 정의로운 상태로 보았다. 그는 인간 세상에 사회질서가 자연스레 성취될 때, 정의가 바로 서게 되어 인간은 행복해질 수 있다고 논증함으로써 행복·정의·질서가 필연적 관계에 있음을 주장한다. 각자가 자신이 서 있는 계서적 위치에서 제 본분과 제 직능을 다할 때, 비로소 정의가 달성되어 행복한 사회가 보장될 것이었다.[1] 이것은 사회조화에 기반을 둔 모어와 에라스무스계 휴머니스트들의 위계질서의식과 그 맥을 같이한다. 플라톤의 정의관념과 에라스무스계 지식인들의 주 담론거리였던 플라톤의 '철인왕 통치이상론'이『유토피아』에 고스란히 차용

---

1) Hans Kelsen, *What is Justice*, 김영수 옮김,『정의란 무엇인가』, p.12.

된다. 플라톤의『국가』는 정의담론서로서『유토피아』집필의 중요한 원천이다.

플라톤에게 맑은 영혼이 건강한 신체의 요건이듯 정의는 국가 존립의 필수 요소이다. 그에 의하면 개인은 이성·기개·욕망이라는 세 개의 영혼을 갖고 있으며, 이에 대응한 지혜·용기·절제의 덕을 갖춤으로써 선을 이룰 수 있다. 정의는 이 세 덕이 서로 조화를 이루고 있는 상태이며, 그 세 덕이 조화를 이룰 수 있게 하는 제4의 덕이기도 하다. 그러니까 신체적 유비에서 정의는 개인의 영혼을 조정하는 머리에 해당된다. 마찬가지로 국가에 있어서도 정의는 국가를 조정하는 머리에 해당하는데, 통치계층(수호자계층 guardians), 전사계층(보조자계층 auxiliaries), 생산자계층(농민·장인계층 farmers-artisans) 등 세 계층이 제각기 지혜·용기·절제의 덕을 갖고 서로 조화를 유지할 때, 국가가 정의로운 상태에 있게 된다. 국가와 개인의 영혼 양자에 있어서 정의는 각 부분이 그 역할에 맞는 천성적 과업을 수행하게끔 명령하는 수뇌首腦로서 작동하는 힘이다. 국가에서의 정의의 역할은 개인 영혼에서의 정의의 역할과 등가적이다.

유토피아국에서처럼 플라톤에게 정의는 국가나 개인의 영속적 행복 eudaimonia을 보장하는 제1의 요소인데, 국가에서는 이 세 계층 각각이 자신들의 재능들을 탁월하게 발휘하면서 조화를 이룰 때 그리고 개인에게는 영혼이 기능상 제 역할을 하면서 조화를 이룰 때 선의 이데아 정의는 비로소 완성된다. 그러니까 플라톤에 따르면 개개인이 주어진 위치에서 발휘하는 재능이나 기능의 탁월함 arete은 공동체 사회나 공동체 구성원에 기여하게 되는데, 이러한 탁월함은 덕을 의미하는 것이었다. 계서적인 정의사회는 바로 이러한 덕들

간에 균형이 이뤄지는 사회이다.[2]

플라톤에 따르면 그런 재능이나 기능으로서의 덕은 교육을 통해서 발굴되고 개발될 수 있다. 교육은 인간의 영혼psyche을 개조하여 이성적으로 그리고 정의롭게 시민공동체의 공익에 기여할 수 있게 한다. 정의는 모든 영혼이 공히 조화로운 삶에 기여함으로써 구현된다. 플라톤에게 정의는 계서적 사회정의를 의미했으며, 교육은 공익에 대한 영혼의 기여로 정의로운 세상을 만드는 데 그 의미가 있다.[3] 그러니까 덕 교육을 통해 이성의 영혼을 깨우침으로써 공익 시민을 육성하는 일은 정의로운 국가 건설을 위한 백년지대계의 일이다. 여기에서 이성의 영혼이 자각된 공익 시민은 곧 정의가 내면화된 시민을 의미한다. 이들이 곧 국가를 이끌고 가는 통치엘리트들이다. 그는 이들 예비적인 통치엘리트 후보 그룹에 대해서 사익 욕구를 제거하고 공익을 지향하게끔 정의를 내면화하기 위한 일환으로 재산과 처자의 공개념제를 창안해낸다. 유토피아국에서의 재산의 공유제 도입은 정의의 내면화를 위해 모어가 플라톤의 통치엘리트 후보군(수호자계층과 전사계층)에 국한되었던 재산의 공유제를 유토피아국 인민들 전체로 확대한 것이다.

플라톤에게 덕으로서 정의란 이성을 깨우치는 교육의 효능을 통해 조정 가능한 탄력적인 것이었다. 이를테면 그에게 정의는 사익지향의

---

2) Plato, *Politeia*, 박종현 역주, 『국가政體』제5권, pp.449~480.

3) Kimon Lycos, *Plato on Justice and Power*, p.173. 플라톤에게 영혼의 훈련은 사회정의 실현에 필수적이다. 아리스토텔레스는 최고의 영혼을 인간만이 지니고 있는 것으로 그것을 특별히 이성혼이라고 칭했다. 플라톤에게 정의롭게 만든다는 것은 불의로 파괴된 삶의 조직 동인인 인간 영혼에 이성의 힘을 복구·작동시키는 것인데 그것은 교육을 통해서 성취될 수 있는 것이었다.

열정을 삭혀서 공익을 지향하도록 하게끔 하는 이성적인 힘 같은 것이다. 이 이성은 선의 이데아 정의를 지향하도록 인성과 행위를 변모시키는 교육의 힘에 의해 깨우쳐질 수 있다. 그러니까 이성의 깨우침을 통해 개인적인 열정을 지배할 수 있게 하여 정의라는 힘을 공동체 구성원 각 개인에게 내면화한다. 이렇게 하여 플라톤은 법들과 다양한 기술들을 폴리스 속에 위계질서화하는 방식으로 정의를 개인 영혼 속에 내면화하려 하였다. 교육은 영혼들을 조절할 것이었다. 각 시민들이 공익을 위해 헌신하고 싶어 하는 욕구를 갖도록 말이다.

플라톤의 정의의 내면화의 궁극적 작인作人은 철인왕이다. 이 철인 왕은 지혜롭게도 불의한 것들을 식별해낸다. 그의 저급한 사익적인 열정이 그의 고매한 공익지향적인 열정에 의해 제어될 것이었기에 말이다. 플라톤의 국가에서 넓은 범주의 통치계층인 철인왕과 수호자 계층 그리고 전사계층에 국한되었던 정의의 내면화 주도 세력의 범역이 모어의 유토피아국에서는 온 인민에게 확대된다. 이렇게 해서 유토피아국은 저 세상에서나 볼 수 있는 온 인민의 영혼에 정의가 체화된 영원한 정의공화국으로 자리하게 되는 것이다. 유기체적 비유에 따를 때 유토피아국에서는 정의라는 것이 머리에서 발끝까지 신체 내부 도처에 뻗쳐있는 근골이 된다. 그곳에서 정의는 상황과 조건에 따라 자율 반사적으로 작동하는 '선善지향 행복촉진 신경망'의 기능을 한다.

로마의 정객 키케로는 플라톤적 폴리스의 틀을 넘어 보다 넓은 시야에서 국가개념을 파악하였다. 그는 국가는 정의에 합치된 법을 전제로 해서 비로소 존재하는 것이라고 생각한 현실 정치인이자 스토아적인 사상가였다.4) 키케로의 『의무론De Officiis』은 모어가 유토피아에서 정의를 유토피아국 근골로 삼게 하는 데 직접적 영향을 끼친 도덕사상서이다.

키케로의 『의무론』 제1권은 모어가 정의를 유토피아국 근골로 삼는 전거가 된다. 키케로에 따르면 정의는 개인을 위한 것이 아닌 국가나 사회 또는 온 인류를 위한 공동선을 목표로 삼아 모두가 행복한 삶을 사는 질서를 만들어 내는 덕목이다.[5] 이 정의야말로 '인민행복촉진보장네트워크'로서 몸 구석구석에 퍼져 있는 신체 근골 같은 것이었다.

키케로는 식자귀족들이 공직을 맡는 것(공익활동에 참여하는 것) 자체를 정의로운 일로 여기고 있다. 그는 그 행위가 자발적으로 이뤄진다면 더할 나위 없는 정의로운 행위라고 말한다. 그는 두 가지 기준을 정의의 기초로 삼고 있다. 하나는 다른 사람에게 해를 끼치지 않는 것이고, 다른 하나는 공공의 이익에 따르는 것이다. 그러므로 다른 사람에게 해를 끼치지는 않지만, 공익에 기여하지 않는다면, 완전히 정의롭다고 말할 수 없는 것이다. 식자귀족의 '공익활동참여의무' 문제는 『유토피아』 제1부 대담에서도 거론되는 데 기본적으로 모어는 키케로의 생각을 공유하고 있다.

키케로는 정의가 실현되기 위해서 선행되어야 하는 것은 신의라고 말한다. 개인 간이나 국가 간에 서로 신뢰할 수 없으면, 개개인 간의

---

4) 이영희, 『정의론』, p.348. 키케로에게 정의는 이성의 소리이며 아울러 자연에 일치하는 것으로서 하나의 신이요, 하나의 국가요, 하나의 법이었다. 그에게 정의는 공화국의 근골이었다.

5) Cicero, *De officiis*, 허승일 옮김, 제1권 XIII 44~45. 키케로에 따르면 정의는 철저히 신의에 기초해야 하며 선행이나 호의를 베푸는 것과 아주 밀접한 관련이 있다. 즉 상대방에 대한 가식이나 자기 과시로 베풀어서는 안 되고 베푸는 것이 오히려 그 사람에게 해가 되어서는 안 된다.

약속이 아무런 의미가 없으며, 국가 간의 조약도 전혀 의미가 없기 때문이다. 유토피아국이 국가 간에 조약을 맺지 않는 것도 그런 연유에서인 것이다. 키케로나 모어는 상호 신뢰에 바탕을 둔 인간들 간의 자연적 유대를 정의구축의 핵심 조건으로 본다.

키케로에 따르면 인간들의 이러한 자연적 유대는 야수는 지니고 있지 못한 신의 은총인 이성과 언어의 힘에서 나오는 것으로 일종의 자연스러운 형제애 같은 것이다. 인간이 이성적이고 언어학적인 사회적 동물이라는 점은 인간을 야수와 구분되게 하여, 인간들 간의 자연적 유대를 통해 정의를 창출하게 하는 인간만의 고유한 특질인 셈이다.6) 그는 이러한 자연적인 유대를 법과 윤리를 위한 토대로서 강조한다. 이성은 보편 합의적인 자연법과 같은 기능을 하기 때문에 소수의 기본법만 있으면 된다. 그에게 법률의 증산은 사회가 건강하지 못하다는 것을 의미했다. 왜냐하면 법률의 증가는 타자에 대한 자연스러운 유대적 배려의 감소를 반증하는 것이기 때문이다. 이러한 맥락에서 모어도 유토피아국에서 법조항 수를 극소화했으며 아예 변호사를 없애버렸다. 모어나 키케로가 생각하는 이상적인 정의공화국은 법 없이 도덕적 양식만으로도 누구든 행복감을 느끼며 살 수 있는 세상이다. 법률 조항이 많으면 많을수록 변호사들에 의해 법조문의 궤변적 해석을 발생시킴으로써, 정의구현은 점점 더 멀어지게 된다는 키케로의 음성은 『유토피아』에서 모어의 음성으로 되뇌어진다.7)

키케로에게 자연적 유대의 시발점인 가족은 공화국 사회질서의 가장 중요한 토대이다. 모어도 유토피아국에서 가족을 사회질서의

---

6) Ibid., 제1권 XVI 50.
7) Ibid., 제1권 X 33.

기본 토대로 서술하고 있다. 그리하여 유토피아국은 확대된 가족 같은 자연스러운 유대의 계서적 사회 형태를 띠는 공익지향의 정의공화국이 된다.8) 『의무론』에서 키케로는 자연스러운 유대와 사회조화를 염두에 두고, 공동체 구성원들 간의 형제애 증진과 공동 유대감의 보존이야말로 사회주도층 인사들의 기본 의무임을 말하고 있다.9) 키케로의 그런 생각을 모어는 유토피아국 창출에 그대로 반영시키고 있다.

키케로가 말하는 정의가 무엇인지를 알기 위해서는, 그가 말하는 불의를 살펴볼 필요가 있다. 키케로에 의하면 불의에는 두 가지 종류가 있다. 하나는 불의를 행하는 자들의 불의이고, 다른 하나는 불의를 당할 때 그 불의에 충분히 맞설 수 있음에도 그렇게 하지 않는 불의이다.10) 그러니까 그는 불의를 행하는 것뿐만이 아니라 불의를 용납하는 것도 불의로 보고 있는 것이다. 이것은 악을 행하는 것만이 죄가 아니라 선행을 할 수 있는데도 행하지 않는 것도 죄가 된다는 것과 같은 이치이다. 그에 따르면 생활 속 필요와 즐거움을 위해 재산을 추구하는 것은 나쁘지 않지만,11) 권력 혹은 물욕 때문에 재산을 추구한다면 불의에 빠지기 십상이다. 불의한 목적을 위해 재산을 모은 것은 당연히 불의에 속한다. 모어는 공직생활에서나 사생활에서 이러한 키케로의 생각을 유념하면서 생을 살아갔다. 특히 모어의 죽음은 키케로의 생각처럼 불의를 당할 때, 그 불의에 충분히 맞설 수 있음에

---

8) Ibid., 제1권 XVII 54.
9) Ibid., 제1권 XLI 149.
10) Ibid., 제1권 VII 23.
11) 이러한 관념을 받아들이고 있는 모어 또한 정당한 사유재산축적을 비난하지 않았다.

도 그렇게 하지 않는 것을 불의로 보았기에, 그 불의에 대한 저항의 결과에서 비롯된 것으로 해석될 수 있다.

폭군으로서 카이사르에 대한 키케로의 평가는 모어의 생각을 그대로 반영해준다. 키케로는 카이사르가 스스로 자신을 최고의 일인자라는 교만에 사로잡혀 신법과 인간법을 짓밟았다고 말하면서, 폭군은 불의한 통치자의 대명사임을 분명히 한다. 그에 따르면 군주라면 그 누구든 정의를 버리고, 모든 권력을 거머쥔 최고가 되려는 폭정적인 욕망에 사로잡힐 여지가 있는데, 그렇기에 그런 욕망을 막을 수 있는 법을 비롯한 정의로운 제도가 요청된다는 것이었다. 키케로에 따르면 이러한 정의로운 제도의 발전이야말로 완벽하게는 아닐지언정 정의로운 사회로 가는 동력이 될 수 있을 것이었다. 이런 점에서 인류 역사는 지속적으로 정의로운 사회를 이루어가는 과정이라고 할 수 있는 것이다. 확실히 모어의 죽음은 바로 공익활동참여계층으로서 식자귀족층이 지녀야 하는 노블레스 오블리주의 의무감을 가지고 그러한 키케로식 정의를 나름대로 실천해가는 과정에서 나온 것이었다.[12]

키케로에게 식자귀족층의 공익활동은 위로는 국정자문관으로서의 활동을 통해 공화국이 정의로운 길로 향하게 하기 위해서이고, 아래로는 그들 간에 공유된 정의가 일반 인민들에게 흘러들어가게

---

12) Cicero, De officiis, 허승일 옮김, 『의무론』 제1권 XLV 160. 키케로는 정의의 의무를 실천하는데 있어서도 공동체 자체 내에서 의무의 계서가 있다. 키케로에 따르면 첫째가 불멸의 신들에 대한 의무이고, 둘째가 조국에 대한 것이요, 세 번째가 부모에 대한 것이고, 그 다음부터는 점차 밑으로 내려가면서 나머지 의무들이 정해져 있다. 모어의 죽음은 결국 계서상 첫째 의무인 신의 정의를 위한 죽음이었다.

하기 위함이었다. 이렇게 함으로써 공화국 정의는 공화국 온 인민의 영혼 속에 자리하게 될 것이었다. 키케로에게 공화국 시민들 간의 정의 공유는 공화국 질서 존속의 필수 조건인 셈이다. 모어도 정의를 유토피아국의 근골로 삼아 유도피아인들의 보편적 공유관념이 되게 하였다. 이런 점에서 키케로는 시대를 초월한 모어의 지적·사상적 동지인 것이다.

교부 철학자들도 모어의 작품들에 영향을 끼쳤다는 것은 명백하다. 특히 성 아우구스티누스는 모어의 신앙·도덕사상적 맥락에서 그 궤를 같이하고 있다.[13] 모어는 청년기에 아우구스티누스의 『신국론 De Civitate Dei』 강의 연사로 본당 신부들에 의해 초빙될 정도로 아우구스티누스에 관해 해박한 지식을 가지고 있었다. 에라스무스도 그를 아우구스티누스 연구의 대가로 인정하였다.[14] 유토피아국이 종교적 관용을 인정하는 이교도 국가임에도 불구하고, 영혼 불멸, 신의 섭리,

---

13) 이영희, 『정의론』, p.350. 아우구스티누스는 인간은 에우다이모니아eudaimonia 즉 인간의 보편욕구인 행복을 위해 행동한다는 것은 자연스러운 인간 본능이라고 하였다. 이것은 기본적으로 유토피아국의 쾌락 윤리와 상통한다. 또한 아우구스티누스는 존재 등급이 낮은 것은 높은 것에 복종하도록 운명지어있고, 이 계서 원리에 따라 육肉은 영靈인 정신에 복종하고 정신은 하느님에게 복종해야 하며 인간은 우주 속에서 자신의 위치를 알아야 한다고 역설하였는데, 이것은 기본적으로 모어의 생각과 일치한다.

14) Harpsfield, *Life of More*, pp.13~14에 따르면 모어는 23세의 나이에 런던의 그로신이 주임 신부로 있는 교회에서 『신국론』을 강연하였다. 허튼Hutten에게 보내는 에라스무스의 서한(Erasmus, *Correspondence*, p.21)은 모어에 관해서 "법조인으로서의 수련과 고전학 연구뿐만 아니라, 그는 정통 교부들의 작품들을 읽는 데 열중했다. 새파란 젊은 시기에 그는 수많은 청중 앞에서 아우구스티누스의 『신국론』을 주제로 공중강연을 하였다. 이 젊은 세속인의 강연을 통해 한 성인의 사상을 접하는 것에 대해 성직자들도 노인들도 전혀 부끄럽게 여기지 않았으며, 그들은 그렇게 하는 것에 대해 만족해했다. 모어의 강연은 많은 이들의 심금을 울렸다."고 적고 있다.

권선징악적 사후 보상과 징벌을 절대적 신앙수칙으로 삼고 있다는 점과 교만을 비롯한 7죄종에 대한 경계와 선악의 2분법적 대비를 인민에게 '평생교육거리'로 삼고 있다는 점만 봐도, 종교 사상적으로 아우구스티누스가 모어에게 끼친 영향력이 간파된다.

유토피아국은 악이 가득한 현세의 종말이 가정된 후에 세워진 영원한 정의공화국이라는 점에서 아우구스티누스의 신국의 영향력이 감지된다. 아우구스티누스는 탐욕과 나태의 근원으로 교만을 자주 거론하는데, 모어는 그것들을 『유토피아』 집필재료로 차용한다. 『신국론』 서문에서 아우구스티누스는 각각 교만의 표상인 지상의 도시와 겸양의 표상인 신의 도시로 이분화해서 그 특징을 거론한다.[15] 아우구스티누스가 그러했던 의도는 통치자의 정복활동과 폭정의 세속적 무례행위인 교만에 대항해서 신의 섭리에 따른 덕, 즉 겸양을 수호하는 것이었다.[16] 그는 "우리가 정의를 배제한다면, 왕국이 큰 강도 집단과 다른 점이 무엇인가?"[17]라며 정의의 중요성을 환기시키면서, 불의한 '강도 집단 왕국'은 바로 교만이 겸양을 지배하는 세상이라고 말한다. 모어의 유토피아국이야말로 바로 그러한 교만이 제거되고 겸양이 보편화된 정의로운 세상의 전형인 것이다.

『신국론』에서 아우구스티누스는 신과 인간 간의 관계가 정상적으로 수립되지 않으면 정의실현은 불가능하다고 생각한다. 확실히 그는 이성보다 질서를 더 중시하고 있고, 질서가 온당히 지켜지는 곳에 정의가 실현된다고 생각한다.[18] 이를테면 아우구스티누스에게 인간

---

15) Augustine, *De Civitate Dei*, 성염 역주, 『신국론(제1~10권)』, pp.15~37.
16) Ibid., pp.52~55.
17) Ibid., IV 4.

이 신을 경배하는 것은 명백한 위계적 질서여서, 그것이 이루어지지 않을 때 진정한 정의실현은 있을 수 없는 것이었다.

영혼이 신에 봉사할 때만 신체에 대한 올바른 통제를 할 수 있고, 혈기와 사악한 행위의 지배를 받지 않으려면 이성 그 자체는 신에게 복종해야 한다. 개개인이 신을 섬기지 않는다면 공동체 사회에서 정의란 게 있을 수 있겠는가.19)

아우구스티누스에 의하면 로마제국은 원대한 신의 섭리적 연속의 일부였는데, 그 속에서 인간 세계는 악이 횡행하는 사악한 도시와 덕이 충만한 정의로운 도시로 나뉘었다. 그에게 '정의로운'이라는 말은 선을 향해가는 신의 섭리의 완수를 위해 악과 투쟁하는 상태를 의미한다. 그는 악의 지상의 도시는 일시적인 것이라서 세속적 허망함과 함께 덧없이 사라지고, 결국 영원의 도시 신국에 굴복하게 된다는 것을 역설한다.20) 역사철학적 기조상 유토피아국이 치유불능의 불의한 현실 세상의 종말을 가정하고, 지리적으로 외딴 섬에 세워진 세속화된 영원의 나라라고 생각해 본다면, 유토피아국은 아우구스티누스의 신국의 또 다른 변형이다. 그러니까 유토피아국 인민들은 영혼 속에 정의가 체화된 신국의 인민들처럼 정의가 내면화된 존재들인

---

18) 이석우, 『아우구스티누스』, pp.336~337.

19) Ibid., p.336에서 재인용(De Civitate Dei, XIX, 21). 유토피아국이 비록 이교도·다신교 국가이지만 '하느님 아버지라 불리는 미트라'라는 통일된 명칭하에 신에 대한 경배가 일반화되어 있다는 점에서 신과 인간 간의 질서를 정의의 제1요소로 삼는 아우구스티누스식 정의가 적용된 사회이기도 하다.

20) J. G. A. Pocock, The Machiavellian Moment : Florentine Political Thought and the Atlantic Republican Tradition, pp.31, 34.

것이다.

제2절 낙관적 사회조화 이상론에 대한 회의

1. 공익활동과 명상생활 간의 갈등

작중모어(모어의 현실적 자아/에라스무스계 주류 휴머니스트/공익
활동 지식인)와 히슬로다이(모어의 이상적 자아/은둔적 휴머니스트/
명상생활 지식인) 간의 유럽 현실에서의 자문관 역할의 제한적 유용론
과 무용론 대담은 공익활동과 명상생활 간의 모어의 갈등을 보여주면
서도 에라스무스계 주류 휴머니스트들의 낙관적 사회조화 이상론에
대한 '이상적 자아 히슬로다이를 통한 모어의 비판'을 드러낸다.

첫째, 작중모어는 공동체 구성원은 덕을 갖춘 인간으로서 쾌락(명
상생활)보다 의무(공익활동)를 더 우선해야 한다고 주장한다. 이를테
면 "공익활동은 그것이 모든 선량한 인간의 의무이기에 당신의 의무
의 가장 중요한 부분이다"[21]라는 작중모어의 진술은 맥락상 선한
인간을 이성적인 인간으로서 덕 있는 인간과 동등시하거나, 모어
동시기 에라스무스계 주류 휴머니스트들과 동등시하는 결과를 도출
한다. 플라톤에 따르면 선의 형상은 플라톤이 말하는 국가의 중심에
있으며, 선에 관한 사색은 철학자에게 중요한 의무였다. 그러니까
선은 철학자의 지혜와 상관된다. 바로 이 지혜는 고결한 국가 이상과

---

21) CW 4, *Utopia*, p.87.

공익을 식별해내는 힘이다. 이러한 국가 이상과 공익을 위해 참여하는 플라톤적 '선한 인간'은 작중모어 같은 현실참여적인 휴머니스트들을 의미한다.22) 이들은 마땅히 군주의 자문관으로 출사하여 군주와 인민들 간에 정의의 지혜로운 중재자가 되어야 하지만, 유럽의 조정 현실은 그들의 그러한 역할을 기대할 수 없을 정도로 아첨과 불의가 만연해 있다. 히슬로다이의 유럽의 불의한 현실에 대한 비판과 공유제 평등 세상 유토피아국 소개는 유럽 현실 진단에 대한 비관적 상황을 동시기 지식인들에게 환기시킨다. 이렇게 함으로써 모어는 그들을 낙관적 사회조화이상론의 현실적용에 대한 비판담론의 장으로 유인한다.

둘째, 작중모어는 플라톤의 철인 통치론에 의거하여 정의구현을 위해 히슬로다이 같은 현인이 왕을 자문해야 함을 역설하면서, 히슬로다이의 공익활동참여를 촉구한다.23) 이에 히슬로다이는 플라톤적 왕과 철학의 결합은 철학자의 조언을 받아들일 만한 도량을 갖춘 철인왕이 전제되어야 하지만, 유럽 현실에서는 그런 왕이 발견될 수 없는 상황임을 언급한다. 이에 작중모어는, 왕에게 자문할 경우, 정치판을 깨지 않을 정도의 조언을 의미하는 어정쩡한 간접적 실용철학 적용론을 운운함으로써, 도리어 철인왕 국가로서 정의가 내면화된 혁명적 유토피아국의 창출에 대한 정당성에 의미를 부여하게 된다. 이를테면 히슬로다이는 한 국가에서 정의를 내면화하기 위해서는 국가 전체가 제도상 질서정연하게 정비되어야 한다는 플라톤의 급진적 관념을 이끌어낸다. 그러니까 유토피아국은 동시기 지식인들의

---

22) *Lives : Dion* 7. 6, in Loeb Classical Library, 11 vols., trans. Bernadotte, 7.35.
23) CW 4, *Utopia*, p.87.

'낙관적 사회이상론의 불의한 현실적용'에 대한 비현실성을 지적·비판하기 위해 역상으로 제시된 정의가 내면화된 국가인 것이다.

히슬로다이는 유럽현실이 불의한 것에 대한 그 책임을 국왕자문관들의 부도덕성 탓으로 돌린다. 자문관들 모두가 정직하다면 폭정적인 왕의 출현이 확실히 억제될 것이었지만, 유럽의 현실은 전혀 그렇지 않았다. 그렇기는커녕 그들은 오히려 사리사욕을 위한 아첨행동으로 왕을 폭군화시키고, 유럽현실을 한층 더 불의한 상황에 빠져들게 하였다. 히슬로다이는 이런 현실 상황에서는 정직하고 정의로운 자문관의 조언이 도대체 먹혀들어갈 리가 없다며 다음과 같이 말한다.

> 게다가 그러한 동료들과 함께 일하면서 귀하는 훌륭한 일을 할 수 있는 어떤 기회를 얻은 적이 있습니까. 귀하는 결코 그들을 개과천선시키지 못할 것입니다. 오히려 귀하가 아무리 훌륭한 성품을 가졌다 하더라도 그들에 의해 귀하가 부패될 소지가 다분하지요. 그들과 관련을 맺음으로써 귀하는 귀하의 순수성을 상실하거나, 그렇지 않으면 그들의 어리석음과 사악함을 숨기기에 급급해 할 것입니다. 귀하가 말씀한 간접적 수단의 실제적 결과는 이렇습니다.[24]

여기서 히슬로다이는 국왕자문관들의 부도덕한 간언에 질타를 가하고 있는 것이다. 그가 보기에 자문관들의 이러한 부적절한 처세는 유럽 현실을 풍토병적인 불의 상황에 매몰되게 촉진시킨 원인이었다. 만일 이러한 풍토병적인 상황에서 그가 공익활동에 참여하여 불의한

---

24) Ibid., p.103.

왕과 왕의 자문관들이 정의를 지향하도록 촉구한다면, 그는 곧바로 추방되거나 죽음에 직면하게 될 것이 불을 보듯 뻔했다.[25] 그러니까 모어에게 그 자신의 죽음은 폭정적인 왕 헨리 8세와 토마스 크롬웰 같은 부도덕한 자문관들 틈바구니에서 공익을 위해 정직한 자문관으로 직분을 다하다가 맞이한 도덕적인 죽음이 되는 것이다. 그의 죽음은 모어의 이상적 자아인 히슬로다이의 변론이 옳았음을 반증할 뿐만 아니라 작중모어의 '어정쩡한 자문관 역할 유용론'은 안이한 것이었음을 예증하는 셈이다.

네 번째로 히슬로다이는 플라톤의 철인왕 통치론이 '디오니시오스 왕에 대한 플라톤의 경험'에서 알 수 있듯이 지상에서는 구현될 수 없는 것임이 확인되었음을 논증함으로써 에라스무스계 휴머니스트들의 철인왕 통치론에 쐐기를 박는다. 디온의 요청에 따라 플라톤이 시라쿠스 섬 디오니시오스 왕의 스승으로 초빙된 적이 있었다. 이것은 참주 디오니시오스 왕이 지혜로운 왕이 되기를 갈망하는 디온의 생각과 철인왕 통치의 이상을 그 섬에서 실현해보기를 기대했던 플라톤의 생각이 교감한 결과였다.[26] 플라톤과 디온의 과업은 디오니시오스 왕을 사익 추구에 매달리는 참주에서 공익을 더욱 소중히 여기는 철인왕이 되도록 교육하는 것이었다. 처음에는 디오니시오스

---

25) Ibid.

26) Erasmus, *Collected Works*, vol. 31 : Adages, trans. and ed. by M. M. Phillips and R.A.B. Mynors, pp.125~126에선, 디오니시오스가 처음엔 공익 추구자였으나 나중엔 사익에 몰두함으로 포악한 참주가 되었다고 말함으로써 공익과 사익을 대비시키고 있다. 이 공익과 사익의 문제는 휴머니스트들 간의 논제거리였다. 디오니시오스의 폭군적인 성향에 대해서는 Erasmus, *The Education of a Christian Prince*, ed. L. K.Born, p.222. 플라톤은 시라쿠스 섬을 3차례 방문하였다.

가 가정교사로서 플라톤의 교육에 호의적이었지만, 차츰 플라톤의
교육에 싫증을 느꼈다. 플라톤에 따르면 성격상 디오니시오스는 자신
의 영혼보다는 공허한 사치를 더 중히 여기는 '사익 지향 욕구 충족적
인 인간'이었다. 결국 디오니시오스 왕 측근 조신들의 농간에 의해
디온이 왕권에 대항하는 음모를 꾸몄다는 모함을 받고 추방되는
바람에 플라톤도 시라쿠스를 떠나게 된다. 그의 철인왕 통치론의
열망은 허망한 꿈으로 끝나고 만 것이다. 시라쿠스에서의 좌절 경험으
로 인해 플라톤은 공적인 삶을 영원히 포기하고 모든 정치인들에
대해 냉소적인 입장을 취하게 되었던 것이다. 플루타르코스는 플라톤
의 시라쿠스에서의 철인왕 통치론 실험의 좌절을 다음과 같이 아쉬워
한다.

> 디오니시오스는 막강한 권력의 소유자였기에, 만일 그의 나라에서
> 철학과 정치권력이 실로 그 같은 사람에 의해 통합되었다면, 그
> 나라의 명예가 그리스인이든 이방인이든 모든 인간들 사이에 환하게
> 퍼져나가게 될 것이었으며, 그 명예와 더불어 참된 신념이 그들의
> 몸에 배어 들어가게 될 것이었다. 27)

그러니까 이상 국가의 꿈을 품고 철학과 정치를 일치시키려다
좌절을 직접 맛봤던 플라톤의 '철인정치이상론'은 모어가 당시의 비관
적 유럽 상황을 인식하고, 히슬로다이의 입을 빌어 작중모어 같은
에라스무스계 휴머니스트들의 국왕자문관 역할의 유용론에 대해

---

27) Plutarch, *Lives* : Dion 15.1~16.3.

비판을 가하게 하는 원천으로서 모어 나름의 방식에 따라 활용되었던 것이다.

결국 모어는 『유토피아』를 통해 동시기 휴머니스트들이 꿈꿨던 (자신과 같은 지식인들의 국왕자문관으로서의 역할을 매개로 한) 철인 통치론 부활이 도대체 유럽 같은 불의한 상황에서는 실현될 수 없는 허망한 것임을 예증한 셈이었다. 이를테면 모어는 플라톤의 철인 통치론 이상의 좌절이 모어 동시기에서도 반복될 것이며, 그리하여 앞으로 그 꿈은 역사상 요원한 것이 될 것이라는 메시지를 동시기 지식인들에게 던지고 있는 것이다.

2. 플라톤 비유의 활용

히슬로다이가 예로 드는 비유는 불의한 유럽 현실에서 지식인들의 진정한 공익활동이 불가능한 것임을 강하게 반증하는 고도의 문학적 비유이다. 여기에서는 동시기 현실 유럽에 대한 모어의 비관과 침통함이 짙게 배어있다. 지혜로운 자문관 역할 대담과 관련해서 히슬로다이는 플라톤의 우중兩中 철학자의 비유를 들어 유럽 조정에서의 '자문관 역할무용론'에 관해 다음과 같이 말한다.

(…) 사람들이 날마다 거리에 몰려나와 비에 흠뻑 젖어 있는 것을 보고도 그들로 하여금 비를 피해 자신의 집으로 들어가게 할 수가 없을 때에는, 그들 쪽으로 나가 봤자 자기도 그들과 함께 비에 젖을 뿐 아무 소용도 없으며 아무것도 얻는 것이 없으리라는 것은 빤한 일이니 자기만이라도 집안에 안전하게 들어앉아 있는 것으로 만족할

수밖에 없다는 것이지요. 나가봐야 다른 사람들의 우둔함을 고칠
수 없는 이상은 말이지요.[28)]

위의 우중 비유는 동시기 유럽이 위로 군주와 귀족 등 지배층에서
아래로 일반민에 이르기까지 갖가지 불의가 판을 치고 있음을 함축하
고 있다. 이 상황은 한마디로 혼돈과 무질서 상황 그 자체이다. 이러하
니 히슬로다이 같은 진정한 철학자가 조정자문관이 된다는 것은
스스로의 무덤을 파는 것이나 다름이 없는 것이었다. 따라서 히슬로다
이 편에서 볼 때 공익활동보다는 명상생활을 통해 자신의 순수성을
유지하는 편이 더 나을 것이었다.
　모어가 이 플라톤 비유를 활용한 의도는 은둔적 사색인으로서의
삶을 살아가는 철학자의 명상 지향적 태도를 피력하고 있는 『국가』의
'작중 소크라테스'의 음성에서 더욱 명확히 파악된다.

　그 누구도 아무런 건전한 것도 행할 수 없으며, 더불어 올바른
것을 돕고서 무사할 수 있도록 할 만한 동지도 없고, 오히려 마치
짐승들 속에 떨어진 사람의 경우처럼 그는 올바르지 못한 짓에 가담
하려 하지도 않겠지만 한 사람으로서 사나운 모두를 상대로 능히
이롭도록 해주기도 전에 먼저 파멸하여 버림으로써 자신한테만이
아니라 남들한테도 무용하게 될 것이라는 걸 깨닫게 될 걸세. 그는
이 모두를 헤아려 본 다음에, 조용히 지내면서 자신의 일을 할 걸세.[29)]

28) CW 4, *Utopia*, p.103.
29) Plato, *Politeia*, 박종현 역주, 『국가政體』 제6권 496 D~E.

위 인용문은 명상생활의 가치, 민중의 절망 상태, 정의의 강조 등을 끌어내는 데 활용하는 모어의 우중 비유와 그 맥을 같이 한다. 여기에서 우리는 모어가 플라톤 비유의 핵심적 요소들을 그대로 활용하고 있음을 간파할 수 있다. 이를테면 히슬로다이에게 유럽에서의 명상생활은 철학자로서 자기보존이라는 절박한 문제와 관련되어 있는 셈인데, 그것은 당시의 유럽이 치유불능의 심각한 불의 상황에 처해 있음에 대한 모어의 비관적 생각을 반영하는 것이다. 그러니까 모어의 우중 비유 행간에는 유럽현실에서 철인왕 통치 이상구현에 있어 지식인 역할에 희망을 걸고 있는 에라스무스계 휴머니스트들의 안이한 태도에 대한 모어의 비판의도가 깔려있는 것이다.

『유토피아』 집필 17년 후 모어는 헨리의 큰 문제와 관련해서 도덕적인 길을 택한다. 그것은 수감된 양심수로서 강요된 명상생활이었다. 이러한 말년의 선택은 그의 죽음으로 귀결될 것이었지만, 모어 같은 도덕론자에게는 그 이상의 지혜로운 선택은 존재하지 않았다. 이것은 모어의 이상적 자아 히슬로다이의 말이 옳았음을 증명한다. 결국 에라스무스의 '이상사회조화론'을 현실정치에 적용하고자 했던 양심적 지식인 모어는 '현실정치활동무대'에서 숙청되는 결과로 귀결되었기에 말이다. 모어의 현실적 자아 작중모어의 현실정치무대의 판을 깨지 않는 범위 내에서의 현자의 군주자문관의 간접적 역할조차 종말론적 잉글랜드 상황에서는 전혀 먹혀들어갈 수가 없었음이 증명된 셈이기도 하다.

제3절 정의공화국으로서의 유토피아와 그 성격

1. 혁명적 유토피아국의 내면정의

모어는 유토피아국에서 정의를 내면화하여 그곳이 확고부동한 정의공화국이 되도록 에라스무스의 어휘와 개념을 공유하면서 고전적 원천들을 취사선택하여 절충적으로 활용한다. 유토피아국에서 공유제적 평등의 강조와 더불어 정의의 내면화는 동시기 주류 휴머니스트들의 불의한 현실 유럽에 대한 안이한 낙관적 접근에 대해 모어가 비판적 견해를 펼치기 위한 기본 장치이다. 유토피아국을 정의지향사회로 유도하기 위한 모어의 전략은 휴머니스트들의 외면적 정의나 지혜 우선주의의 잠재적 가변성을 비판하고 플라톤의 내면적 정의를 주 뼈대로 활용하는 것이었다.

뒤에서 논하겠지만 모어의 재화에 대한 가족적·형제애적 공유관념은 기본적으로 플라톤의 수호자층과 관련해서뿐만 아니라 키케로나 에라스무스의 가족들·친구들·공동체 시민들 간의 재화에 대한 동무애적 공유관념과도 그 맥을 같이한다. 그러니까 이것은 전통적 의미의 정의와 공유원칙 등이 유토피아국의 평등 개념 속에 절충적으로 결합되었음을 예증하는 것이다.

이미 고찰된 것처럼 내면정의는 국가의 건강을 촉진시키는 강력하고도 유연한 공화국 근골인 반면에, 외면정의는 폭군들에 의해 불법적 선점을 위해 악용될 소지가 있는 가변적인 것이다.

일견, 에라스무스계 주류 휴머니스트들은 모어에 비해 플라톤의 철인왕적 모델에 더욱 충실한 것처럼 보인다. 에라스무스의 그리스도

철학에 따르면, 그리스도교 군주통치는 플라톤의 철인왕 통치 사회의 성격과 그리스도교 사회의 성격을 내포함으로써 속성상 이원적이었다. 그리스도교 군주와 철인왕 둘 다 유기체적 유비에서 신체의 머리가 되는 것이었다. 당시 휴머니스트들은 자신들이 물려받은 '위계적 사회질서론'의 가설을 기반으로 '군주의 보감Mirror of princes'이 사회 구석구석에 반사되게 할 만한 성품과 덕목을 갖춘 이상적 군주 창출에 열을 올렸다. 에라스무스는 귀감적 군주의 원천으로서 플라톤의 철인왕 개념을 차용한다.

최상의 군주와 최상의 법들은 도시 또는 왕국을 가장 축복받은 상태로 만들 것이다. 가장 행복한 조건은 모든 이가 군주에게 복종하고 군주가 스스로 법에 복종하는 동시에 법들이 형평과 정직의 근본 원칙들로 귀결될 때 존재한다. 군주가 법의 지혜로운 시행을 통해 인민을 행복하게 만든 것 이외 그 다른 어떤 목표에도 휘둘리지 않으면서 지혜를 베풀 때 말이다. 지혜롭고 바른 군주는 다름 아닌 일종의 살아있는 법 그 자체이다.30)

이것은 외면적 정의에 관한 명백한 진술이다. 이러한 군주의 정의는 군주의 개인적 힘들을 통해 언제든지 가해질 수 있는 폭압적 상태에서 왜곡될 여지가 있는 가변적 정의이기에 말이다. 에라스무스를 곤혹스럽게 한 딜레마는 정치 무대와 사회에서 늘 선과 악이 혼재되어 있다는 것이었다. 이 문제는 실제적이기도 하고 이론적이기도 했다.

---

30) Erasmus, *The Education of a Christian Prince*, p.221.

실제적 측면에서 휴머니스트들이 어떻게 정치적 상황들과 타협하면서 그 자신들의 고매한 이상들이나 열망들을 유지할 수 있겠는가? 그들이 얻기를 바라는 총애를 줄 통치자(사회에서 자신들의 이상들을 성취하는 데 있어서 필수 동인이 될 통치자)의 비위를 상하게 하지 않고서 말이다.

이론적 측면에서 최상 공화국이 어떤 형태가 되어야 할 것인가, 혹은 그리스도교 군주는 무엇을 해야 하는가와 같은 지혜로운 군주 관련한 논제가 에라스무스계 휴머니스트들에게 주담론거리가 되면서, 공화국 정의 관련 논제는 지식인들의 논제거리에서 뒷전으로 밀리게 되었다.

이리하여 휴머니스트들은 정의로운 사회구축을 강조하면서도 인간의 조건과 사회구조 등의 문제에 관심을 쏟기보다는 차라리 군주의 지혜와 성격 그 자체에 정의의 문제를 연계시키는 경향을 보였다. 오로지 군주의 지혜에 운명이 달려있는 그러한 정의는 참으로 외면적이고 피상적이며 가변적이다. 이렇게 에라스무스가 플라톤의 철인왕 개념에만 초점을 맞춰 그것을 수용하지만, 모어는 그런 생각을 공유하면서도 그것의 가변성을 인식하고 플라톤의 내면정의 개념을 유토피아국에 적용·확대시킨다.

그러니까 모어는 정의를 철인 군주 한 개인에 의해서보다는 유토피아국 모든 인민들의 끊임없는 정의의 체화 과정을 통해 그들의 영혼 속에 정의를 내면화해보고자 하였던 것이다. 그것은 모어 버전의 플라톤식 정의의 기발한 착상이다.

플라톤 활용에서처럼 키케로 활용에서도 모어는 기발하다. 전술하였듯이 키케로는 인간이 이성적이고 언어적인 사회적 동물이라는 점에 착안하여 플라톤의 수호자층 간의 평등과 공유개념을 확대해서 가족과 친구들을 그 개념 속에 포괄시켰다. 키케로의 기본 가설은 인간의 특수성이 인과관계라는 논거를 토대로 하는데, 인과관계의 해명 고리인 이성과 언어의 기능은 가족세대구성원으로서 인간들 간의 자연스러운 유대를 촉진시키는 것이었다. 이렇게 해서 인간들은 상호 간 연대적인 덕목들과 정의로운 군주에 의해 체계화된 한 사회에서 도덕적 선을 공동으로 향유가능하게 된다. 그렇게 해서 자리매김하는 정의는 온전한 이성이자 완전한 유대체계로서 사회질서의 자연스러운 근골이 되는 것이다.

키케로는 온전한(위계질서적) 이성인은 모든 사람에게 복종하려 하지는 않을 것이라고 주장한다. 이러한 인간은 보편적 선을 위해 정의와 법치를 존중하는 진리의 교사이자 모범적 행동규범을 제시해주는 통치자에게만 복종하는 것이 자연스러운 일이라고 생각한다. 정의는 온전한 계서사회의 원천이었는바, 그것은 모든 인간들에게 그들이 당위적으로 해야 할 것들을 과업으로 부여하며, 충실한 의무수행을 기본 전제로 한다. 따라서 키케로에게 정의는 공동체 덕으로서 질서정연한 공화국의 사회 의무들과 자연 이상들을 결합한 것이었다.[31]

키케로에 따르면 정의의 첫 번째 소임은 부당한 것에 의해 폐해를 당하지 않는 한, 한 인간이 다른 인간에게 해를 끼치지 않도록 하는 것이었다. 두 번째 소임은 인간들로 하여금 공동소유물에 관한 한

---

31) David Johnston, *A Brief History of Justice*, 정명진 옮김, 『정의의 역사』, p.177에서 존스턴은 키케로의 용어를 빌려 "정의는 인간이 수호해야 할 당위적 의무로서 자연스러운 것이요, 인간이 정의롭게 태어났으며 정의는 인간의 의견이 아닌 자연에 의해 확립된다"라고 말한다.

공익을 위해서 사용하도록 이끄는 것이었고, 세 번째 소임은 사적 재산들에 관한 한 그것들을 그들 자신들을 위해서 사용하도록 이끄는 것이었다.

정의는 인간을 인간답게 결합시키며 모든 인간들을 상호 간 촘촘하게 결합시키는 포괄적인 유대망이기도 한데, 자연의 신이 인간의 공동 사용을 위해 제작해 놓은 모든 것들에 대한 공동 권리가 유지될 때 정의는 성취된다. 이를테면 "친구들 사이에 모든 것들은 공유이다"라는 그리스 속담이 시사하는 것처럼 말이다.[32] 키케로는 낯선 사람에게 길을 알려주는 친절한 행위 또한 포괄적 의미의 동무로서 모든 인간에게 공유되는 자연스러운 행위라고 말한다.

> 길 잃고 방황하는 자에게
> 친절하게 길을 가르쳐주는 사람은
> 마치 자신의 등불로
> 다른 사람의 등에
> 불을 비쳐주는 것과 같도다.
> 그런데 남에게 불을
> 비쳐주었다고 해서
> 자신의 불빛이
> 덜 빛나는 것이 아니니라.[33]

---

32) Cicero, *De oficiis*, 허승일 옮김, 『의무론』, 제1권 XVI 51~52. 키케로는 공익활동에 대한 자신의 강한 역설을 자연의 공유성에 두고 있다.
33) Ibid., 제1권 XVI 51.

    가족의 자연스러운 관계는 일반적으로 인간 종족 결합의 무한한
유대를 위한 모델이었다. 사회적 의무들은 점유, 정복, 적정한 법적
절차, 구매 또는 할당 같은 사적 권리 부여와 관련된다.[34] 그러니까
정의는 약속과 협의에 대한 성실한 이행을 전제로 하는 가설을 염두에
두고 규정된 것이었다.[35] 따라서 성군으로서 정의로운 왕의 반대어는
무법의 폭군인데, 이 폭군의 탐욕과 교만은 약속과 협의를 깨고 무력
을 사용케 하는 동인이 되어 평온한 세상을 혼돈의 나락에 빠트릴
것이었다.

    히슬로다이는 기존의 사유재산제와 군주제에 집착하지 않으면서
키케로의 자연이상을 받아들였다. 『유토피아』 제1부의 대담은 확실
히 히슬로다이의 이상을 유럽식 '사유재산제 군주체제'로부터 떼어놓
는다. 대담 결말은 현실유럽과 상반되게 이 세상에 존재하지 않는,
물적 분배와 인적 로테이션에 의해 순환되는 전례 없는 급진적 평등사
회의 출현으로 귀결된다. 이 사회에서는 그 어떤 사유재산도 찾아볼
수 없다.[36] 가정도 혈연체계를 유지하면서 추첨을 통해 10년마다
도농 간 지역으로 호환된다.[37] 유토피아인들은 아무것도 준비하지
않고도 필요한 것에 구애받지 않고 마음 편안하게 여행할 수 있었다.
그들은 어디에 있든지 간에 자기 집에 있는 것이나 다를 바가 없었기에
말이다.[38] 그들은 이곳의 부족한 것을 저곳의 남는 것으로 채운다.
유토피아국은 유토피아인들 개개인의 심적·물적 요구가 충족되게끔

---

34) Ibid., 제1권 Ⅶ 21.
35) Ibid., 제1권 Ⅶ 23.
36) CW 4, *Utopia*, p.121.
37) Ibid., p.147.
38) Ibid.

모든 이들이 평등하게 수혜를 누리도록 사회시스템망이 촘촘하게 짜여 있다.39)

그러니까 섬 전체가 하나의 가족과 같다.40) 유토피아국의 가족적 사회구조는 키케로의 밀접한 인적유대체계가 일반화된 것이면서도 플라톤의 수호자층의 인적공유구조망이 분기·변형·확대된 것이다. 플라톤은 수호자층의 가족과 아이들의 공유를 제도화함으로써 가족 지평을 확대하여 일종의 가족 공개념제를 수립하였다. 모어는 이러한 '수호자층 가족의 공개념제'를 분기·변형·확대함으로써 정치·사회· 경제·문화·교육·군사·신앙 등이 혼연일체로 자연스럽게 작동되는 '끈끈한 가족연대망 정의공화국 유토피아'를 창출해낸다.41) 한마디로 유토피아는 가부장적 가족 공동체이다. 플라톤의 공화국은 그렇지 않은데 말이다. 또한 플라톤의 공화국은 군사적 귀족정체인데 비해 유토피아는 그렇지 않다. 플라톤은 영혼의 질서와 관련지어 정의라는 덕의 중요성을 부각하고자 하였다. 키케로는 자연스럽게 작동되는 질서정연한 사회유대에 관해 강조함으로써 유사한 결과를 성취했다. 모어는 유토피아국에 정의의 내적 의미를 자신의 방식으로 구현하기 위해서 플라톤적 관념뿐만 아니라 키케로적 이상을 절충·활용한다.

특히 키케로에게 법은 시민적 관계를 결합시키는 유대이며, 법에 의해 시행된 정의는 모두에게 동일하므로 시민들 사이에 평등한 관계가 정립되어 있어야만 하는 것이었다. 모어는 이러한 키케로의

---

39) Ibid., pp.139~145.
40) Ibid., p.149. 모어는 유토피아국을 가족들의 집합체적 한 가족으로서 서술한다. 친구라는 지칭어는 한마음의 이웃들에게 붙여지는 말이다.
41) Ibid., pp.123, 209.

생각을 유연하게 차용함으로써 온 인민 사이에 평등관계가 정립되어 있는 정의공화국 유토피아를 창출해낸다.

이 평등공화국 유토피아국은 '가족기반의 혼합 정체적 군주국'의 형태를 띤다. 유토피아국 인민들은 매년 200명의 시포그랜트들을 투표로 선출한다. 10인의 시포그랜트들이 각각 대표하는 가족 세대들에 1인의 트라니보르가 배치되어 있다. 이 관리들은 유토피아의 식자 귀족층에서 선출된 자들로 온정적 가부장적 사회의 영속적 핵심 실무요원들이다. 이들은 선출직이긴 하지만 폭정의 혐의 같은 확실한 이유 없이는 교체되지 않는다. 그런데 시포그랜트들은 원로회 총회에서 가족 세대들에 의해 선출된 각 도시의 4구역 대표자들로부터 통치자 한 명을 뽑는다. 왕과 진배없는 이 통치자principis magistratus는 폭정혐의가 없다면 종신 동안 그 직을 보유하는데, 그는 '지혜와 학식이 풍부한 제1인자'란 의미를 담고 있는 바르자네스Barzanes/Ademus로 불린다. 핵심 관리들의 보직 보장은 유토피아국의 안정욕구를 충족시킬 수 있는 순기능으로 작용하였다.[42] 제도적 구조의 보편화와 더불어 안정된 사회에서 공익을 영속화하기 위해 내면정의가 국가의 원동력으로 구체화된다.

이렇게 유토피아국에서 정의의 내면화가 이뤄질 수 있었던 데는 영혼불멸의 원리와 공유재산제가 중요한 기능을 한다. 모어는 정의로운 인간의 내세구원의 증거원리이자 이러한 인간에 대한 전지전능한 신의 섭리에 의거한 궁극적 보상기제로서 영혼불멸을 강조하는데,

---

42) CW 4, *Utopia*, pp.123, 133. 그러나 정의의식으로 체화한 인민들에 의해 이들 통치엘리트들은 부지불식간에 제어되고 있으며 통치엘리트들도 그것을 알고 있기에 공익 실천자로서 국정 운영에 최선을 다한다.

뒤집어보면 영혼불멸의 원리는 불의한 인간에게 공포적인 처벌기제가 되는 셈이다.[43) 모어는 유토피아인들이 삶에 있어 영혼의 순수성을 상실하지 않은 사람들임을 언급한다. 여기에서 그는 고전적 의미의 아니무스animus라는 낱말을 영혼이라는 의미로 차용해 쓰고 있다.[44) 유토피아국에서 그것은 신체에 대립되는 인간의 이성적이고 도덕적이며 영적인 일면이다. 이러한 영혼은 때때로 인격체의 안식처로서 마음heart으로 해독되기도 한다.

그들은 참다운 쾌락을 여러 가지 종류로 가릅니다. 어떤 쾌락은 영혼animus, spirit에 달려 있고, 다른 어떤 쾌락은 육체에 달려 있다고 생각하기 때문이지요. 영혼에는 지식, 그리고 진리를 명상하는 데서 오는 즐거움을 부여합니다. 그들은 주로 마음animus, heart의 쾌락을 중시합니다. (…) 그런데 마음의 쾌락은 주로 미덕을 실천하고 선량한 생활을 하게 하는 양심에서 우러나온다고 그들은 생각합니다.[45)

모어가 여기에서 시사하는 것처럼 영혼은 인성의 가장 중요한 일면이다. 영혼의 이성적 일면은 인간과 동물을 구분하고, 사회제도의 이성적 통제를 확립하며, 시민들에게 최대의 쾌락을 안겨준다. 지성과 성향으로서 영혼은 또한 고결한 정신으로 표현되는 성품의

---

43) Ibid., pp.161~163, 221.
44) E, Jerry Phares, *Introduction to Personality*, 홍숙기 옮김, 『성격심리학』, p.645.
    현재 animus는 여성 성격의 남성적 요소를 의미하며, 그 대칭어인 anima는
    남성 성격의 여성적 요소를 의미하는 심리학적 용어로 사용된다. 모어는
    그것을 spirit와 heart의 의미로 사용하고 있다.
45) CW 4, *Utopia*, p.173.

원천이다. 이러한 영혼은 정의의 불멸의 보증서일 뿐만 아니라 '최상·최적 운명'의 보장책이다.

그러니까 모어는 당시 유럽과 같은 불의가 가득한 세상에서는 인간의 내면 의식이 정의의지로 강화될 필요성이 있음을 지혜 일변도의 에라스무스계 휴머니스트들에게 환기시키고 있다. 이 이면에는 세상사를 군주의 지혜에 의존하고자 하는 성향을 보였던 당시 주류 휴머니스트들의 안이한 생각에 문제를 제기하고, 정의의 문제를 지식인들의 주담론거리로 삼고자 하는 모어의 의도가 함축되어 있는 것이다.

유토피아국에서는 공유재산제 같은 제도를 통해 인민들의 '공익기여의지'가 보편화된다. 이것은 공익의지가 이성의 깨우침에 의해 인간 영혼 속에 자연스럽게 정착되었음을 의미한다. 이러한 영혼은 유토피아인들 간에 연대적인 정의촉진동인의 기능을 하게 한다. 그리하여 유토피아국은 인민들 사이에서 유대가 자연스러우면서도 촘촘하게 어우러져 정의공화국으로 거듭나게 되는 것이다.

이미 전술되었듯이 이것은 인간의 자연스러운 형제애의 발현에 착안하여 소위 국가의 묘상苗床으로서 혈족적인 가족관계를 토대로 삼아, 사회의 자연스러운 유대를 질서화한 키케로의 방식을 차용한 것이다.[46] 이를테면 공화국은 정의의지의 자발적·동반자적 연대의식을 기반으로 하기에, 자연스레 인민 공동의 것이 된다.

정의는 모든 다른 것들을 초월하여 전적으로 타자를 이롭게 하는 데 적용되는바, 최대의 불의는 사자의 힘과 여우의 간교함으로 덕의

---

46) Cicero, *De oficiis*, 허승일 옮김, 『의무론』, 제1권 XVI 50과 XVII 53~56.

의도를 가장한 현혹적인 위선이었다. 키케로는 현실의 유산계급을 붕괴시키지 않고 공화국 이상을 보존하려 했다. 히슬로다이는 이러한 유산계급, 특히 최악의 가장 부유한 시민들(불의한 시민들)을 비호하고 선량한 근로계층인 일반 인민들의 노고를 망각한 국가의 처사를 비이성적이고 배은망덕한 것이라 비난하였다.

어떤 의미에서 모어가 창출한 유토피아국은 사익을 제거한 키케로식 공익지향 이상의 표현이었다. 이것은 유토피아국의 우의가 키케로의 그것과 맥락을 같이함을 의미한다. 다음 인용문은 그것을 예증한다.

그 반대로 자연적인 우의야말로 가장 강력한 맹약이라고 생각하기에 유토피아인들은 자연적으로 성립된 동료의식이 조약을 대신하며 그곳 사람들은 협정에 의해서라기보다 선의에 의해, 말들에 의해서라기보다 영혼spirit, animus에 의해 더욱 확고하게 결합됩니다.[47]

또한 히슬로다이는 유토피아 전체 섬이 일종의 확대된 가족과 같음을 강조한다. 여기에서 키케로식의 밀접한 인적 유대에 비추어 사회 전체를 내밀하게 결합시킴으로써 유토피아국에 키케로적 이상을 반영하고자 하는 모어의 의도가 간파된다.

먼저, 시는 가족으로 구성되어 있으며, 가족은 대개 혈족으로 되어 있어요. 여자는 법정연령에 도달하여 결혼하면 남편 집으로 들어갑니다. 그러나 사내아이는 다른 사내아이들 전체와 함께 자기 가족

---

47) CW 4, *Utopia*, p.199.

안에 머무르며, 가장 나이 많은 아버지 지배를 받지요. (…) 전쟁이 발생했을 경우 (…) 전선에는 여자들이 남편 곁에 붙어 있어요. 또 모두가 각자 자기 아이들, 친척들, 일가들에 둘러싸여 있는데, 이것은 혈육의 정에 따라 서로 도와주고 싶은 사람들이 이처럼 함께 있음으로 해서 자연스러우면서도 끈끈한 유대감정으로 피차 도울 수 있게 하자는 게지요.[48]

모어는 유토피아국을 '공익지향공화국'으로 정착시키고 시민들이 자연스럽게 공익을 지향하도록 그들 간에 공유 의식이 자연스레 형성되어야 함이 전제되어야 한다는 키케로의 주장을 수용한다.

최초의 결합 유대는 부부간에, 다음에는 부모 자식들 간에 나타난다. 그리하여 결국 모든 것이 하나인 가정이 이루어지는 것이다. 더욱이 가족은 도시와 국가의 초석이며 마치 공화국의 배양소 같은 것이다. (…) 이러한 번식과 자손들이야말로 공화국의 원천인 셈이다. 더욱이 혈연관계는 상호 간 애정과 상호 부조로 돈독하게 된다.[49]

유토피아국 가정이야말로 바로 형제로서 혈연 가족개념이 사회 전체에 확대된 키케로식 가정의 전형이었다. 그러니까 모어는 키케로의 언어를 절충하여 독창적인 '공유제 기반의 평등공화국으로서 정의국'을 창출·제시하였던 것이다. 이것은 '동시기 지식인들의 종말론적인 불의한 유럽풍토에서의 철인군주국 이상론에 대한 낙관적 사회관'

---

48) Ibid., pp.157, 211.
49) Cicero, De officiis, 허승일 옮김, 『의무론』, 제1권 XVII 54.

을 재고하게 하는 동시에 '이런 유럽에서 어떻게 정의공화국이 구현될 수 있을까'라는 담론을 동시기 휴머니스트들 사이에 형성시키기 위한 모어의 전략이었다.

모어는 정의를 덕 중의 덕으로 간주하고 있는데, 키케로 또한 그러하였다. 키케로는 지혜와 정의의 비교를 염두에 두고 지혜를 정의 본능에 자연스레 종속시키면서 정의야말로 사회를 움직이는 최고의 덕임을 주장한다.[50] 키케로에게 정의는 신과 인간들 간의 자연스러운 유대를 자리매김하는 최고의 덕이었다. 그에게 정의는 사색의 지혜 활동이라 할 수 있는 명상생활의 전제적 필수조건이다. 이를테면 키케로는 덕들 중 최고의 명예는 정의에 있으며 바로 이 정의를 근거로 이에 합당한 인간을 '선인vir boni, 善人'이라고 칭한다. 그는 덕치군주들은 인민으로부터 사랑받기 마련인데, 담대한 정의감으로 무장된 군주야말로 그 인민으로부터 가장 사랑받을 자격이 있다고 말함으로써 정의를 최고의 덕의 반열에 올려놓는다.[51]

키케로에게 공화국 존속의 필수 요소로서 공동체적 정의는 개인적 꼼수로서 이기적 지혜보다 당위적으로 우선시된다. 모어는 키케로의 이러한 생각을 차용한다. 모어는 유토피아국을 최상의 정의국으로 자리매김하도록 불의한 사유제적 세상 유럽과 완전 딴판의 제도인 공유제를 전면 도입한다. 이상주의자로서 모어 생각에 사적 소유의 병폐를 해결하지 않고는 키케로가 말하는 공동체 정의가 성취될 수 없기에 말이다. 불의한 유럽 상황에서 사적 소유는 개인의 이기적 지혜의 산물에 불과했다.

---

50) Ibid., 제1권 XLIII 153.
51) Ibid., 제1권 VII 20, 56.

이래서 나는 사적 소유권이 추방되고 폐지되지 않는 한 물품의 평등하고 정의로운 분배는 이루어질 수 없고 사람들 사이에 완전한 행복은 있을 수 없다고 확신합니다. 사적 소유권이 존속하는 한 대다수 사람들 사이에 빈곤과 비참이라는 무거운 짐은 불가피하게 남아 있을 것입니다.[52]

유토피아국에서 모어는 최고의 쾌락으로서 지혜의 추구를 권장하지만, 그것의 필수선결 조건은 정의로운 사회였다. 그래서 모어는 이 쾌락이 유토피아 사회정의에 자연스럽게 기여하게 했을 뿐만 아니라 키케로의 자연스러운 공유원칙을 혁명적으로 급진화하여 정의를 유토피아인들의 내면에 체화하고자 시도하였다.

에라스무스는 사회질서에서 자신의 위치에 따라 '각자에게 그 자신의 적절한 몫을'이라는 고전적 의미의 정의를 국가 운영의 실제 목적에 충분히 유용한 것으로 보았다. 지혜는 개인적 군주의 덕이었다. 만일 지혜로운 군주가 군주로서 그 자신의 몫을 최대로 받는다면, 그는 그 혜택을 자신의 신민들에게 유익하게 내려받게 할 수 있을 것이었는데, 그러기 위해서는 군주는 다음과 같이 교육되어야 했다.

군주교육 담당 선생은 자신의 생도인 군주가 모든 것들 중 가장 멋진 특질인 덕[지혜]을 사랑하고 존중하도록 가르쳐야 한다. 그리고 그 생도가 도덕적 타락이야말로 가장 저열하며 가장 증오할 만한 것으로 인식하고 부도덕한 것을 멀리하도록 가르쳐야 한다. 선생은 그 생도가 유산자들의 악행에도 불구하고 원래 그러려니 하고 받아

52) CW 4, *Utopia*, p.105.

들이는 데 익숙해지지 않도록 경각심을 심어주어야 한다. 그리고
선생은 그 생도로 하여금 흔히 갈채받는 것들이 참된 명예가 아닐
수 있음을 깨닫도록 해야 한다. 참된 명예는 자발적으로 지혜롭게
처신하여 정의를 만민에게 베풀 때 생겨나는 것이다. 그런데 그런
군주가 되도록 보좌해야 할 귀족층이 지혜롭지 못하다면 어찌하
랴.53)

위에서 에라스무스의 지혜로운 군주의 출현에 대한 기대는 확고하
지만 과연 이 군주를 보좌해야 할 역할을 맡고 있는 식자귀족들의
지혜에 대해서는 의혹을 품고 있는 듯한 인상을 받을 수 있다. 이
점에서 에라스무스도 모어처럼 덕치귀족의 역할에 관해 반신반의의
감정을 가지고 있었던 것 같다. 에라스무스와 모어의 차이는 사회가
그렇게 불의해질수록 에라스무스는 그 사회를 치료하기 위해 더욱
지혜의 문제에 몰두했다면, 모어는 그 사회를 치료하기 위해서는
사색적 지혜보다는 실천의지로서 정의가 만민의 영혼 속에 특히
통치귀족층의 영혼 속에 내면화되어야 한다고 생각했던 것이다.
　즉, 에라스무스는 지혜로운 귀족층의 출현을 통한 이상 공화국
건설을 꿈꿨으며, 그는 지혜라는 덕 관념을 우선시하였다. 다음 인용
문은 지혜로운 군주 출현과 군주보좌진의 지혜에 대한 에라스무스의
기대를 단적으로 드러낸다.

　최상의 군주가 되기 위한 조건은 무엇인가. 군주는 최상의 지고하
고 순수한 형상의 덕으로서 지혜를 가지고 있어야 하며, 자신의

---

53) Erasmus, *The Education of a Christian Prince*, p.221.

개인사에서도 기꺼이 지혜로운 중용Golden mean적 태도로 생각하고 행동해야 한다. 그러한 지혜로운 군주의 막후에는 그렇게 만든 지혜로운 보좌가 있는 법이다.[54]

에라스무스에게 지혜는 최상의 덕이었으며, 불의한 유럽을 치료하기 위해서는 개인적 지혜의 성과물인 법과 제도 및 군주의 통치력과 같은 '외면적' 정의가 요청된다고 생각하였다. 전술된 것처럼 지혜는 정의 달성에 필요한 전주곡이다. 왜냐하면 지혜는 군주로 하여금 아부를 거부하게 하고 건설적인 조언을 수용하도록 하는 데 일조할 것이기 때문이다. 에라스무스 생각에 지혜는 군주로 하여금 자신의 자애로움을 인민들에게 흘러들어가게 함으로써 왕국을 번영시키는 비상한 덕이었다.[55] 그는 지혜야말로 인민을 위해 예시하여야 할 군주의 최고 덕목임을 말한다.[56] 이러한 에라스무스의 지혜에 대한 애착은 그로 하여금 정의문제를 지혜에 부차적인 것으로 위치하게 하였다.

그렇다면 소수의 지혜로운 자들이 지혜를 악용한다면, 계서원리로 볼 때 그 부작용으로 그들로부터 쏟아져 나오는 갖가지 불의들의 세례들을 대다수 인민들은 고스란히 받아야 하는가. 이러한 지혜의 효능에 대한 의구심이 아마도 모어로 하여금 정의가 내면화된 세상

---

54) Ibid., p.189.
55) Ibid., pp.133, 174, 186, 188. 여기서 지혜로운 군주는 황제 카를 5세를 비유한 것이다. 당시 에라스무스는 황제의 자문관이었고 그는 황제를 지혜로운 군주로 적고 있다.
56) Ibid., pp.158, 176. 그 외 에라스무스는 군주의 덕목으로 권능power, 선한 의지goodness, 신의trust 등을 들고 있다.

유토피아국을 구상하게 하였을 것이다. 소크라테스의 지혜의 한계에 대한 다음의 토로는 모어가 정의를 최우선시[57]할 수밖에 없었던 까닭을 잘 대변해준다.

지혜란 솔선하여 나머지 대다수를 다스리는 탁월한 소수 계층의 지식에서 나오는 것이다. 우리는 그러한 지식을 지혜라 칭할 수 있는 유일한 유형의 지식일 것인데, 그러한 지식을 가진 자들은 극히 한정되어 있다.[58]

지혜의 실질적 효능에 있어서 한계는 분명하다. 예를 들면 과연 대다수 욕구지향적인 우중愚衆이 고도의 이성을 요구하는 통치층의 지혜를 제대로 이해하고 그들의 이성 지향적인 삶의 지침을 쫓을 수 있겠는가? 또한 지고한 도덕지수를 강조하는 이성 지향적인 통치층이 과연 우중의 감각적 욕구 성향을 공감·이해하며 그들의 삶 속으로 기꺼이 뛰어 들어가겠는가? 과연 철인 통치층이 지혜롭다는 논거만으로 심성구조가 다를 수 있는 자신의 하위계층 민들의 심정을 제대로 헤아려서 자애롭고 정의롭게 다스릴 수 있을지는 의문이다.[59] 이러한 것은 『유토피아』 집필 시 모어가 가졌을 의문이었을 것이다.

예컨대 유럽과 같은 '불의조장사회상황不義助長社會狀況'에서 과연 소수의 지혜로운 자들이 (그나마 소수 중 대부분은 사이비 현자들인데 그러한 오염된 무리 틈에 끼어서) 에라스무스가 말하는 이상 군주를

---

57) Mark Morford, *Stoics and Neostoics : Rubens and the Circle of Lipsius*, p.205. 키케로 또한 군주의 최고의 덕목으로 자애clementia와 함께 정의justitia를 거론한다.

58) Plato, *Politeia*, 박종현 역주 『국가政體』, 제4권 428E-429A.

59) A. MacIntyre, *Short History of Ethics*, pp.37~44.

중심으로 다수의 일반 인민들의 기본 욕구들을 공평무사한 방식으로 조정할 수 있겠는가. 물론 이에 대한 모어의 답은 부정적이었을 것이다. 그래서 모어는 실천적 덕목으로서 유토피아인들 모두를 대상으로 한 내면정의를 유토피아 사회의 근골로 삼아 정의를 생활 그 자체로 만들었던 것이다.

요컨대 모어 동시기의 혼탁한 세상에서 목도되는 갖가지 불의한 상황에 대한 모어의 예민한 자각과 동시기 동료 식자층의 낙관적 지혜공화국 이상에 대한 모어의 강한 회의는 모어로 하여금 자신의 정념情念을 상상 속 풍자적 세상에 감정 이입시켜 정의담론의 나라를 창조하게 하였던 것이다.

그러니까 모어의『유토피아』는 당시 자신들이 처한 사회의 불의한 상황에 대해 통치 귀족층의 지혜를 논거로 유럽의 이상 공화국을 낙관하고 있었던 안이한 지식인들인 동시기 주류 휴머니스트들에 대한 비판서이다. 또한 이런 비판을 기점으로 동료 식자층으로 하여금 정의 문제를 환기시키고자 했던 정의담론서이기도 하다. 유토피아국은 유럽 현실에 실제로 적용될 사회라기보다는『유토피아』제1부 대담에서처럼 지식인들 간의 대담에서나 존재할 수 있는 담론적 성격의 사회인 것이다.

2. 식자층 정의담론 : 현실 비판 풍자문학

그러면『유토피아』를 집필하게 할 만큼 모어를 낙담하게 만든 '불의한 유럽현실의 원인·조장의 책임자들'은 어떤 사람들인가. 모어는 그 책임자들로 유럽현실 사회에서 지배엘리트군을 형성하는 식자귀족층을 지적하고 있다. 계서적 사회조화론에 입각해볼 때, 그들은 위로는 왕을 정의로운 길로 이끄는 지혜로운 자문관의 역할을 해야 하고, 아래로는 사회적 약자를 보살피는 온정적 가부장으로서의 역할을 수행해야 했다. 그러나 그들은 자신의 일신상의 안위를 위해서 폭정적인 왕에게 해야 할 충언을 하기는커녕, 오히려 왕의 폭정화에 불을 지폈고, 탐욕적인 사리사욕 충족을 위해 일반민, 더구나 무지한 나부랭이 하층민들을 미끼로 삼아 갖가지 불의한 짓을 자행하였다.

모어는 그 이유를 그들의 내면에 정의가 체화되어 있지 못한 데서 찾고 있다. 그래서 유토피아국은 정의를 내면화하기 위한 장치들로 가득하다. 유토피아국 인민들 누구든 '하루 6시간 공익노동의무' 이외에 덕성함양을 위한 평생학습에 매달리게 하는 것도 바로 그들의 내면에 정의를 체화하기 위한 것이다. 유토피아 당국이 모든 인민들 중에서 잠재적 통치엘리트로서 학자군을 선발하여 6시간 노동마저 면제해주면서 학문에만 정진하도록 한 것도 정의체화를 주도할 지혜로운 지배층을 육성하기 위해서였던 것이다. 유토피아국의 학자층은 불의한 유럽의 식자귀족층을 풍자적으로 현실비판하기 위한 대립상인 셈이다. 『유토피아』가 모어 동시기 현실에 대한 통렬한 비판과 더불어 역사적 사실을 생생하게 담고 있다는 점에서 16세기 사서史書로서의 성격을 부인할 수는 없다. 그렇지만 이 책이 기본적으로는 장르상 아이러니가 가득한 진담 반 농담 반의 도덕담론적인 성격의 풍자문학서라는 사실을 간과하지 말아야 한다. 이를테면 『유토피아』가 의미상 '농담을 전하는 넌센스 조제사nonsense peddlar'란 어원을 지닌 히슬로다이[Hythloday는 '재잘거림' 혹은 '넌센스'를 의미하는 그리스어 hythlos에 어원을 두고 있음]의 입을 빌어 현실의 부조리를

비꼬고 있는 탁월한 풍자문학적 재담서임을 규정하고 있는 모티머의 서평은 핵심을 찌른다.[60]

물론 이 책이 진지한 메시지를 담고 있다는 데는 토를 달아선 안 된다. 『유토피아』에서 모어는 그 대담과 담화에서 농담과 진담을 섞어가면서 몇 가지 장르들을 결합한다. 그렇게 함으로 그는 절묘하게도 16세기 유럽의 불의에 대한 심각성과 16세기 유럽현실을 종말론적 현상으로 인식하고, 기본적으로는 동시기 지식인들의 낙관적 사회조화이상론을 공유하면서도 현실적용에 관한 한 그것에 대한 비판을 노정시킨다. 모어의 이상적 자아 히슬로다이와 모어의 현실적 자아 작중모어가 기본적으로 생각을 공유하면서도, 견해를 달리하는 이 양자 간의 대담이 바로 그 대표적인 일례이다.

유토피아국 담화 결론 부분에서 작중모어가 히슬로다이와 기본적으로 생각을 같이하면서도, 유토피아국 제도의 우스꽝스럽고 불합리한 점을 지적하는 코멘트를 통해서도 진담 반 농담 반의 덕담론적 풍자 문학서로서 『유토피아』의 성격이 드러난다. 앞장에서 인용되었던 구절을 다시 들어보자.

　　문득 의문점들이 떠올랐다. 나는 그 나라의 법률이나 관습 중에는 매우 우스운 것이 꽤 많다고 생각했다. 군사전략과 종교 예배형식도 그렇지만, 특히 유토피아 사회 전체가 기반으로 삼고 있는 것, 곧

---

60) Mortimer, A., "Hythlodaeus and Persona More : The Narrative Voices of Utopia," *Cahiers Elisabethains* 28 (1985), pp.23~35. 모티머는 모어가 농담과 진담의 경계지역을 아주 자연스럽게 이쪽저쪽으로 건너가기 때문에, 독자는 그의 농담이 혹시 진담인가 아닌가 하고 항상 의심을 하면서 그의 의도를 주도면밀하게 파악해야 한다고 말한다.

돈을 제거한 공유제는 매우 불합리했다. 돈을 사용하지 않는 공유제
는 귀족 정치의 종말을 의미할 것이다.[61]

모어의 『유토피아』 연구자 우든Wooden은 이 책의 집필 무렵이
모어가 루시안Lucian of Samosata의 메니푸스적 풍자방식에 매료되었던
시기였음을 해명해내면서, 『유토피아』의 기본성격을 지식인들 간의
도덕 담론 풍자문학서로 규정한다.[62] 우든의 말처럼 이 책은 폭군의
대두, 군주의 폭군화를 조장하는 군주참모진, 참 귀족의 부재 등
갖가지 사회 불의의 원인에 대한 분석적 풍자서이다. 이 책의 대상
독자층은 당연히도 그 의미를 간파해낼 라틴어 해독이 가능한 지적
담론 지식인들로서 동시기 동료 휴머니스트들이었다.[63]

『유토피아』 출판과정을 살펴보면, 이것은 더욱 확실해진다. 이를테
면 이 책 초판은 1516년 말 라틴어로 출간되었으며, 4회의 추가 라틴어
판들이 1519년까지 출간되었다. 1524년에 독일어 번역판이 그리고
모어 사후 1551년 영어 번역판이 출간되었을 뿐이다. 이 점은 모어와
그의 두 논적 틴데일과 저먼St. Christopher German 같은 이들이 논쟁적

---

61) CW 4, *Utopia*, p.245.
62) Warren W. Wooden, "Sir Thomas More, Satirist : A Study of Utopia as Mennipean
    Satire", p.228. 우든에 따르면, 메니푸스적 풍자 같은 문학 방식은 제2부
    유토피아국 담화에서 간파되는 것과 같은 결말이 도출된다. 이를테면 히슬
    로다이의 유토피아국 담화에 대해 불합리한 점을 분명하게 지적하면서도
    바로 이어 그러나 나중에 곰곰이 숙고해봐야 하겠다는 해석상의 여운을
    남기는 작중모어의 문학적 결말처럼 말이다. 여운과 해석의 여지를 남기는
    방식은 메니푸스적 풍자의 주된 특징 중 하나이다.
63) Ibid., p.233. 여기서 지식인들은 모어의 휴머니스트 동지들을 말한다. 모어
    는 『유토피아』가 영어로 번역되기를 원치 않았다. 그것은 그 책이 무식한
    자들에게 읽혀 책의 진의가 곡해될지도 모른다는 우려에서였다.

글들에서 자신의 주장들이 무지한 인민들에게도 읽혀지기를 바라면서 자국어를 사용한 점과 그것들이 즉각적으로 인쇄·배포되었다는 점과 비교해보면『유토피아』가 어떤 의도로 누구를 겨냥해서 집필되었는지 그리고 당시 그것의 영향 범위가 어떠했을지에 대해 가늠하게 해준다.

『유토피아』는 16세기 중반이 지나면서 원래의 모어의 의도와는 다른 평판을 얻게 된다. 이 평판은 에라스무스의『우신예찬』같은 작품들에게나 주어지는 대중적 인기 같은 것이었다. 16세기 중반 이래로 수없이 쏟아져 나온『유토피아』판본들은 모어를 유토피아 문학 장르의 창조자로 자리매김하게 했다. 1550년 이래로『유토피아』로 인해 유토피아 문학에 끼친 모어의 영향력은 지대하다. 모어의 후예들로서 유토피아 문학가들이나 유토피아 사상가들이『유토피아』를 모방하여 현실사회를 풍자적으로 비판하거나 사회개혁을 위한 청사진을 기발하게 묘사해냈으니 말이다.[64]

확실히 모어는『유토피아』를 현실사회에 적용될 수 있는 사회개혁서로서 해석되기를 의도하지도 않았고, 유토피아국의 공유제가 현실

---

64) Miriam Eliav-Feldon, *Realistic Utopias : The Ideal Imaginary Societies of The Renaissance*, 1516~1630, p.16. 물론 모어 명성의 많은 부분은 모어의 조어 Utopia가 문학 장르로서 유토피아를 의미하게 된 데서 비롯되었다. 이리하여 본래『유토피아』가 가졌던 성격, 즉 모어 시기의 부도덕한 사회상을 고발한 정의담론서로서의 성격이 후대에 자리한 문학 장르로서의 유토피아의 특성에 의해 희석되었다. Utopia 조어과정은『유토피아』가 진담 반 농담 반의 문학적 성격의 담론서임을 시사적으로 말해준다. 이를테면 Utopia의 원래 말은 라틴어로 '아무데도 없는 곳'을 의미하는 'Nusquama'였다가 나중에 Utopia로 바뀐다. 그런데 원래 말 'Nusquama'를 그리스어로 고치면 'Aipotu'가 된다. 모어는 바로 이 'Aipotu'를 역순으로 뒤집는 문학놀이를 통해 Utopia라는 말을 조어하게 된다.

사회에 적용되기를 바라지도 않았다. 다음 장에서 논의될 것이지만, 논쟁기에 드러나는 모어의 이념에서 볼 때, 혁명적인 유토피아 이념은 모어의 본색이 아니었음을 보여준다. 이른바 공직 활동, 반이단 논쟁, 가톨릭 전례·관습에 대한 애착, 헨리종교개혁에 대한 저항 등에서 관찰될 수 있듯이, 정의 수호라는 대의명분하에 가톨릭 교권 이념 변호에 온 힘을 바치는 모어의 모습은 그가 동시기 유럽현실에 유토피아국의 혁명적인 제도들을 접목시키고자 했을 것이라는 여지나 개연성을 도저히 찾아볼 수 없게 한다. 실로 속성상 피와 혁명을 혐오하는 평화지향적인 휴머니스트들이 '혁명적인 유토피아국' 같은 '유럽의 역상의 세상'에 이끌릴 리도 만무하며, 기본적으로 그 속성을 공유하고 있던 모어가 그런 세상을 현실유럽에 적용하고자 할 리도 없었을 것이다.[65]

요컨대 『유토피아』는 기본적으로는 허구를 실화實話화한 지적 유희의 풍자문학서이다. 그러나 그것이 불의한 현실에 대한 모어의 현미경적 진단과 비판을 풍자적으로 담고 있다는 점에서 현실 비판적 도덕서이기도 하다. 주목할 것은 그 집필 의도가 한편으로는 불의한 현실을 지식인들에게 인식시키고, 다른 한편으로는 그 현실을 극복하기 위한 일환으로 그들 간에 정의담론을 이끌어내는 데 초점이 맞춰져 있다는 사실이다.

이제 다음 장에서는 『유토피아』 이후의 모어의 글들과 행적에서 모어의 정의를 위한 투쟁이 어떻게 전개되는지를 고찰할 것이다. 여기에서 모어는 불의한 유럽현실로부터 은둔하여 명상활동에 전념

---

65) David Johnston, *A Brief History of Justice*, 정명진 옮김, 『정의의 역사』 p.26에서 존스턴도 유토피아국이 현실적용을 위한 청사진이 아니었음을 단언한다.

하는 게 더 나음을 주장하는 유토피아국 내레이터인 급진적 이상주의자 히슬로다이와 정반대의 모습, 즉 공익활동에 투쟁적으로 참여하는 현실정치인으로서 작중모어의 모습을 띤다.

이때는 '헨리종교개혁'과 '루터의 이단사상의 잉글랜드 유입' 등으로 발생한 잉글랜드 안팎의 현실적 위기상황과 이로 인해 천년전통의 가톨릭질서체계가 와해될지도 모른다는 모어의 우려감이 깊어지는 시기이다. 이러한 우려는 그를 이상적 자아 히슬로다이의 환각으로부터 깨어나게 하여 현실적 자아 작중모어로 복귀하게 한다. 점점 위기상황이 구체화되고 현실화되자, 모어는 조바심에서 다급하게 공격적으로 변해버린 논객이자 이단 사냥꾼의 모습을 한 작중모어가 되어 자신의 현실 세상에 거칠게 개입하게 된다.

제4장 호교론적 정의

　이제 본 장에서는『유토피아』집필 이후 잉글랜드 안팎으로 이단의
촉수가 감지되던 시기에 위기의식을 느낀 모어가 현실정치인이자
현실참여 논객으로서 그것에 대해 어떻게 반응했는지를 고찰한다.
아울러 완고한 호교론자의 예증으로서 반이단 논쟁 중에 드러내는
가톨릭 전례·관습의 옹호자로서의 모어의 면모를 살펴볼 것이다.
　이 시기 모어의 행적과 글들은 상전을 향한 충성심, 은연중에 암시
되는 무지한 인민에 대한 경멸 의식, 이단적 성향의 정적이나 논적에
대한 무차별 공격, 기존 가톨릭 전례·관습에 대한 집착 등으로 요약될
수 있다. 반면에 이성·평등·관용·해학 등의 언어를 떠오르게 하는
『유토피아』저자로서의 여유로운 모습은 찾아볼 수 없다. 다만『유토
피아』에서 잠복되어 있던 권위와 질서 등의 언어가 수면에 떠오를
뿐이다. 모어의 말 하나하나를 들여다보면 '하나의 거룩한 가톨릭교
회'에 대한 변론으로 가득하다. 정의로운 사회가 되기 위해서는 그러
한 사회질서체제 속에서 인민 개개인들이 자신의 신분에 맞게 제

위치에서 제 기능을 발휘해야 한다. 그러니까 모어의 정의관념에는 전통적인 계서제적 사회관이 내포되어 있다.[1]

이를테면 이단자 박해, 교황 수위권 옹호, 가톨릭 교권에 대한 존중, 왕을 비롯한 상전에 대한 충성심 같은 모어의 행적은 가톨릭 신을 최정점으로 하는 그의 계서적 정의의식을 엿보게 해준다. 여기에서 그의 정의는 이성의 신적 기원, 양심, 자연법, 교만과 반란으로 인한 인류 몰락의 의미, 그리고 사회질서를 위한 가톨릭 세계의 유서 깊은 합의와 교회 전통의 당위적 가치 등에 그 기저를 두고 있음을 알 수 있다. 아울러 반교권주의anti-clericalism가 잉글랜드 왕국의 사회 구조를 위협했을 때, 모어의 공화국 정의는 그의 정의의 최대 공약수로서 가장 기본적인 요소인 가톨릭시즘으로 수렴된다는 사실이 밝혀진다.

그러니까 본 장에서는 잠복되어 있던 가톨릭 호교론자로서 모어의 본모습이 담겨 있는 중·장년기 반이단 저작들을 중심으로 그의 정의의 모습을 들여다본다.[2] 『유토피아』에서 불의가 강자의 경제적 억압

---

1) 이러한 계서제적 사회관은 모어 동시기(16세기) 잉글랜드에서 여전히 널리 수용되고 있었던 생각이었다. 동시기 휴머니스트들의 음성을 들어보자. E. M. W. Tillyard, *The Elizabethan World Picture*, pp.9~11. "하느님은 무한한 지혜로 천사들을 등급에 따라 정비하시고 천체들에게는 크고 작은 빛과 아름다움을 베푸시고, 짐승들과 새들 사이에 차이를 두시고, 독수리와 파리를, 삼나무와 관목을 만드시고, 돌 중에선 루비에게 가장 찬란한 빛을 주시고, 또한 사람에게는 군왕을 세우시고, 공작들이며, 지도자들, 행정장관, 판사, 그 이외에 다른 계급들을 제정하셨다(*History of the World* by Raleigh)." "모든 것에는 질서가 있으며, 질서 없이는 아무것도 안정과 지속성을 유지할 수 없다. 그리고 배열된 것의 장점이나 평가에 따라 높고 낮은 계급을 내포하지 않는다면 그것은 질서라고 불리어질 수 없다(*Governor* by Elyot)."

2) 여기에서 『루터 반박론 *Responsio ad Lutherum*』, 『부겐하겐에 보내는 서한 *Letter to Bugenhagen*』, 『논박 *The Confutation of Tyndale's Answer*』, 『영혼들의 청원*The*

이었다면, 반이단 저작들에서 불의는 가톨릭교회나 그것의 전례·관습에 대한 도전행위였다. 따라서 이 시기 모어에게 정의는 전통과 질서를 보존하기 위해 사회적 암세포인 이단을 박멸·척결하기 위해 공직자로서 자신의 직권을 강력하게 사용하는 것을 의미한다.

제1절 이단 척결 활동

모어는 『유토피아』 담화의 작중모어처럼 그릇된 견해들을 뿌리째 뽑아낼 수는 없다는 것, 뿌리 깊은 악들을 완전히 퇴치할 수는 없다는 것, 다만 가능한 한 상황이 더는 나빠지지 않도록 공화국을 위해 봉직할 수밖에 없다는 것 등을 인식하면서 법조공직인으로 봉직하게 된다. 봉직 중 모어는 잉글랜드 평신도로서 점차 정치적 가톨릭 교권 옹호자의 길로 빨려 들어가게 될 것이지만, 결국 그 길과 헨리 8세의 큰 문제에서 불거진 헨리종교개혁 사이에서 아슬아슬한 줄타기를 해야 할 것이었다. 가톨릭교권옹호자로서 그는 이단자들이나 반교권주의자들에게 종교재판가처럼 행동하였으나, 상전인 왕의 종복으로서 큰 문제에 대해 침묵으로 일관하였다. 챤슬러직 사임 직후 그에게 이단성향자들의 글들은 반동적인 공격의 대상이 되었다. 모어에게 그들의 글들은 역사적·논리적·신학적 측면에서뿐만 아니라 어법에서까지도 오류투성이인 것으로 인식되었으니까 말이다.[3]

Supplication of Souls』, 『변명 The Apology of Sir Thomas More, Knight』, 『살렘과 비잔스의 정복The Debellation of Salem and Bisance』 등의 논쟁서들이 주로 다뤄진다. 그러나 필요할 경우 『이단에 관한 대화 A Dialogue Concerning Heresies』와 옥중서 같은 말년의 저작들도 다뤄진다.

공직인으로서 모어의 성격을 파악하기 위해서는 그를 당대 잉글랜드 실세였던 챤슬러 울지Thomas Wolsey와 비교할 필요가 있다.4) 이들 두 사람은 수년간 함께 일하였다. 모어는 헨리 8세가 총애하는 울지에게 아부조의 서한을 연거푸 보냈다. 이것은 모어가 충성의 표시로 상전의 뜻에 부응하여 호감을 삼으로써 공직인으로서의 자신의 길을 순탄하게 다져갔음을 의미한다. 그것은 모어가 자신의 상전의 비위를 건들지 않으면서 왕실조정의 평온함, 더 나가 일국—國의 평화를 성취하는 방식이었다. 그것은 모어가 할 수 있는 한 공직자의 역할에 충실하고자 하는 휴머니스트적 공익활동가로서의 생각을 시의적절하게 실천한 그 나름의 합리적 처세 방식이었다. 자문관으로서 모어는 조정현실이 매끄럽게 작동되게 하려면 아첨이란 정치적 윤활유가 필요하다고 생각했던 듯하다.

울지와 모어의 비교는 모어의 성격을 효과적으로 노정시킨다. 모어에 비해 울지는 확실히 끊임없는 권력지향적 인간이었다. 울지는 자신의 권력지향에 걸림돌이 되는 인간들은 은밀하게 가차 없이 제거하였다. 그러나 모어는 직속 상전인 울지에게 아부했는가 하면, 권력을 지향하면서도 내면 깊이 도사리고 있는 양심에서 비롯된

---

3) 이 무렵 집필된 틴데일 반박 논쟁서인 『논박』에서 그것이 확인될 수 있다. 알리스테르 폭스는 모어가 이단성향자들과의 논쟁에서 제어력, 객관성 및 균형감각을 상실했다고 말한다(Lewis, *"Thomas More,"* in *Essential Articles*, p.394.).

4) 울지는 1507년 헨리 7세의 궁정교회 신부가 되어 왕실에 발을 들여놓은 후 승진가도를 달려 1509년에 헨리 8세의 국왕자문회의 위원이 되고 요크 대주교를 거쳐 1515년에 추기경과 챤슬러직에 오르고 마침내 교황특별사절의 자리까지 차지하나, 왕의 '큰 문제'를 해결하지 못함으로 1529년 급몰락하게 된다.

정의감과 현실의 왕에 대한 충성심 사이에서 곡예를 벌였다. 이러한 차이에도 불구하고, 그들은 많은 것들을 공유한다. 이를테면 가톨릭시즘에 대한 그들의 헌신, 가톨릭 신에게 부여받은 권위의 방어, 결국 양자를 파멸시킨 왕을 향한 그들의 충정, 그리고 상전으로서 왕을 제외하고는 자신들에게 반기를 든 사람들에 대한 냉혹한 복수심 등에서 말이다.5) 일면 울지는 모어의 정치적 스승이었던 것이다.

공직인 모어의 성격은 프랑스 성직자 브릭시우스Germanus Brixius와의 애국적·악의적 논쟁 과정에서 잘 드러난다. 모어는 비종교적인 국가 간 문제들에서 자국自國 우월주의적인 편향성을 드러냈다. 모어는 잉글랜드 자국의 식자귀족층의 도덕적 해이를 예리하게 인식하면서도, 또한 가톨릭 유럽공동체 보존을 제1의 과업으로 삼으면서도, 지형이나 규모에 있어서 잉글랜드와 유사한 유토피아국을 창조함으로써 자신의 모국을 열등한 이웃 유럽 나라들로부터 격리·차별화시키는 이중성을 보여주었다.6)

모어의 애국적 열정은 그가 브릭시우스의 글들을 격렬하게 비난하는 데서 확연히 예시된다. 잉글랜드와 프랑스가 소규모 접전 중이었던 1512년 8월, 700명의 수병들로 구성된 잉글랜드의 대형급 전함인 레전트Regent호가 프랑스의 코르델리에르Cordeliere호를 침몰시켰다. 1513년 브릭시우스는 시를 통해 프랑스 수병들의 용기를 추념했다. 그런데 모어는 그 시가 잉글랜드 국민을 모욕하는 것으로 간주하고 브릭시우스를 거짓말쟁이이자 멍텅구리로 조롱했다. 모어는 5년이

---

5) Richard Marius, *Thomas More*, pp.57, 199.
6) 유토피아국 주의 숫자는 당시 잉글랜드와 똑같은 54개주이고, 수도 아마우로테는 런던처럼 의회가 있는 곳이며 이 아마우로테 관통 아니드루스강은 런던 템스강과 유사하다.

지난 1518년이 되어서야 왜 그렇게 반응했는가? 가장 설득력 있는 대답은 모어가 헨리 8세의 들떠있는 기분 혹은 그의 비위를 맞춰주고 싶었던 데 기인했을 것이다. 이때는 복잡한 국제 관계 속에서 잉글랜드와 프랑스가 서로 우위를 점하고자 헨리 8세와 프랑수와 1세 사이에 갈등이 깊어지고 있던 시기였다. 그런데 때마침 바로 이 무렵이 모어가 헨리 8세의 자문관이 된 시기였기에 말이다.

브릭시우스에 대항한 풍자시에서 모어의 애국심은 대단히 악의적인 것이었다. 여기서 모어는 『유토피아』와는 달리 전쟁의 폐단을 지적하기보다는 잉글랜드 전사들의 명예를 극찬하는 데 열을 올렸다. 그러니까 마리우스의 말처럼 모어는 평화 절대주의자 absolute pacifist는 아니다.[7]

브릭시우스는 1520년 답변시를 썼는데, 이것은 '모어에 대항하여' 혹은 '바보에 대항하여'라는 의미의 '안티모루스 Antimorus'라는 제명이 붙여진 신랄한 장편시였다. 그는 모어가 선왕 헨리 7세와 헨리 8세를 비교하면서 헨리 8세를 극찬한 것이 결국 헨리 8세의 부왕 헨리 7세와 튜더 왕가에 대한 간접적 비난이었음을 넌지시 말했다. 브릭시우스가 제안하기를, 부왕과 튜더 왕가의 명예회복을 위해서라도 헨리 8세는 삼류시인 모어를 "그의 허무맹랑한 조작국 유토피아국 같은 곳으로 추방해야 한다는 것"이었다.[8] 자신의 평판과 학식에서 이중적으로 공격당했다는 느낌을 받은 모어는 브릭시우스 앞으로 복수에 찬 서한을 보냈다.[9] 이 서한은 그의 삶의 이 단계에서 두 가지 중요한

---

7) Richard Marius, *Thomas More*, p.61.

8) Ibid., p.246.

9) Thomas More, "*Letter to Brixius*," in *The Correspondence of Sir Thomas More*, ed.

166

사실들을 드러낸다.

먼저, 모어는 속계 계서의 최상전인 헨리 8세를 찬양한다. 그는 헨리 8세 같은 군주야말로 사회질서를 보존하는 이성적 동인이라고 말한다. 그는 '각 계층이 전체 조화에 기여하는 질서정연한 위계사회에서 공동체 행복이 보존될 수 있다'는 동료 휴머니스트들의 전통적인 '사회위계질서관'을 공유하고 있었다.

다음은 모어가 이단 혐의자들에 대한 끓어오르는 분노를 풀어놓기 훨씬 전에 쓰인 이 서한에서 이미 조울증적인 심상을 표출시켰다는 점이다. 이것은 돌발적인 것이라기보다는 이미 이전에 전의식available memory에 머물렀다가 무의식에 잠복되었던 모어의 '억압된 정념情念'이 다시 의식 수면 위로 떠오른 것으로 이해되어야 한다. 모어는 정황상 그럴 여지가 있었을 때는 자제적이고 정중하며 세련된 태도를 보이지만, 그 반대의 경우에는 아전인수적인 논거로 자신의 억압된 분노의 고삐를 무제한 풀어 놓는 경향을 보인다.

이러한 모어의 경향은 그의 이단 척결 활동에서도 표출된다. 곧 살펴볼 '리처드 헌Richard Hunne 사건에서 보여준 그의 일방적 교권주의적인 인식', '그가 이단 논쟁에 연루되는 과정', '악의 5월Evil May Day 폭동 사태를 이단세력의 음모로 몰아가는 그의 태도', '헨리 8세의 큰 문제에 대한 그의 침묵', '그의 유럽 재흥 성취 방식', '독일 농민봉기를 계서파괴폭동으로 보는 그의 태도', '반교권주의자들이나 이단성향자들에 대한 그의 무차별적 가톨릭교회 적대세력으로의 규정' 등에서 표출되는 모어의 이념 성향은 한마디로 보수 반동적이다.

---

by E. F. Rogers, pp.212~239.

'런던 상인 리처드 헌 타살 사건'은 당시 잉글랜드에서 고개를 들고 있던 반교권주의에 깊게 상관된 상징적인 사건이었다. 이 사건에서 모어는 리처드 헌을 이단 혐의자로 낙인찍고 그의 죽음이 타살이 아닌 자살로 기정사실화하여 교회 지지 쪽으로 논거를 몰아감으로써 그 자신의 일방적 교권존중의적 의식을 드러냈다.

헌 타살 사건은 '죽은 자식 매장비 mortuary fee'의 교구헌납에 대한 거부 및 교구의 매장비 부당요구에 대한 세속 관할법정에로의 헌의 청원·고발로부터 시작된 것이었다. 그러나 이 사건은 되레 헌이 교구 법정으로부터 이단혐의죄로 체포되면서 런던 시민의 주목을 끌게 된다. 얼마 후 주교 감옥에서 헌이 목매달아 죽은 채로 발견되면서 문제가 더욱 불거졌다. 해당 주교인 호시 W. Horsey가 헌이 자살했다고 공표했지만, 타살 증거를 확보한 한 검시 배심원이 해당 간수와 주교 호시를 살인죄로 고발하면서 상황은 복잡해지게 되었다.[10]

성직자들이 보기에 헌이 매장비 납부를 피하기 위해 세속 관할 법정에 이를 고발했던 것은 괘씸죄에 해당하는 것이었다. 성직자들의 헌에 대한 적대감이 얼마나 컸었는지는 그들이 이단죄로 그의 시신을 불태우려했던 시도에서도 드러난다. 헌 사건은 의회가 교회의 힘을 무력화시킬 수단을 찾고 있었던 때인지라 의회 쪽에서 볼 때 호기였다. 헌 사건에 관련해서 범죄 혐의 성직자들을 국왕 법정 관할로 이관했던 1512년의 판결을 재고하기 위해 1515년 2월 의회가 소집되었다. 여기에서 헨리 8세는 일단 교회의 자유를 존중했지만, 그가 자신의 이혼 과정에서 나중에 압박을 가하게 될 교회에 대항해서

---

10) G. R. Elton, *"The Reformation in England,"* in *The New Cambridge Modern History*, vol. 11 : The Reformation, ed by the author, pp.227~228.

위협적 정략으로 옵션 놀음을 할 수 있었다. 1512년의 판결에 반대하는 로버트 윈치콤Robert Winchcomb of Kidderminster의 설교에 대한 응답으로 그리고 모든 성직자들은 그 자신들이 범했던 모든 범죄들에 대해 세속 법정의 판결을 따르지 않는다는 교황 레오 10세의 최근 칙령에 맞서, 헨리 8세는 이 문제를 논하기 위해 블랙프라이어즈Blackfriars에서 특별 회동을 소집했다. 런던 시민이 분출한 지배적인 감정은 명확했다. 그것은 성직자들도 범죄 사실이 있을 경우에는 세속법정으로 이관되어야 한다는 것이었다.

그 자신이 고위성직자였기에 그럴 것 같지 않았던, 런던 탁발수도원 원장을 지냈다가 나중에 아삽 성당St. Asaph Church 주교가 된 스탠디쉬 Henry Standish가 국가편에 서면서 반교권주의는 더 거세지게 되었다. 다른 성직자들이 보기에 변절자였던 스탠디쉬는 이단자로서 주교 회의단에 소환되었다. 스탠디쉬는 왕에게 도움을 청했으며 왕의 적극적인 개입으로 위기를 모면할 수 있었다. 일단의 고위성직자들은 왕 즉위 시 헨리 8세가 교회의 자유와 특권을 보호해주기로 선서한 사실을 왕에게 상기시켰다. 이에 헨리 8세는 블랙프라이어즈에서 두 번째 회의를 소집하는 것으로 대응했다. 이 회의에서는 스탠디쉬의 주장에 대해 계속 반기를 든 성직자들은 교황존신죄[11]가 있으며 왕은 영적인 주군들(교회 주교들) 없이도 의회와 함께 국가를 통치해 간다는 회의 결과를 공표했다. 이것은 잉글랜드 내 교회 재산과 성직

---

11) 교황존신죄법Act of Praemunire은 1393년 제정된 것으로 교황이 국왕보다 더 우월하다고 보는 성직자들을 형벌로 다스리기 위해 제정한 법령으로 잉글랜드 국법이 인정하지 않는 한 그 어떤 교회의 사법권도 인정하지 않으며, 로마교황청에 대한 상고 행위까지도 불법화하여 이를 금지하고자 하는 의도에서 반포된 제정법이었다.

자들의 법률적 제 특권에 대한 심각한 위협이었다. 이때 추기경이자 로드 챤슬러였던 울지의 태도는 공식적으로는 기존의 교속 질서에 입각한 성직자 특권 보장조치들을 조건으로 헨리 8세의 입장을 따르는 것이었다. 그러니까 사태의 심각성을 읽은 헨리 8세와 울지는 양측의 간극을 줄이는 정략적 거래를 하였던 셈이다. 의회는 1512년의 판결을 재론하지는 않는다.

그러나 속인들과 성직자들 간의 갈등은 해소되지 못했으며, 반교권주의가 급속도로 번지고 있었다.[12] 교권존중주의자였던 모어는 이런 정황에서 법리적으로 교회가 위기에 몰릴 수밖에 없음을 인지하고 있었다. 모어는 조급한 심정에서 헌의 죽음을 자살로 규정짓고 헌을 이단자로 낙인찍었다는 의혹에서 벗어날 수 없다. 이 사건을 계기로 모어는 자신의 운명이 헨리 측 반교권주의자들과의 싸움에 휘말려 들어가게 될 것임을 예감했다.[13] 모어 생각에 만일 리처드 3세 같은 왕이 반교권주의 세력과 결합하여 성속의 주도권을 장악한다면 폭군의 출현 가능성이 현실화될 것은 불을 보듯 뻔했다. 만일 영적 진리의 수호자 교회가 법률적으로 왕권에 귀속된다면, 신의 섭리가 왕권에 귀속되는 '계서전도현상階序顚倒現狀'이 발생할 것이었다. 모어가 보기에 그것은 세상종말의 조짐이었다. 그러니까 반교권적 이단성향자들에 대한 모어의 반론은 세상의 종말을 미연에 저지하기 위한 자구책이기도 했던 것이다.

모어의 이단성향자들과의 논쟁은 3단계 과정을 거치면서 표면화된

---

12) J. Duncan M. Derett, *"The Affairs of Richard Hunne and Friar Standish,"* in *Apology*, CW 9, App.B, p.215.

13) Richard Marius, *Thomas More*, p.142.

다. 모어는 '제1단계 1515년에서 1522년까지'는 국적불명의 브라벨루스Baravellus라는 가명을 사용하며 소극적으로 연루되었고, '제2단계 1525년에서 1526년까지'는 잉글랜드 국적의 로세우스Guilielmus Rosseus 라는 가명을 사용하면서 좀 더 적극적으로 연루되기 시작했으며, '제3단계 1528년에서 1533년까지'는 토마스 모어라는 자신의 실명을 사용하면서 가톨릭공동체 수호자로서 개인적·솔선적 소명감에 사로잡혀 필사적으로 논쟁에 매몰되었다.14)

모어가 논쟁의 제1단계 과정에 진입하게 되는 것은 헨리 8세가 쓴『7성사 옹호론Assertio Septiem Sacramentorum』15)과 후속편이라 할 수 있는 모어 자신이 쓴『루터 반박론Responsio ad Lutherum』16)에서부터였다. 『7성사 옹호론』은 헨리 8세가 다른 유럽 군주들과 비교될 만한 가톨릭 수호자로서의 칭호를 로마 교황으로부터 얻기 위해 자신의 자문관 모어로부터 루터의 이단 사상 반박에 대한 조언을 받으면서 쓴 일종의 '가톨릭수호군주로서 헨리 8세의 이미지창출홍보서'이다. 이 덕에 헨리 8세는 교황 레오 10세로부터 '신앙의 수호자'라는 칭호를 받았다. 『7성사 옹호론』 집필과정에서의 모어의 개입은 결과적으로 모어에게

---

14) A. Fox, *Thomas More : History and Providence*, pp.144~146.

15) 김진만,『토마스 모어』, pp.39~40. 이것은 루터의『교회의 바빌로니아 포로 De Captivate Babylonica Ecclesiae』(1521)에 대한 반론서이다. 루터는『교회의 바빌로니아 포로』에서 성사가 가톨릭교회의 주장대로 일곱개가 아니라 세개라고 주장했다. 즉, 세례·성찬례·고백만이 진정한 성사라고 했는데, 이 루터의 3성사론을 비판하고 전통적인 7성사론을 주장한 것이 바로『7성사 옹호론』이다.

16) Ibid., p.40.『7성사 옹호론』을 쓴 헨리에 대해 루터는 "한 마리의 도야지, 당나귀, 똥더미, 살모사의 알, 동아 뱀, 왕의 옷을 입은 거짓말쟁이, 광대, 창녀의 얼굴에다 입에서 거품을 내뿜는 미친 바보"라며 독설을 퍼부었다. 이러한 루터의 격렬한 헨리 비판은 헨리가 모어로 하여금 루터 비판론을 쓰도록 특청하는 계기가 되었는데, 이 비판론이 바로『루터 반박론』이다.

루터의 이단 사상의 실체를 연구하게 하는 계기가 되었다. 루터 사상의 파괴력을 우려하고 있던 터에, 그는 헨리 8세의 적극적인 독려를 받고는 『루터 반박론』을 쓰게 된 것이다. 그런데 모어는 자신의 글임에도 불구하고 『루터 반박론』이 자신의 것임을 숨기고자 하였다. 이 글에서 모어는 브라벨루스라는 가명을 쓰고 있는데, 이 사실은 마지못해 그가 이단 논쟁에 휘말려 들어가게 되었음을 시사한다.[17] 여기에서 모어는 루터에 대한 비판보다는 루터 같은 이단성향자들에게 가톨릭교회의 전통을 환기시켜주는 여유를 보여주었다. 그럼에도 주장만큼은 분명했다. 그것은 가톨릭교회가 성서의 의미를 결정할 권위를 가지고 있다는 것, 성사의 문제에서 견강부회의 성서해석에 반하여 전통적 가톨릭교회의 합의된 해석이 유효하다는 것, 그리고 공의회 등의 오랜 합의의 원칙들이 교회법의 근거를 세우고 교의를 판단하는 데 지고한 것이라는 것 등으로 기존의 가톨릭교회의 전통을 확인하는 것이었다.

그러나 제2단계에 이르러 『루터 반박론』 제2판에서는 그 자신을 로마에 사는 잉글랜드인인 로세우스로서 소개했다. 국적 불명의 브라벨루스로부터 잉글랜드인 로세우스로의 전환은 부지불식간에 그가 점점 더 논쟁 세계 속으로 빨려들어 가고 있음을 보여주는 것이었다. 제2판에서는 제1단계의 초판에서의 다소 여유롭고 냉정한 모습과는 달리 모어는 논쟁에 집중하기보다는 루터를 소견이 좁은 어릿광대로 희화화하는 등 다소 감정에 치우친 모습을 드러냈다.[18] 특히 군주들은

---

17) A. Fox, *Thomas More : History and Providence*, p.133.

18) *The Complete Works of St. Thomas More*, vol. 5 : *Responsio ad Lutherum*, ed. by John M. Headley, Trans. by Scholastica Mandeville, p.685. 이하 예일 판에 대해서 'CW 5, *Responsio*, p.'식으로 약칭 표기할 것임.

교황의 구속에서 그 자신들을 해방시켜야한다는 루터의 주장에 대해서는 가톨릭공동체 질서의 도미노적 파국을 예상하면서 다음과 같이 격렬한 논조로 반응하였다.

군주들이 교황권에서 벗어나면 백성들은 군주들의 속박을 물리치고, 군주들의 재산을 빼앗을 것이다. 그리고 사태가 여기에 이르면 군주들의 피를 보고 말문이 막혀서 군주들을 기꺼이 학살하게 되고 대소 관원들에게 복종할 것을 거부하게 될 것이다. 루터의 가르침을 따르다 보면, 법을 짓밟고 마침내 정부도 법도 없고 결국은 백성 상호 간의 살육으로 치달릴 것이다.[19]

이후에 쓰인 「부겐하겐에 보내는 서한*The Letter to Bugenhagen*」에서는 논쟁 태도에 있어서 그 강도가 더욱 격앙된 모습으로 변해갔다.[20] 모어는 이 글에서 독일에서 이단자들이 7만여 명의 농민들을 대량학살한 것에 대해 비난을 퍼부었으며, 성직 입문시 행해진 성직자로서의 독신서약을 깨고 결혼한 종교개혁자들의 결혼 행위들을 격렬하게 힐책했다. 그러나 여기에서도 여전히 그는 자신의 신원을 분명히 밝히지 않음으로써 소극적·위장적 논쟁 태도를 유지하였다.

『이단에 관한 대화*Dialogue Concerning Heresies*』를 쓴 제3단계에 이르러서 모어는 자신의 실명을 쓰면서 본격적으로 이단 논쟁에 나서게 된다.

---

19) 김진만, 『토마스 모어』, p.40에서 재인용.

20) Richard Marius, *Thomas More*, p.326. 그것은 모어에게서 인생의 분기점이었다. 그는 이제 왕의 부속물로서가 아니라 그 자신의 문제로서 논쟁에 관련되게 되었다. 모어의 「부겐하겐에 보내는 서한」은 1527년 봄 이전에 쓰인 것이었으나, 공식적으로 처음 출판된 것은 1568년에 이르러서였다.

논쟁 태도도 한층 더 거칠어져서 『이단에 관한 대화』에서 모어는 루터를 '지옥의 명명백백한 메신저'나 '악마의 대리인'으로까지 몰아붙이면서 인신공격하는 저급함을 보여주었다.[21] 브릭시우스에 대한 모어의 반응을 상기시키는 적대감으로, 이 글에서 모어는, 루터의 반교권주의가 가톨릭교회의 권위를 위협할지도 모른다는 깊은 우려감으로 인해, 루터를 증오의 대상으로 몰고 간다. 그 표현은 왕왕 히스테리적일만큼 조잡한 독설이었다.[22] 『영혼들의 청원*Supplication of Souls*』(1529)에서는 필요할 때마다 '토마스 모어'라는 자신의 실명을 또박또박 상대방에게 상기시킬 뿐만 아니라 이단 성향의 논적들에 대한 독설이 극에 달하게 된다.[23] 이러한 모어를 이해하기 위해서는, 『영혼들의 청원』이 집필된 1529년이 모어의 찬슬러직 등용기로 대륙의 루터사상이 잉글랜드에 제법 확산된 시기이자, 헨리 8세의 종교개혁입법안이 토마스 크롬웰 측근에 의해 모색되던 시기였다는 점에 주목할 필요가 있다.

모어가 이단 논쟁에 공식적으로 뛰어들게 된 데는 헨리 8세의 측근 성직자였던 친구 턴스털Cuthbert Tunstall[24])의 영향이 컸다. 이단 사상의 확산에 대해 우려하고 있던 턴스털은 1528년 3월 7일 모어에게 자신의 직권을 위임받아 자신을 도와줄 것을 요청하는 글을 보냈다.

---

21) CW 6, *Dialogue*, p.346.

22) Richard Marius, *Thomas More*, p.281.

23) Ibid., p.282.

24) 친구로서 턴스털의 명료한 지성과 확고한 가톨릭시즘은 모어에게 큰 영향을 끼쳐 그가 가톨릭 옹호자로서의 삶을 가게 하는 데 일조하였다. 턴스털은 1522년에, 잉글랜드에서 가장 존경받는 성직자들 중 한 명인 런던 주교가 될 것이었다. 그러나 이 턴스털도 결국은 헨리 8세의 종교개혁을 지지하게 된다.

존경하는 형제여, 그대는 라틴어에서뿐만 아니라 우리 모국어에서 데모스테네스Demosthenes보다도 더 탁월할 수 있기에, 그리고 가톨릭 진리의 가장 확고부동한 수호자이기에, 그대의 여가를 다른 곳에 보낼 수 없는 것 같습니다. (…) 그대의 이단자들에 대한 공격이 심해지면 심해질수록 이단자들의 공격도 더 거세지겠지요. (…) 그러면 그대는 더욱 바빠지겠고, (…) 부디 그대의 능력을 가톨릭 진리 수호에 더욱 힘써주시기를 빕니다.25)

이에 모어는 기꺼이 수락하였다. 턴스털의 직권위임에 대한 모어의 수락은 그가 잉글랜드 인민 틈바구니에 숨어 있는 이단자들을 색출해 내는 책임을 부여받았다는 것을 의미했다. 모어는 1523년부터 루터주의와 헨리 8세 사이의 충돌에서 헨리 8세의 이론적 후견자 역할을 하면서 이미 가톨릭 전사로서의 길을 걷기 시작했다. 그는 이러한 전사의 길을 에라스무스에게도 권하였다. 모어는 에라스무스로 하여금 반이단 글을 쓰도록 독려했지만, 에라스무스는 점잖게 꽁무니를 뺐다. 이제 모어는 자신만이라도 그 임무를 솔선하여 수행해야 할 것이었다. 그밖에 모든 것을 제쳐두고라도 말이다. 짬을 내고 잠을 줄여서라도 삶의 가장 긴요한 것, 즉 가톨릭교회를 수호해야 할 것이었다.26)

1517년 런던의 외국인들에 대한 적대감이 '악의 5월'에 폭발했는데 모어의 개입과정은 가톨릭교회수호라는 명분하에 경제적 성격이 짙은 사안을 어떻게 이단자 음모사건으로 몰아가는지를 잘 보여준다.

---

25) Cuthbert Tunstall, *"Letter to More,"* in correspondence, ed. by Rogers, p.387.
26) Richard Marius, *Thomas More*, p.338.

원래 악의 5월 사안은 경제적 문제와 관련되어 있었다. 악의 5월은 런던인들이 자신들의 취업 기회와 특권들이 런던 거주 외국인들인 프랑스인들과 이탈리아인들에게 침식되어가는 것에 대해 얼마나 우려하고 있었는지에 대해 예증해주는 사례였다. 특히 당시 롬바르드 인들이라 불린 이탈리아인들은 기술자들로서, 금융대행업자들로서, 런던 경제를 잠식해 들어가고 있었다. 런던 빈민들은 그들을 무원칙주의자들로 인식했다. 런던 빈민들이 보기에 그들은 이른바 법령들을 업신여기며 잉글랜드를 우습게 여기는 이방인들이었다. 이 외국인 혐오여론은 그 폭동의 진실여부에 관계없이 헨리 8세에게는 외래세력으로서 로마교황청에 대항할 정략거리가 될 것이었다.

모어는 런던시 법조출신의 의원자격으로 폭동진정의 책임을 떠맡은 치안판사 일원이었던 것으로 생각된다. 악의 5월의 폭동자 같은 불평불만 세력들은 잉글랜드법에서 반역죄로 규정되었는데, 이따금씩 종교문제에 연루시켜서 가장 중범죄인 이단죄로 옭아매기도 했다.[27] 모어 또한 악의 5월 폭동을 『변명Apology』(1533)에서 도시의 몇몇 이단자들의 유언비어가 확산되어 생긴 사건으로, 즉 이단자들이 개입된 종교문제로 몰아갔다. 모어에 따르면 "그것은 품행이 불량한 두 여성의 이단확산음모로 처음 시작되었다."[28] 그러니까 모어는 만일 그 음모가 당국에 의해 제지되지 않는다면, 그것이 아무리 사소하게 시작되었다 할지라도, 큰 소요를 야기할 수 있었음을 두루 예시하려 하였던 것 같다. 그리고 나서 그는 이 사건을 복음주의 형제들이라고 불리는 무례한 이단자들의 사주 하에 확대된 사건이었다고 결론지었

---

27) CW 9, *Apology*, pp.136~137과 161~163.
28) Ibid., p.156.

다. 그러면서 모어는 "신이 결코 이단자들로 하여금 신의 반석 위에 세워진 교회를 무너뜨리게는 하지 못할 것이지만 앞으로 당국자들은 이와 같은 이단자들에게 교회 공격의 빌미나 여지를 주지 말고 즉각적으로 이단 척결 초치들을 취하는 것이 현명한 일일 것"29)라며 반이단 경계의 각을 세웠다.

『유토피아』속 모어의 빈자에 대한 형평법적 배려와 청원 재판소the Court of Requests 봉직 중 법조인으로서 모어의 빈자들에 대한 자애로운 판결 등은 모어를 사회적 약자들에 대해 노블레스 오블리주를 실천한 사회지도층으로 평가하는 근거로 사용된다. 그러나 『유토피아』 집필 이후 저서나 그의 행적에서는 그러한 예를 찾기 어려우며, 오히려 그는 그들을 무지한 자들로, 즉 이성이 깨우쳐지지 않는 짐승 같은 자들로 낙인찍으며 이단성향자들과 도매금으로 내모는 경향을 드러 낸다. 악의 5월 사건은 그 대표적인 경우이다.30)

모어는 철저하게 자신의 신념에 따라 살았다. 그의 생각에 이단자들은 교회의 적이었으며 사회질서의 전복자였다. 이 이단자들은, 대개 사회 위계질서의 맨 밑바닥에 있는 자들로서, 이 세상 존립의 유일한 안전판인 거룩한 전통 신앙을 파괴하는 악령에 사로잡힌 자들이었 다.31) 그러니까 『유토피아』에서 모어가 내세웠던 자애의 형평법은 폭도들이 진압될 때까지는 일시 중지되었다가 질서 확립 이후에나 적용될 수 있는 것이었다.

1524년 여름부터, 독일 농민들은 스틸링겐·라인란트·슈바벤·프랑

29) Ibid.
30) Richard Marius, *Thomas More*, pp.194~195.
31) Roper, *Lives of More*, pp.18~19.

켄·튀링겐 등 지역에서 봉기를 일으켰다.[32] 루터는 그들의 봉기를 신의 섭리에 벗어난 행동으로 비난하면서도 마찬가지로 군주들의 폭정에 대해 비난하는 중도적인 입장을 취했다. 반교권주의는 곳곳에서 심각하게 대두한 문제였다. 교회는 엄청난 축재, 내분, 성직자 부정부패, 이에 대한 비판여론의 비등 등으로 이 무렵 봉기 세력들의 가장 명확한 공격 대상이 되었다.[33] 모어는 이 봉기를 반란행위로 루터가 비난한 것과 같은 유사한 어휘로 비난하였다. 다른 점이 있다면 모어가 그 원인 제공자로서 교회의 신성함을 파괴한 이단성향자들을 지목하였다는 것이다. 그들에 의해 교회의 신성함이 침범되지 않았다면, 농민반란도 없었을 것이라는 게 모어의 생각이었다.[34]

모어의 교회전통에 대한 신성불가침 의식과 교권존중주의는 도드라진다. 모어가 로드 챤슬러 취임 무렵 「다시 메모랜덤*Darcy Memorandum*」이란 비망록 형식의 익명의 팸플릿이 세간에 유포되고 있었다. 이 팸플릿의 핵심내용은 왕이 직접 나서서 성직자와 교회 개혁을 추진해야 한다는 것이었다. 이것은 당시 암중모색되고 있던 성직자 개혁과 교황권으로부터의 잉글랜드 교회의 독립에 대한 청사진을 모색하고 있던 토마스 크롬웰을 비롯한 헨리개혁자들의 의중을

---

32) 이들 농민들은 '12개조Twelve Articles'를 통해 반봉건구호를 외치며 자신들의 권리를 존중해줄 것을 요구했다. 이 농민운동의 선봉에 섰던 사람이 토마스 뮌쩌(1493~1525)였다. 소련아카데미 엮음, 『세계의 역사 중세편』, p.215.

33) Henry J. Cohn, "Anti-clericalism in the German Peasants' War 1525," *Past and Present* 83, p.31.

34) CW 6, *Dialogue*, p.369. 농민봉기에 대한 이들 두 사람의 반응은 주목할 만하다. 모어와 루터는 논적論敵 사이였지만, 군주에 대한 불복종과 농민봉기를 사회질서를 파괴하는 행위로 보고 있다는 점에서만큼은 견해가 같았다.

담고 있는 것이었다. 이러한 팸플릿에 대한 모어의 즉각적인 반응은 그것이 사회질서를 전복시키고자 하는 이단자들의 소행이었음을 세상에 공표하는 것이었다.[35]

모어는『영혼들의 청원』을 통해 성직자와 교회 문제에 간섭하고자 하는 자들을 교회의 성스러운 재물에 눈독을 들이는 물욕적인 이단자들로 몰아갔으며, 반교권주의자들을 가톨릭교회 전체에 대한 공격자들로 간주하였다. 모어는 당시의 대표적인 반교권주의자인 그레이 법학원 출신의 젠틀맨 사이먼 피쉬Simon Fish를 예로 들었다. 그는 '피쉬'를, 이단의 확산을 꾀해서 처음에는 왕의 마음을 사로잡았으나 결국 불순한 사상이 밝혀짐에 따라 왕에 의해 처단되었던 헨리 4세 시기의 '롤라드파 이단성향자'에 비유하였다. 모어가 보기에 현재 상황도 헨리 4세 때와 비슷했다.[36] 그러니까 헨리 8세가 이단자들에 의해 기만당하는 것처럼 보이지만, 결국 왕은 그의 선대왕들이 그러했듯이 피쉬 같은 이단자들에게 철퇴를 내리게 될 것이었다.[37] 여기에서 모어는 반교권주의자들을 이단자들과 동일시하고 있는데, 이것은 그가 반교권주의자들을 이단자들로 도매금으로 몰고 갈 만큼 가톨릭 교권존중주의가 거센 저항에 직면하고 있었음을 반증하는 것이라

---

35) John Guy, *The Public Career of Sir Thomas More*, pp.206~207.

36) *The Oxford History of Britain*, Edited by Kenneth O. Morgan, 영국사 연구회 옮김,『옥스퍼드영국사』, p.236. 위클리프를 비롯한 롤라드파는 처음에는 그들의 건전한 신앙생활로 인해 헨리 4세의 호감을 받았으나 나중엔 그들의 급진적인 사상으로 인해 잉글랜드에서 축출되었다. 헨리 4세는 1401년 이단처벌수단으로 이단자 화형을 필수화하였다.

37) Thomas More, *Supplication of Souls, in English Works*, reproduced in facsimile's Edition of 1557, ed. by W. E. Campbell, R. W. Chambers, and A. W. Reed, pp.301~311.

하겠다.

헌의 사건에서 반교권주의의 위험을 감지한 조정 공직인 모어에게, 신법이 왕의 정략에 종속된다는 것은 최악의 형태(고삐 풀린 왕이 야수처럼 폭정화되고 급기야 기존의 유서 깊은 합의적 질서가 깨짐으로써 야기되는 혼돈상황)의 불길한 조짐이었다. 모어의 이단 투쟁은 헨리 8세를 반교권주의의 열풍으로부터 떼어내려는 그의 확고한 의지와 결합되어 있었다. 모어는 반교권주의가 성공하려면 헨리 8세를 필요로 할 것이고, 역으로 헨리 8세는 자신의 큰 문제를 해결하기 위해서 이제 반교권주의를 필요로 할 것임을 꿰뚫고 있었다.38) 이러한 모어의 민감한 통찰력은 왕국질서를 파국으로 몰아갈 이해집단과 헨리 8세간의 공조에 대한 모어의 공포를 증폭시킬 수밖에 없었다. 교회의 권위를 잠식하려는 이단자들의 불순한 시도들, 반교권주의의 공공연한 확산과 자신의 이혼 지연에 대한 헨리 8세의 분개 등이 결합·폭발될 때, 모어에게 그것은 판도라 상자의 뚜껑을 열어 갖가지 악들을 잉글랜드 왕국에 풀어 놓는 것과 같았다.39)

모어 생각에 잉글랜드가 위기를 맞이할 수밖에 없었던 중요 요인은 여러 가지 방식으로 모색되어 왔던 교육·법·종교에 있어서 휴머니스트적 유형의 사회 이상이 좌절된 것이었다. 그렇지만 『유토피아』의 작중모어처럼 모어는 공직자로서 현실사회가 더는 악화되지 않도록 자신의 의무를 다해야 했다. 유럽의 상황이 희망 부재의 혼돈으로 치닫고 있지만, 지혜로운 식자층들은 포기하지 말고 굳건한 의지로

---

38) A. Fox, *Thomas More : History and Providence*, p.173에 따르면, 모어의 예상대로 헨리 8세는 헨리종교개혁을 실행하기 위해서 1529년 가을 반교권주의자들(이단 성향 지식인들)을 왕실 조정으로 불러들일 것이었다.

39) G. R. Elton, *Reform and Reformation, England, 1509~1558*, p.220.

국정자문관으로서의 역할을 다 해야 한다는 것이 모어의 생각이었다. 모어의『유토피아』집필, 로드 찬슬러로서의 활동, 이단색출자로서의 악명, 양심수로서 죽음 등의 일련의 모어 이력은 그러한 맥락에서 이해될 수도 있는 것이다.

찬슬러 재직 무렵, 즉 안팎으로 헨리종교개혁의 징후와 이단의 증가 추세가 뚜렷해지기 시작했던 1529년에서 1530년 사이에 이르러, 모어는 그 이전에 동시기 휴머니스트들과 함께 희미하게나마 공유했던 이 세상의 변화 가능성에 대한 실낱같은 희망을 버려야 했다. 이단자들의 증폭과 반교권주의자들의 만연이 뒤엉키면서 갖가지 불의로 인해 종말로 치닫고 있는 유럽 현실을 변화시킨다는 것은, 모어처럼 도덕적으로 예민한 전통주의자에게는, 도대체 '믿음이 가지 않는 허망한 일'이었다. 그러니까 모어에게 완전히 새로운 제도를 만들어내기보다는 정치적이고 종교적인 전통질서에 대한 보존과 회복이야말로 우선되어야 할 것이었다. 기본적으로 모어에게 개혁이라는 것은 루터식·헨리식의 개혁과는 판이한 회고적 의미의 순수한 옛 것의 '재흥renewal'을 의미했다.

모어에게 '재흥'을 성취하는 한 방식은 이단자들을 제거하는 것이었다.『이단에 관한 대화』에서 모어는 가톨릭교회 측에서 어떤 대책을 세우든지 간에 이단은 증가 추세를 보일 것이라고 예측하면서 정의 수호란 명분으로 이단 혐의자들을 향해 날카로운 칼날을 세우고 있었다.40)『이단에 관한 대화』를 쓰게끔 촉발시킨 사이먼 피쉬는 사실상 이단자라기보다는 반교권주의자였다. 그가 이단자가 아니라

---

40) CW 6, *Dialogue*, pp.429, 430.

성직자 타락 문제를 고민하는 순수한 반교권주의자라는 점이 모어에게 더 위협적으로 느껴지게 하였을 것이다. 물론 속세의 물욕주의에 매몰되어 있는 성직자들의 비非성령적인 행동에 관한 피쉬의 우려는 런던의 식자층이나 유력 시민들에게도 공감되는 것이었다. 하지만 반교권주의를 이단과 동일시했던 모어에게 그것은 큰 도전이었다. 모어는 특히 이러한 반교권주의 동향이 무식한 일반민들에게 끼칠 악영향에 대해 깊이 우려하지 않을 수 없었다.

모어에게 이단은 신체 부위 곳곳을 감염시켜 썩어 문드러지게 만드는 종양과 같은 것이었기에 암세포의 확산을 막기 위해 과감히 도려내야 할 것이었다. 그러니까 이단자들은 이성을 상실한 자들로 교육, 계몽, 혹은 파문으로도 치유될 수 없는 이 세상에서 영원히 박멸되어야 할 존재들이었다.41) 모어 생각에 이 박멸은 이들 이단자들에게도 미약하나마 죄를 정화시켜주는 순기능으로 작용할 것이었다. 이단자로 몰려 스스로 순교를 원했던 빌니Thomas Bilney의 경우, 모어는 그에 대한 화형집행은 그의 현재의 죄를 정화시키는 자애로운 계기가 될 것이라고 생각했다. 이래야만 이 이단자가 이 세상에서의 죄를 정화하고 내세에서 더 나은 삶을 기대할 실낱같은 희망을 갖게 된다는 것이었다. 그러나 빌니는 반교권주의적 성향의 조짐을 보이는 헨리 8세에게 탄원함으로써 재판과정에서 모어를 곤궁에 처하게 했다. 피쉬에게 무죄판결이 내려졌다. 이에 모어는 궁리 끝에 빌니가 자신의 이단 행위를 위해 기꺼이 죽고자 한 의지를 철회한 사실을 교묘하게 이용할 수 있었다. 이를테면 모어는 빌니의 의지철회를 회개로 간주하

---

41) Ibid., p.410.

여, 기존의 이단자 처리 방식이 적절했기에 빌니가 회개할 수 있었음을 대중에게 선전하였다. 이러한 모어의 필사적인 이단척결노력은 역으로 보면 오랜 합의 전통의 소산인 가톨릭 질서가 무너져 가고 있음을 반증하는 것이기도 하였다. 이러한 역사적 현실에서 모어 같은 완고한 도덕론자는 여차하면 언제든지 왕의 분노의 희생양이 될 판이었다. 왕비 캐서린의 잔여 동조자들로서 가톨릭 지지세력인 조정의 아라곤파와 잠재적 가톨릭 지지인민들이 여전히 미약한 변수로 남아있긴 했지만 말이다.

재흥의 또 다른 한 방식은 잉글랜드왕국 당국의 권위로 혹은 그 힘을 빌려 반교권주의의 위험에 관해 공식적으로 선전하게 하는 것이었다. 1529년 11월 의회가 소집되었는데, 이것은 헨리의 큰 문제가 잘 진척되고 있지 못하고 있다는 반증이었다. 이때 모어는 현존 법령들이 이단을 막기에는 역부족이라며 '이단관련법'을 추가 제정할 것과 반교권주의의 폐해 등에 대해 역설함으로써,[42] 개혁의 청사진을 그리고 있던 헨리 8세와 크롬웰 측의 심기를 불편하게 만들었다. 모어의 이러한 행보는 이단과 반교권주의에 대한 그의 깊은 우려를 반영해주는데, 피쉬는 그 장본인들 중 한 사람이었다. 피쉬는 틴데일의 『그리스도교도의 복종과 그리스도교 군주의 통치법 *The Obedience of a Christian Man and How Christian Rulers Ought to Govern*』(1528. 10)의 관점을 쫓아 『걸인들을 위한 청원 *Supplication for the Beggars*』(1529)을 썼다. 틴데일

---

42) John Guy, *The Public Career of Sir Thomas More*, pp.113~114. 모어가 이단과 반교권주의의 득세와 관련해서 이단 척결법을 제정해줄 것을 의회에 요청했으나, 거꾸로 의회는 그것을 조장하는 일련의 헨리 개혁법들을 제정하였다. 울지 이후 헨리 8세의 측근 실세로서 크롬웰Thomas Cromwell이 1532년 재상으로 발탁됨으로써 헨리 8세의 종교개혁은 구체화되기 시작한다.

은 왕이 모든 경우에 신의 성령에 의해 재가된 권능을 가지고 있음을 천명한 바 있었다. 피쉬 또한 성직자들이 누렸던 세속권은 당연히 왕권에 귀속되어야 함을 주장했다. 헨리 8세는 이 두 사람의 견해에 감명을 받은 것으로 전해지는데, 특히 그는 피쉬에게 감사의 뜻을 전했다.[43] 피쉬의 반교권주의에 대한 반론으로 모어는 1529년 여름 『청원』에서 다음과 같이 말하였다.

> 피쉬가 말했어야 할 것은 루터의 복음이 판을 칠 것이며 틴데일의 신약으로 세상이 혼탁하게 될 것이고, 거짓된 이단의 말들이 극성을 부릴 것이며, 성사는 폐기될 것이고, 모든 법들은 조롱거리로 전락할 것이라는 점이었다. 하지만 그는 그렇게 말하지 않았다. 이제 종들이 주인들이 될 것이고 무지한 인간들이 그들의 주인들에 대해 반란을 도모할 것이며 강도·살인·유린 행위가 자행될 것이다. 이 세상이 어떻게 될 것인지는 신만이 아시겠지만 말이다.[44]

이 구절의 핵심요지는 무법천지의 중심에는 이단세력의 획책이 있었다는 것이다. 그러면서 모어는 이러한 무법천지 해결의 일환으로 새로운 이단척결법 제정과 기존 이단관련 법의 강화필요성에 관해 재차 거론하고 나섰다. 그러나 1531년 1월 16일 열렸던 제2회기 종교개혁 의회 회동 시, 당시 정계의 실세 토마스 크롬웰과 훗날 모어의 챤슬러 사임 후 논쟁을 벌이게 될 저명 법조인 성 크리스토퍼 저먼(교

---

43) E. F. Rogers, ed. *St. Thomas More : Selected Letters*, pp.209~210.

44) CW 7, *Letter to Bugenhagen, Supplication of Souls, Letter against Frith*, ed. F. Manley, G. Marc'hadour, R. Marius and C. H. Miller, 1970, p.164.

회법의 보통법 귀속 주장 법률학자)의 공조에 의해 성직자 개혁안이 제안되었으며 모어는 그 의미를 통찰하고 있었다.[45]

재흥을 촉진하는 세 번째 방식은 간접적인 정책이었다. 예를 들면 성직에 대한 엄정한 기준 설정과 일반인들에게 읽혀질 수 있는 성서의 자국어 번역에 대한 허가 등을 정책화하는 것이었다.[46] 자국어 번역이 모어의 『이단에 관한 대화』에서는 지지되었는데, 그것은 1520년대 초 발간된 틴데일의 영역 성서가 반교권주의에 끼친 영향이 미미했다고 모어가 생각하였기 때문이다. 그러나 이단의 침투가 거세지자 모어는 성서의 자국어 번역에 반대하는 입장으로 돌아서게 된다.

이러한 변화는 1530년 6월 22일, 이단 서적들에 대한 모어의 공격에서 처음 증명되었다.[47] 모어는 신경질적인 반응으로 이단 서적들을 비난하고 성서의 자국어 번역에 반대했을 뿐만 아니라, 외국 인쇄업자들로부터의 번역 성서 수입을 금했다.[48] 모어의 심경 변화는, 특히 크롬웰 측의 지휘 하에 이뤄진 저먼의 '교회법의 보통법 내 귀속 법제 개혁안'에 대한 반론으로, 모어가 지은 『변명』에서 감지될 수 있다. 이 책에서 모어는 저먼의 개혁안이 야기할 사회 불안을 조목조목 열거하였다. 이 책의 핵심은 이단이 횡행하는 현 상황에서는 개혁보다는 차라리 이단자 색출을 통해 왕국의 질서를 유지하는 일이 더욱 시급하다는 것이었다.[49] 모어는 잉글랜드가 일촉즉발 상황에 직면해 있다고 생각했기에 개혁보다는 잉글랜드를 위기에서 구하는

---

45) A. Fox, *Thomas More : History and Providence*, pp.189~192.

46) CW 6, *Dialogue*, pp.331, 338.

47) John Guy, *The Public Career of Thomas More*, pp.171~172.

48) CW 9, *Apology*, p.13.

49) Ibid., p.97.

것이 더 절실한 문제였다. 모어에게 큰 문제와 헨리종교개혁의 완결은 잉글랜드 왕국의 종말을 의미하는 것이었기에 말이다.[50]

모어의 왕의 이혼에 대한 접근은 이혼에 신중하게 반대하는 것이었다. 헨리는 모어를 챤슬러직에 임명했을 때, 모어의 양심이 자신의 큰 문제에 끼어들지 않아도 된다고 모어에게 안심시킨 바 있었다. 실제로 모어는 겉으로는 이혼에 찬성도 반대도 표명하지 않았다. 그러나 모어가 이해하지 못했던 것은 헨리는 기질상 자신의 신민이라면 어떤 누구든 분명히 자신의 생각과 같이 할 것임을 예단하고 자신의 생각을 수용하게끔 일방적으로 강요할 것이라는 것이었다. 모어는 헨리에게 저항해서 공개적으로 반대 글을 쓴 것도 아니었으며, 공개적으로 반대를 선동한 것도 아니었다. 피셔, 턴스털, 웨스트 Nicholas West 같은 이들은 대놓고 반기를 들었지만 말이다.[51] 그들과는 달리 모어는 은밀하게 행동했다. 이를테면 헨리 개혁파들이 도모하는 반가톨릭 정략에 효과적으로 대처하기 위해 헨리 측 내부로부터 그에 관한 정보를 빼내는 일종의 '위장잠복첩자'처럼 말이다. 이러한 사실은 몇 건의 자료들에 의해 증명된다. 잉글랜드 주재 에스파냐 대사 챠우피스 Eustace Chaupuys에 따르면 모어는 추밀원의 자문관으로 계속 남아 있기 위해서 신중하게 처신했다는 것이다.[52] 헨리 8세가 추밀원 사안들이 캐서린 왕비 일파들에게 누설되고 있다는 사실에 격분해 있었던 1530년경에 모어는 거의 해임될 뻔했었다.[53] '만일

---

50) A. Fox, *Thomas More : History and Providence*, pp.171, 176.

51) Scarisbrick, *Henry VIII* pp.166~80. 그러나 이들 중 턴스털과 웨스트는 나중에 헨리 8세의 종교개혁을 지지하게 된다.

52) Elton, *Reform and Reformation, England, 1509~1558*, pp.86~89.

53) John Guy, *The Public Career of Sir Thomas More*, pp.139~140.

자신이 의회에서 왕의 이혼 반대 연설을 했다면, 모어가 자신을 가톨릭교도의 귀감자로서 칭송했었을 것이다'라며 쓰록모튼George Throckmorton이 1537년경 왕에게 고백조로 자술한 기록이 남아 있다.[54] 이것은 모어가 헨리 8세의 충직한 신하로 남아 있으면서도 캐서린 측 가톨릭 일파에게 정보를 흘리는 이중 행동을 하고 있었음을 보여주는 간접적인 물증이다.

반교권주의의 확산에 대한 모어의 전략은 방어적이었다. 모어는 잉글랜드의 사회적 병폐들이 타락한 성직자들의 탐욕에 기인한 것이 아니라는 것과 상원의원으로서 성직자의 정치활동이 부적절한 것은 아님을 증명할 필요성을 느꼈다. 양 논거에는 잉글랜드의 조건들이 과거와의 지속적 연장선상에 있다는 전제가 그 기저에 깔려있었다. 모어는 왕국이 회생 불가의 위기 순간에 있는 것은 아니라며 자위적인 주장을 하였다. 그는 빈곤과 병폐는 인간사 언제 어디서나 감지되는 불가피한 현상이었음을 피력했다. 모어가 볼 때 만일 교회가 인간으로서의 딜레마와 고통에 개입하지 않는다면, 결과들이 더욱 악화될 게 확실할 것이었다. 모어는 주장하기를 성직자들의 자애와 베풂이 없었다면 가난한 자들이 한층 더 비참한 상황에 직면하게 되었으리라는 것이었다.[55]

더욱이, 모어는 반교회적인 왕에 반대하는 방식으로서 의회에서의 '성직자 정치참여활동'의 권리에 대한 비난에 대해 되받아쳐 공격하였다. 모어는 계속 주장하기를 전통적으로 그리고 문서상으로 잉글랜드 왕권은 성직자 권한과 모든 영주들의 권한을 합친 권리보다도 우세했

---

54) Ibid., pp.207~212.

55) CW 7, *Letter to Bugenhagen, Supplication of Souls, Letter against Frith*, pp.159~161.

을 뿐만 아니라 교회는 상원의 속인들에게 결코 위협을 가한 적이 없었다는 것이다.[56] 모어는 존 왕의 대주교 선출 개입 실패의 경우를 일례로 들면서, 넌지시 헨리 8세에게 "성직자들이 대주교를 자신들의 손으로 선출할 수 있었던 캔터베리 전례를 왕은 존중해야 할 것"이라고 압박을 가했다.[57] 그러나 모어의 논거는 시대착오적 취약성을 노출시킨다. 이를테면 존 왕 시기에 교회의 재판 관할권을 비준했을 합의는 모어의 동시기 정황에서는 어떤 형태로든지 더 이상 존재할 수 없는 것이었음에도 불구하고 모어는 과거로 회귀할 것을 주장하고 있었으니까 말이다. 모어의 비극적 말로는 바로 그러한 시대 변화상을 인정하려 하지 않은 데 있었다.[58]

모어의 행보는 불연속적 연속성을 보여준다. 모어는『유토피아』에서 보여주었던 형평적 사회 정의 의지를 버렸다기보다는 정의의 가장 기본요소인 잉글랜드 왕국 질서의 보존 동인을 가톨릭시즘에로 집약시켰으며 급기야 그것의 수호를 위해 자신의 생명을 던졌다. 그의 생각에 가톨릭시즘은 헨리 8세의 폭정화경향을 제지하는 최후의 보루였다.

가톨릭시즘 수호를 위한 반이단 투쟁에서 모어의 기선제압 노력은, 결국 헨리 8세의 정략의 악재로 작용하게 됨으로써, 그를 왕의 남자에서 왕의 정적으로 반전시키는 결과를 낳았다. 이단 조치들이 모어에게는 잉글랜드 영토에서 이단적인 질병들을 박멸하려 한 것이었겠지만,

---

56) Ibid., p.137. 당시 잉글랜드는 의회 상원에서 성직자 수를 줄여 그곳에서의 성직자 역할을 축소하고자 하는 움직임이 있었다.

57) Ibid., p.129.

58) Fox, *Thomas More : History and Providence*, p.183.

그의 정적들이나 논적들에게는 역사의 시침을 거꾸로 돌리려고 하는 구태의연한 행태로 비쳤을 것이다. 모어의 행동은 극단적으로 되었으며, 그가 위기에 빠져들고 있던 왕국을 구하려고 투쟁했을 때, 그의 논쟁적 메시지들은 비이성적으로 되어버렸다.

모어를 더욱 당혹하게 한 것은 헨리 8세가 프리스Frith와 반즈Barnes 같은 명백한 이단자들을 무죄방면해준 것이었다. 이 같은 이단자들의 무죄방면은, 선대왕들에 의해 누차 확인되어왔고 가톨릭 유럽인들에 의해 장기 지속적으로 다수에 의해 합의되어온 전통질서가 공식적으로 와해되고 있다는 확실한 조짐이었다. 이러한 현실 속에서 모어의 반이단 투쟁 노력은 그 진가가 인정될 수 없었을 뿐만 아니라 급기야 반역적인 상황으로 내몰릴 수밖에 없었다. 엄밀히 따지면, 왕의 태도가 크게 변화할 시기에 그리고 속인들이 가톨릭시즘에서 멀어질 시기에 그의 전통적 이념이 변하지 않았기 때문에, 모어의 행적은 논적들에게 융통성 부재의 아집으로 비칠 수 있었다. 모어는 반교권주의의 상황도 용납할 수 없었으며, 왕의 이혼의 타당성도 용인할 수 없었다. 한마디로 영겁의 세월 동안 신의 지혜와 신학 박사들의 축적된 지혜에 의해 안내받아 확립된 보편교회의 권위가 일개 속인으로서 국왕의 권위에 의해서 좌지우지된다는 것은 모어에게 이 세상의 해체를 의미했다.59)

공직자로서 모어는 상전으로서 왕의 순종적인 종복이었지만, 자신의 소신대로 공권력을 동원하여 이단 척결에 온 힘을 쏟았다. 무지한

---

59) CW 9, Trapp, "*Introduction,Thomas More as a Controversialist,*" *in Apology*, p.xix. 그러하기에 7만여 명의 농민의 목숨을 앗아간 독일의 농민봉기는 모어에게 파국으로 향하는 잉글랜드 미래의 묵시록적 광경이었다.

인민들은 무질서로부터 보호받도록 공권력에 의해 통제되어야 한다는 것이 모어의 기본적인 생각이었다. 모어에게 질서는 사회 보존을 위해 필수불가결한 인체혈맥人體血脈 같은 것이었다. 이러한 모어의 모습은 분명 혁명적인 공유제의 유토피아국을 창출한 평등주의자적 입장의 모어의 모습과는 판이하다. 전통적 사회질서를 향한 모어의 집착적 태도는 '큰 문제'와 관련해서 친구와 가족 등의 회유와 간청에도 불구하고 시류와 타협하기를 단호히 거부하게 한 그의 심상을 읽어내는 데 유용하다. 그러니까 모어에게는 교권적 질서의 위기는 묵시록적 결과들을 가져오게 될 잉글랜드 왕국의 혼돈상황 초래, 더 나가 가톨릭 유럽질서의 점진적 해체 상황의 조짐으로 다가왔던 것이다.

제2절 이단 반박 논리

앞 절에서 살펴본 것처럼 공직자로서 모어에게 이단은 잉글랜드 사회질서를 분열시키고 더 나가 가톨릭 질서를 와해시키는 암세포 같은 것이었다.[60] 이러한 시각을 가진 모어에게 당연히 이단자는 사회질서를 전복시키는 반란자였으므로 교회법과 세속법 등 모든

---

60) 모어의 이단관은 중세사가 제프리 리처즈의 그것과 맥을 같이한다. "중세 가톨릭교회는 전체주의적 조직체였다. 가톨릭교회는 명확하고 포괄적인 교리체계이며, 조직적인 계서제이며, 확실한 의례이다. 이 근본 요소들로부터 어떠한 일탈도 용납될 수 없다. 그것은 신이 세운 체계질서에 대한 도전이기에 말이다. 그 일탈이 바로 이단이다." Jeffrey Richards, *Sex, Dissidence and Damnation : Minority Groups in The Middle Age*, 유희수, 조명동 옮김, 『중세의 소외집단』, p.91.

수단을 동원해서 진압되어야 할 대상이었다. 그에게 이단자 척결은 곧 정의였다. 이를테면 공직자로서 그에게 이단자 사냥은 정의의 최소 공통분모 요소인 중세천년전통의 가톨릭교회의 위계를 보존하기 위한 정당한 행위였다. 여기에서는 앞에서 살펴본 반이단 공직자로서 모어에 대한 이해의 깊이를 더하기 위해 논객으로서 모어의 이단론을 살펴보기로 하자.

모어의 이단론을 이해하기 위해서는 그의 반이단 논쟁에서 자주 거론되는 질서·이성·양심·교만·육욕 등과 같은 소논제부터 고찰해야 한다. 모어의 질서관은 천지창조 때 신이 신적 질서를 이해할 수 있는 이성을 인간에게 선사하였다는 '이성 수혜론'에 기반을 둔다. 그에 따르면 이 이성을 깨우침으로써 인간은 정의가 숨 쉬는 행복한 사회질서 창조에 기여할 수 있는 것이었다. 이러한 이성은 신의 의지에 따라 자연법에 담겨있으며, 교회법에 가시화되어 있다. 그러니까 인간 세상의 정의는 궁극적으로는 신의 정의에 기반을 두고 있는 셈이다. 특히 신의 정의의 가시적 표현인 교회법은 보편적 구속력을 가지고 있다. 그러므로 그렇지 않은 세속법은 교회법의 안내를 받아야 한다. 따라서 모어에게는 교회법이야말로 인류가 타락 이전의 낙원 세계에 다가서기 위한 근본적인 규범적 얼개였던 것이다.

양심synderesis은 인간 세상의 도덕질서 유지에 있어서 필수 요소이다. 모어는 양심은 성령이 내재된 이성적인 식별력을 통해 도덕적 선을 선택하도록 이끄는 어둠 속의 촛불 혹은 선천적 각성의 불꽃같은 것이라는 교부 제롬Jérôme의 견해를 수용하고 있다.[61] 제롬은 양심이

---

61) Robert A. Greene, "Synderesis, the Spark of Conscience," *Journal of the History of Ideas 52* (April-June, 1991), pp.195~219.

인류의 타락에 의해 망가졌지만 그렇다고 해서 그것이 완전히 상실된 것은 아니라고 말한다. 이러한 중세적 양심관은 대륙과는 달리 관습법으로서 보통법을 제도적 정의의 기반으로 삼고 있는 잉글랜드 사회에서 더 잘 통용되었다. 법조인 모어는 제롬의 양심관을 기반으로 양심을 판사의 도덕적 식별력으로서 이성의 형평의 빛 혹은 불꽃이라고 말한다.[62] 모어에게 자연법 속에 이성의 불꽃이 내재해 있기에 자연법은 곧 이성법이다. 이 이성법에 따라서 양심은 신이 인간에게 선사한 자연 본능으로 인간의 무의식 심층에 내재되어 있는 것이었다. 모어의 도덕적 죽음은 자연 본능으로 잠재해 있던 바로 이 내면의 양심이 그가 생각한 불의에 대한 극단적 저항으로 표면화된 것이었다. 마츠 Martz는 제롬의 견해와 모어의 생각을 수용하면서 양심을 '심오한 영적 도덕 원리'로 규정한다.[63]

인류 타락 후 원죄적 인간에게 사회질서를 교란시키는 도덕적 악순환이 늘 존재해 왔다. 모어에게 그 주범은 교만과 육욕이라는 파괴적인 두 죄악이었다. 육신과 영혼 간의 영속적 투쟁은 악령의 개입에 의해서 촉진되었는데, 육욕에서 그것은 표면화되었다. 아담과 이브는 교만 의식으로 인해 신의 명령에 불복종하였다. 그러니까 신의 정의에 따라서 그들은 '불가피한 죽음의 필연성'으로 불복종 죄의 대가를 치러야 했다.[64] 인류에 대한 그러한 신의 심판은 가혹한 것으로 비칠 수도 있다. 그러나 모어는 인간이 선을 악으로 변질시켰음에도 악을 선으로 변모시키기 위해 신이 그렇게 한 것이라고 말한

---

62) Ibid., p.207.

63) Louis L. Martz, *Thomas More : The Search for The Inner Man*, p.59.

64) CW 14, *De Tristitia Christi,* p.13.

다.65) 인류 타락 후 자애의 신은 인간의 원죄적 취약성에서 벗어나도록 하기 위해 인간에게 계명을 내려주었다. 그것은 인간에게 인류 구원의 희망으로 작용할 것이었다.66) 계명에는 신의 섭리 작용이 반영되어 있으며, 그것은 그리스도에게서 지고하게 표현된 신의 정의와 자애 간의 균형이 가시화된 것이었다. 인류의 구원을 위한 그리스도의 죽음은 그것을 단적으로 증명한다.

비록 이교도국 유토피아인들이 그리스도가 구원자라는 것을 알지 못하지만, 그들은 신의 섭리작용, 영혼 불멸성, 이 세상 삶에 대한 저 세상에서의 보상과 징벌이라는 3가지 원리를 당연하게 받아들인다. 이것은 그들 또한 저 세상에서 구원받을 수 있음을 시사한다. 저승에서 구원받을 수 있는 길은 그러한 원리를 염두에 두고, 이승에서 육욕과 교만에 빠지지 않고 절제와 겸양을 생활화하는 데 있다. 모어는 유토피아 사회의 정의와 선의 대칭상으로서 유럽사회의 불의와 악의 근원적 주범인 육욕과 교만을 지목하고 있는 것이다.

육욕은 인류 타락의 외면적인 결과였다. 이 육욕을 억누르기 위해서는 이성의 힘이 요구되었다.67) 모어는 육욕을 직접적인 도덕적 일탈과 연관시킨다. 그는 개인적으로 카르투지오회 수도원 생활 수년 동안 이 문제를 가지고 씨름하였으며, 평생 수도원 생활을 하기에는 (성직자가 되기에는) 자신의 육욕 충동이 너무 강하다는 결론을 내렸다. 그래서 그는 결혼을 하고 이 세상에서 덕행적인 이력을 쌓음으로써 자신의 경건성과 육욕 충동을 화해시켰다.

---

65) CW 8, *Confutation*, part I, p.527.
66) CW 6, *Dialogue*, p.140 ; CW 8, *Confutation*, part II, p.744.
67) CW 6, *Dialogue*, p.139.

루터의 결혼 문제는 모어의 결혼 문제의 반영이기도 하였는데, 성직자로서 루터의 결혼은 파렴치하면서도 교만하게도 교회 전통을 깨뜨리는 '성직자 육욕충족 짓거리'였다. 모어에게 이러한 루터는 인격화된 악마처럼 보였다.[68] 그것은 아마도 많은 점에서 루터가 자신과 비슷했으나[69] 자신과는 판이한 정반대의 길을 선택하였기 때문일 것이다. 모어에게 루터의 선택은 최악의 위선적 타협이자 가톨릭 질서를 괴멸시킬 이단적 태도의 외적인 표징이었다.

교만은 인류 타락의 내적 결과였다. 모어는 교만을 억측과 파렴치함에 토대를 둔 망상으로 규정했으며,[70] 교만한 자들은 사후 신의 심판에 따라 지옥행이 결정될 죄인들이었다. 특히 일개 개인으로서 자신의 선택이 교회의 합의보다 우선한다고 생각하는 것은 교만의 극치를 보여주는 것이었다. 교만은 착각과 환상을 불러일으켜 신의 저주를 부르게 될 일탈 행동을 하게 하는 씨앗이다. 모어에게 이단은 교만의 씨앗이 낳은 이성적 상태로부터의 일탈의 결과였던 셈이다.[71]

그러니까 모어에게 이단자들은 상식이 통하지 않는 이성부재의 호전적인 논쟁가들이었다. 이를테면 이성적인 이들이 그들과 논쟁을 벌인다면 종교적 진리가 명쾌하게 밝혀지기보다는 오히려 난장판 상황이 야기되어 그 진리가 가려질 것이었다.[72] 도프Dorp에게 보내는

---

68) A. Fox, *Thomas More : History and Providence*, p.141.

69) 모어와 루터는 육욕적 감각에 탐닉하는 경향이 있으면서도 그것에 대해 아우구스티누스적인 반감을 공유하고 있었다.

70) CW 14, *De Tristitia Christi,* p.43. 악마는 교만을 교회와 사회에서의 육욕충동을 조장하는데 이용할 수 있다. 모어에게 루터의 결혼은 그의 교만과 육욕이 결합된 행위의 결과였다.

71) CW 6, *Dialogue*, p.423. 아우구스티누스도 모어와 같은 견해를 가지고 있었다.

서한에서, 모어는 만일 이단자들이 무지하다면 그들은 신학적 토론의 참된 묘미를 이해할 수 없을 것이며, 만일 이단자들이 해박하다면, 그들의 궤변적 구실에 끝이 없을 것이라고 쓰고 있다. 모어는 덧붙이기를 이런 자들은 상대방의 응답에 대해 반격한다는 구실로 이런저런 궤변적인 자료들을 들이댄다는 것이었다. 그러므로 그들은 돌더미 사이에서 벌거벗은 채로 싸움질을 걸어오는 사람들과 흡사한지라, 그들과의 싸움에서 이성적인 정상인들이 이길 승산이 높지 않다는 것이 모어의 평이었다.73) 이것은 자신이 종교개혁가들과의 싸움에서 결국 패배할 것임을 자인하는 듯한 모어의 묵시록적 코멘트라서 주목된다.

인간 역사는 인간의 나약성으로 인한 죄지음의 연속적 유전流轉의 기록이다. 이에 대한 대응은 신의 은총에 대한 인간의 의존으로 나타난다. 과거의 죄로 인한 인간의 타락은 이제 은총에 의해 정화될 것이었다.74) 이러한 것이 던지는 메시지는 선과 악의 중간지대인 인간 세상은 선악 간 투쟁으로 인해 늘 불완전하다는 것이었다. 그리스도교도인은 억측과 절망 사이에서 투쟁해야만 한다. 억측은 인간 그 자신이 구원받고 있다는 착각, 즉 구원을 당연하게 여기는 교만한 확신이다. 절망은 인간 그 자신이 너무나 사악해서 회개가 불가능하다는 자책적인 낙담의 발현이다. 인류 역사 과정은 억측과 절망 사이의 투쟁 중 드러나는 인간의 불완전성을 이해하는 과정에서 축적된 이성적 합의 과정이었다. 이렇게 해서 도출된 합의가 바로 권력 계서

---

72) A. Fox, *Thomas More : History and Providence*, p.131.

73) Rogers, *Correspondence*, no. 4, pp.38~39.

74) CW 9, *Apology*, p.108.

에 기반을 둔 사회질서에 대한 필요성이었다.[75] 이러한 사회질서관은 인간 역사의 영적인 영역인 교계에서도 마찬가지로 요청되었다.

본디 신이 인간에게 부여한 사회질서는 이상적 사회질서상인 '에덴동산의 아담과 이브의 파라다이스 세계상'이었다. 그러나 아담과 이브의 교만으로 그 질서가 깨졌으며 그 이래로 인간의 타락상이 가시화되었다. 구약 시대의 히브리인들은 정처 없이 이 세상을 표류하였고, 이 세상은 악과 불의가 만연한 타락의 길로 한없이 치달았다. 그리하여 이 세상은 무질서가 판을 치는 혼돈의 세상이 되었다.

타락한 인간들은 진노한 신의 징벌을 받아 마땅하지만, 신은 자애롭게도 특정한 자연법을 상기시키는 계율인 십계명을 그들에게 건네주었다. 이 계율은 인간의 욕망에 가려 망각된 것들이었다. 신은 또한 그들에게 신의 숨은 뜻을 기억하도록 규범들과 의례들을 전해주었다.[76] 이러함에도 불구하고, 교회사는 선한 하느님의 성령에 의해 안내되지만, 악령의 개입으로 도덕적 악순환이 반복된 역사였다. 이를테면 "교회는 서서히 부패되어 가며, 믿음은 희미해져간다. 곡물밭에서 잡초가 차츰차츰 자라나기 시작하듯이 말이다."[77] "내가 나의 교회를 이 반석 위에 세울 것이다"라는 그리스도의 응답에 근거하여 베드로를 수장으로 하는 초대 가톨릭교회는 모어의 반이단 논거의 중심부에 있다. 그리스도는 "왕국으로 가는 열쇠들을 약속하셨고, 그리스도는 세상의 종말에 이르는 나날을 자신의 교회와 함께할 것이며, 그리스도는 성도들로 하여금 모든 참 진리를 쫓도록 그들에게

---

75) CW 6, *Dialogue*, pp.334~335.
76) Ibid., p.141.
77) CW 8, *Confutation*, part II, p.1008.

성령을 보내셨다."[78] 그 약속은 어둠의 악령이 그 교회를 압도하지 못하게 하리라는 증거였다.[79] 그러니까 단 하나의 거룩한 교회, 즉 가톨릭교회만이 그 약속 이래로 일찍이 존재해왔는데, 바로 이 약속된 교회를 부정하는 것이야말로 확실한 이단의 징표였다. 이러한 이단이 이 세상에서 판을 칠 경우 갖가지 불확실성과 불의의 강물이 신의 정의의 둑을 허물게 될 것이었다.[80]

그리스도는 프로테스탄트들의 완전무결하며 비가시적인 교회가 아니라, 교만과 육욕으로 인한 부패에 끊임없이 저항해온 가시적인 가톨릭교회를 통해 자신의 뜻을 전하고자 하였다는 것이 모어의 생각이었다. 인간들은 육체적 타락이라는 무한한 순환의 덫에 걸려 있기에, 그들을 가시적으로 안내할 수 있는 가시적 교회가 요청되었다. 모어에게 루터의 완전무결한 영성체로서 비가시적인 교회 개념은 도대체 부자연스러우며 불합리하기까지 한 것이었다.[81] 모어 생각에 루터의 종교개혁은 고래의 성령에 의한 전통적 합의 교회에 대한 철저한 부인에 의거하기에 루터 교회는 호전적 교회가 될 수밖에 없었다. 루터는 고래의 누적된 인간 경험에서 얻을 수 있는 모든 재생적이며 유용한 목적을 부인하게 될 것이었다.[82] 모어 생각에

---

78) Ibid., Part I, pp.107~108.
79) CW 6, *Dialogue*, p.108.
80) CW 8, *Confutation*, Part I, p.119 ; CW 8, *Confutation, Part II*, pp.714~715.
81) CW 6, *Dialogue*, pp.196, 206. 신은 정의롭기 때문에, 신은 인류에게 그들이 원했던 것을 계시했으며, 신은 숨겨진 규칙을 가지고 인간을 희롱의 대상으로 삼지 않았다.
82) Richard Marius, *Thomas More*, p.289 : '큰 문제'에서 침묵으로 일관했던 것과는 달리, 『루터 반박론』에서 모어는 자신의 본색을 드러냈다. 가톨릭교회수호에 열을 올렸던 그 당시, 그는 포효하는 호랑이었다. 그는 자신이 생각하는 정통적 교설에 조금이라도 불일치하는 견해를 가진 자라면, 그 누구든지

성령으로 생기를 부여받은 가시적 실체인 가톨릭교회만이 신의 섭리에 유용한 작인이 될 수 있을 것이었다. 모어는 가톨릭교회가 인간 세상의 가시적 교회로서 세속성과 영성을 내포하고 있기에 선악이 혼재되어 있는 포괄체일 수밖에 없음을 말한다. 그는 덧붙이기를, 그렇지만 이 교회는 내재된 성령의 안내를 받아 다수에 의한 장기지속적 합의 과정을 거치면서 인간 세상을 정의로운 길로 이끄는 무오류 실체가 될 수 있다는 것이었다.[83]

그러니까 가톨릭교회는 베드로의 초대교회 이래로 인간을 구원에 이르게 하기 위한 신의 섭리적 은총의 매개적 성역소의 역할을 할 수 있었던 것이다. 가톨릭교회의 이러한 성역소 역할은 '인간 영혼의 정화 매개수단'인 성사들을 통해서 수행될 수 있었다.[84] 성사들은 그리스도를 통한 선행적 은총의 가장 중요한 표현이었다. 따라서 그것들을 소홀히 하고 부인한다는 것은 인간들과 사회를 치명적인 결과들에 노출시킬 것이었다.

모어에 따르면 반교회적 이단은 공화국 부패를 막는 가장 중요한 방책으로서 전통 교회를 분열시킬 것이었으며, 인간 정의와 그것의 신의 원천 간의 매듭을 잘라버릴 것이었다. 반교회적 이단은 인체의 치명적 감염 바이러스나 독극물 같은 것이었다. 이단자들의 봉기에 대한 모어의 극도의 공포는 이들이 가톨릭 정신공동체 유럽을 붕괴시킬 것이라는 그의 깊은 우려감에서 나온 것이었다. 모어는 이 영적이면서도 세속적인 유럽공동체 구성원들이 고래의 법들과 유익한 전례

삼켜버릴 위세였다.

83) A, Fox, *Thomas More : History and Providence*, p.146.

84) CW 8, *Confutation*, part I, p.105.

들에 대한 상호 합의적인 공감을 진지하게 공유해야 할 것임을 설파했다. 그렇게 할 때, 이 가톨릭공동체는 이단자들 같은 암적인 부위들을 도려낼 수 있는 역량을 갖추게 될 것이라는 게 그의 생각이었다.[85] 모어에게 이단은 중세천년전통의 조화로운 사회질서를 위협하려는 반란행위이자 이단자들은 무질서 초래의 원흉들이었다. 이 원흉들이 사회 각 부위에서 도려내지지 않는다면 곳곳에 불의가 만연되게 되어 결국 그 사회는 와해하게 될 것이었다. 그것은 이상사회로서 계서적으로 조화를 이루는 행복한 정의공화국을 유럽현실에 구현해 보고자 했던 모어의 갈망이 좌절된 것을 의미했다.

가톨릭교회의 원형 교회로서 초대교회는 역사적으로 그 어떤 이단에도 흔들리지 않는 내구력을 입증해왔다. 그리스도의 죽음에 즈음하여 갖가지 이단들이 성 요한의 묵시록에 의해 예언되기 시작했다. 사방에서 온갖 이단들이 고개를 쳐들었다.[86] 그러나 교회는 교부들의 교의적 기여와 교속敎俗의 이단 저항 운동으로 이단세력이 거의 자취를 감추게 되었다. 그런데 이때 살아남은 이단 일파들이 누세기까지 명맥을 이어오다가 바로 원형적 이단자들인 위클리프와 루터에게 계승되었다.[87] 모어에게 이단은 폭력과 파괴의 근원이었다. 신성한 왕국 보헤미아도 후스파 같은 이단세력의 횡행에 의해 파국을 맞고 말지 않았던가.[88] 이단세력은 조화로운 가톨릭 사회질서를 깨뜨려 가톨릭공동체 유럽질서를 분열·와해시키는 원흉이라는 것이 모어의

---

85) CW 9, *Apology*, pp.53~54.
86) CW 6, *Dialogue*, pp.406~407.
87) Ibid., pp.122~123, 153.
88) Ibid., pp.315, 409.

확고한 생각이었다.

일찍이 1523년에 모어는『루터 반박론』에서 교회에 대한 이단세력의 공격이 무질서를 야기할 것이리라는 것을 예측했다. 유럽의 군주들은 교회 재산을 향한 탐욕으로 인해 교회의 파멸을 환영할 것이었다. 연쇄적으로 이것은 인민들의 탐욕과 교만에 불을 붙여 그들로 하여금 '반(反)군주유혈폭동'을 촉발하게 할 것이었다.[89] 1525년 독일에서의 농민 대학살은 모어의 심중에 최악의 공포감을 불러일으켰다. 모어에게 루터주의의 감염 속도는 이단이 박멸되지 않을 경우에 일순간 잉글랜드를 혼돈의 복마전 속으로 빠져들게 할지도 모른다는 생각을 불러일으켰다.[90] 루터의 복음주의와 '틴데일 주석'의 신약성서는 교회를 부식시킬 것이 뻔했으며, 인민들의 심중에 모든 법과 규칙 및 계서적 상전에 대한 반항 정신을 고취시킬 것이었다. 모어 생각에 이 같은 이단자들의 그릇된 관념들이 박멸되지 않는다면, 독일·스위스·이탈리아에서처럼 끔찍한 반란과 유혈사태가 모든 세속 왕국들이 파멸에 이를 때까지 계속될 것이었다. 국가의 법과 질서를 책임지고 있는 법조 공직자 모어에게 이보다 더 끔찍한 악몽은 있을 수 없었다.

그러니까 이 시기 모어의 정의관은 그가 정의롭지 못하다고 여긴 당시 정황에 대한 그의 고민에서 나온 것이었다. 모어가 본 당시 정황은, 이단 사상이 사회 각계각층에 퍼져 불의를 낳고, 이 불의는 계서적 사회 조화에 균열을 가져오는 도미노적 무질서로 인해, 사회 전체를 붕괴시키기 직전이었다. 무질서한 사회는 물적 분배, 재분배, 자애 및 공평과 질서 등 정의의 요소들이 산산이 깨져버린 혼돈의

---

89) CW 5, *Responsio*, Part I, p.691/26~31.

90) CW 6, *Dialogue*, p.369.

혼탁한 세상을 말한다. 모어의 평생 관심사들 중 하나는 사회질서보존에 대한 것이었다. 인간들은 자신들에게 주어진 계서 위치에 맞게 가르침을 받아야 했으며, 주어진 위치에서 공동체 사회의 공익에 기여할 수 있는 마음을 갖도록 도덕적 수양을 쌓아야 했다. 인간 사회는 죄 때문에 타락했으며, 죄 많은 인간들은 자신들을 죄지음에서 빠져나오게 할 도덕적인 권위들을 필요로 했다. 그렇지 않다면 세상은 방종과 혼돈 속으로 빠져 들어가게 될 것이었다. 그러므로 유토피아국에서 공익주의가 개인주의를 제어한다. 유토피아국에서 통치엘리트들은 신의 목적이 담겨있는 전통과 사회 기능을 체계적으로 작동시키는 조종사들이자 양떼를 돌보는 목자들 같은 온정적 가부장적 존재들이다.

모어 생각에 신의 계시가 가톨릭교회의 역사 속에 노정되어 있었다. 또한 이 교회는 장구한 역사적 전통을 통해 대다수 인민에 의해 공동 합의되어 정련되어왔다. 교회는 '신권대행기관神權代行機關' 같은 성역으로서 절대적으로 신뢰되어야 할 공적인 권위기관이었던 셈이다.[91] 따라서 교회사를 통한 신의 생생한 계시가 종교개혁자들의 '오로지 성서를 통해서만Sola Scriptura' 영적인 구원이 성취될 수 있다는 성서제일주의는 모어에게 용납될 수 없었다. 그에게 '공동합의'는 구전口傳을 통해 관습화되면서 절대적 권위로 자리한 초시간적 관례를 의미했다. 이를테면 그것은 시·공간적으로나 수적으로 다수에 의해 합의된 신념들의 집합체였던 셈이다. 여기에서 모어의 분명한 가정은 역사와 전통이 비합의dissensus보다는 일치나 합의consensus 쪽

---

91) CW 8, *Confutation*, Part II, pp.922~923.

으로 진행된다는 것이었다.[92]

　모어는 교회를 정의공화국 보전을 위한 필수 요소로 보았다. 교회는 도덕 가치들 중 최상의 가치인 정의를 수호하는 안전판이자 영겁의 의미에서의 인류 구원을 위한 마지막 보루였다. 이 합의를 토대로 교회는 역사적으로 사회를 정의의 길로 이끌었으며, 사회를 보존하고 인민 공동체를 창출해내는 궁극적 동력으로 작용할 수 있었다. 그러니까 공적인 합의체로서 교회만이 성서의 참뜻을 헤아릴 수 있으며, 성서의 이해에 확실성을 부여할 수 있었다. 달리 말하면, 성서는 교회의 주인이라기보다는 교회의 종이었다. 따라서 모어는 교회를 부정하는 성서제일주의자들을 이단자들로 규정할 수밖에 없었다. 아마도 어떤 다른 이유보다도 그러한 연유로 모어는 교황이 교회를 위해서 있는 것이지 교회가 교황을 위해서 있는 것은 아니라는 생각을 가지고 있으면서도 계서상 교황이 교회의 수장이었기에 교황을 향한 공개적인 비판을 회피했던 것이다.[93] 어떤 식으로든 교황에 대한 비판은 교회를 흠집 내는 일이라고 모어는 생각했을 것이기에 말이다.

　이처럼 모어에게 교회는 보편법으로서 교회법을 통해 인간 사회

---

92) Richard Marius, *Thomas More*, p.284. 공동 합의를 깨뜨릴 우려가 있는 폭도들을 두려워했고 그럴 우려가 있는 무지한 군중을 경멸했던 모어는 공동 합의의 소산으로서 교회를 죽음을 무릅쓰고라도 수호되어야 할 신의발현체 神意發顯體로 보았다.

93) 모어는 일반 공의회를 교회의 최후 결정협의기관으로 보고 있었기에 엄밀히 따져보면 그는 교황주의자는 아니었다. 모어에게 교회의 권위는 교부들, 공의회들 및 교황들이 결합된 권위였다. 그러나 교회의 수장으로서 교황 없는 교회는 모어에게는 도저히 생각할 수 없는 것이었기에 교황을 비판할 수 없었을 것이다. 특히 이단이 횡행하자 모어는 교황과 교회를 동등시하여 교황주의자로서의 면모를 보인다. 풍자문학방식을 통해서이긴 하지만 교황을 부패 성직자들과 함께 싸잡아 비난했던 에라스무스와 비교되는 부분이다.

규범으로서의 세속법들을 제어하면서 세상을 정의로운 길로 이끄는 영적 안내자였다. 그래서 교회의 운영자들인 교계의 성직자들이 속인들의 영적 멘토로서 정치에 참여하는 것은 권장되어야 할 일이었다. 모어는 '성직자 정치참여'의 이점 두 가지를 든다. 하나는 '성직자 정치참여'가 오랜 관례로서 다수에 의해 합의되고 비준된 영적이면서도 세속적인 그리스도 세계의 공동체적 경험을 통해 장기간 전승되어 온 법들과 원칙들의 효능을 보장해준다는 것이다. 또 하나는 성직자 정치참여는 그리스도의 사도가 속계를 직접 관여함으로써 그리스도의 약속에 따라 성령이 가득한 정의로운 세상에 더욱 근접해가게 하는 동력이 될 수 있다는 것이다. 그래서 모어는 만일 세속인인 왕과 그 무리들이 성직자의 권리를 침해한다면, 잉글랜드 정치 현실은 성령의 지속적 영향력에서 박탈될 것이었다. 성직의 교권을 아우르는 왕의 전제 통치는 악령의 대두를 초래하고 인민들을 불의한 굴종 상태로 몰아가기에, 이러한 세속 국가에서는 정의로운 사회질서가 소멸될 것이었다.[94]

모어가 사회질서와 관련하여 교회와 국가의 관계를 표현한 첫 번째 중요한 책은 『리처드 3세사』였다. 여기에서 성역이란 곳이 죄지은 자들만이 보호받는 장소라는 리처드 조역자들의 궤변을 근거로, 왕위 찬탈자 리처드를 피해 웨스트민스터 사원 내 성역으로 피신한 리처드 조카 어린 요크 공(에드워드 5세)이 그의 순결함으로 인해 성역에서 보호받지 못하게 되는 아이러니한 일화가 소개된다. 모어에게 이러한 견강부회적인 모순은 당대 현실이 법과 종교의 힘으로는

---

94) CW 8, *Confutation*, Part II, p.923.

오만방자한 정략적 힘들을 통제할 수 없는 최악의 불의한 상황에 매몰되어 있기에 발생할 수 있었던 일로, 기존의 성속의 사회질서를 깨는 국가의 분명한 교회 침탈 사례였다. 요크 대주교는 국가 권력의 성역 악용에 대해 민감하게 반응했으며, 요크 공의 모후 엘리자베스 우드빌은 어머니로서 자연법과 왕통 보호자로서 신법을 거론하며 아들의 안전을 변론하였지만, 이미 성속의 계서적인 권위의 둑이 무너져가는 불의한 상황에서 그것은 허공의 메아리에 불과했다. 모어는 이렇게 된 원인으로 선왕先王 에드워드 4세로부터 찬탈자 리처드에게로 충성을 바꾼 버킹검 같은 고위 공직자, 부르쉬에Bourchier 추기경 같은 고위 성직자 등 선왕의 조역자들의 기회주의적인 불의한 행동 탓으로 돌린다.[95]

성역특권문제는 그것이 헨리 8세의 개혁들에 의해 해소될 때까지 잉글랜드의 가장 격렬한 쟁점 중 하나였다. 이 특권은 교회 성역은 세속 정부의 권위로부터 벗어나 있다는 가톨릭교회 측의 주장에 근거하고 있었다. 이 주장은 <마그나 카르타>의 교회의 자유 조항에 부가된 항목이었다. 성역은 세속 권위의 영향을 받지 않는 '절대자유지대'였다. 또 다른 항목은 성역 수호자로서 성직자들은 최고 반역자의 경우를 제외하고는 그 누구도 세속법정에서 재판받아서는 안 된다는 것이었다.[96] 이론상으로는 영혼이 신체보다 더 우월하기 때문에 교회가 세속 정부보다 더 우월했다. 모어에게 이 이론은 정의로운 가톨릭공동체 사회구현을 위해서는 시공간을 초월한 절대 진리가

95) CW 2, *The History of King Richard III*, ed. R. S. Sylvester, 1967, pp.23, 25~40 ; Alison Hanham, *Richard III and His Early Historians*, 1483~1535, p.176.
96) A. Fox, *Thomas More : History and Providence*, p.147.

되어야 했다. 당연히 그에게 교회는 신의 계시가 이뤄지는 성역이기에, 그곳에서 '세속국가권위'의 그림자가 드리워진다는 것은 용인할 수 없는 일이었다.

　리처드의 교만한 행태는 성사나 성역이 위협받았을 때, 그것을 어떻게 처리해야 하는가, 그러한 파괴 원인을 어떻게 제거할 것인가 등과 같은 몇 가지 문제를 제기하였다. 이 해답은 모어가 생각한 왕권의 성격과 교회의 성격을 추적해봄으로써 파악될 수 있다. 모어에 따르면 리처드는 무자비한 방식으로 법의 제약들을 분쇄했다. 법이 자의적이고 편의적인 정략에 의해 대체되면, 그 어떤 자도 죄의 유무 여부에 관계없이 안전할 수 없다. 법이 사망선고를 받게 되면, 인민의 생사 여건과 삶의 조건은 폭정적인 억압으로부터 사회를 해방할 수 있는 자들에게 달려 있게 된다. 일반적으로 인민들은 세속 군주를 신에 의해 재가된 것으로 인정해야 한다. 그러나 폭정의 경우가 발생하게 되면, 인민들이 교정 동인이 되어야 했다. 이 같은 논거를 바탕으로 모어가 수용했던 전통적인 대답은 자신의 양심의 제한을 따르며, 수동적 저항으로 죽음을 선택하는 것이었다. 동료 휴머니스트들처럼 모어는 공화국과 정의의 내적 상실의 외부적 지표로서 폭정에 대한 영속적 두려움을 가지고 있었다. 그는 점점 드러나게 되는 헨리 8세의 폭군 성향에 대해 깊이 상심하였다. 애초부터 모어는 폭정을 증오했지만, 정치 현실에서는 왕이 그렇게 하고자 할 경우 왕의 철권통치를 제약할 수 있는 마땅한 수단이 없음을 일찌감치 알고 있었다. 그를 곤혹스럽게 한 것은 헨리 8세의 자문관들이 왕을 교회수장으로 옹립하고자 했을 뿐만 아니라 잉글랜드를 신정제국화神政帝國化하고자 했다는 데 있었다.[97] 그리하여 왕은 호시탐탐 희생양을 찾는 불의한 늘대 같은 야수로 변모될 것이 뻔했다. 정의로운 사회를 보전하기 위해 인민이라는 양떼들의 목자가 되어야 할 그런 왕이 정의의 수호자로서 자신의 지향 목표와 모순을 이루는 불의한 늑대가 된다는 것은 모어에게 용납될 수 없는 일이었다. 이것은 정의로운 가톨릭공동체 사회구축을 꿈꾸는 모어에게 해명불가의 딜레마였다.

모어는 왕권에 대한 시각에 있어서 중도적 입장을 취했다. 모어는 인민들이 왕들에게 복종할 필요가 없다는 무질서 개념을 거부했으며, 아울러 통치자들은 무조건적으로 동의된 인민의 뜻을 따라야 한다는 절대적 복종개념도 거부했다. 모어 생각에 두 입장은 자연 규범과 신의 규범에 따라야 하는 사회적 책임성을 회피하는 것이었다. 왕권 존중 하에 인민합의가 그의 입장이었다. 인민들은 왕을 존중해야 했다. 왜냐하면 이 세상에서 왕이야말로 인민들을 안전하게 정의로운 세계로 이끌고 갈 잠재력을 지닌 최고의 목자였기 때문이다. 정의와 질서는 지혜로운 군주의 역량에 달려 있는데, 하물며 탐탁하지 않은 군주조차도 없는 것보다는 있는 것이 더 나을 것이었다.[98] 왕이라는 직분 자체가 신성함의 의미를 함축하고 있었기에 말이다. 성직자들의 경우와 마찬가지로 왕들은 세속 질서를 위해 신의 기름 부음을 받은 '특별한 존재들'이었다.[99] 왕 사울이 비록 존경받을만한 자는 아니었지만, 다윗이 왕 직분의 신성성을 인정하여 그를 왕으로 존중했던 것처럼, 인민들은 왕에게 자의적으로 불복종할 자유는 없다는 것이 모어의 생각이었다.[100] 인민의 복종의 대가로, 왕은 인민을 보호하고

---

97) Ibid., p.175.
98) CW 8, *Confutation*, p.911.
99) CW 9, *Apology*, p.50.

정의로운 사회를 유지해야 할 왕으로서의 직분에 의해 구속받았다. 왕의 이러한 직분은 최악의 조건에서조차 왕은 자신의 인민들을 공정하게 다뤄야 할 의무를 가지고 있다는 것을 의미했다. 아울러 왕은 외부 침략자들에 대해서 자신의 왕국을 보호해야하며, 이단의 침투에 대항해서 자신의 인민을 악의 세력으로부터 보호해야 할 의무가 있었다.[101] 모어에게 왕의 권위는 직접적으로 인민에게서 부여받았거나, 간접적으로 의회 대표에게서 부여받았거나, 혈통 승계에 의해서 부여받았다기보다는 신의 기름 부음에 의해 부여받은 것이었다.[102] 이를테면 왕은 속계는 물론 교계를 포함한 왕국 전체의 보존과 통합의 책임을 지니고 있었다. 통치자와 피치자 간의 이러한 합의가 있었기에, 모어는 자신과 같은 속계 공직자들이 이단자들에 대해 신체 폭력을 사용하는 것을 정당화할 수 있었던 것이다.[103]

한편 모어에게 폭군의 문제는 '그러한 군주에게 인민이 복종해야 하는가'라는 난제를 던져주었다. 법을 무시하고 무제한적으로 전권을 행사하는 폭정적인 통치자들이 자신들의 인민들을 굴종 상태로 몰고 간다면, 사회계서가 조화를 이루는 정의공화국 구축 가능성은 상실될 것이라는 것이 모어의 확신이었다.[104] 이러한 상황에 대처하는 모어의 방식은 인민들이 기름 부음을 받은 군주라는 직분을 인정하면서, 위계질서를 깨트리지 않고 정의 회복을 시도하는 것이었다. 튜터 왕권은 잠재적 절대주의뿐만 아니라, 일정한 제약을 선대 역사로부터

---

100) A. Fox, *Thomas More : History and Providence*, p.415.

101) CW 6, *Dialogue*, p.415.

102) Ibid., pp.410~416.

103) Brian Byron, *Loyalty in the Spirituality of St Thomas More*, p.35.

104) CW 5, *Responsio*, Part I, p.276.

물려받았다. 이론상 왕은 왕 다울 필요가 있는데, 이것은 묵시적이긴 하지만 왕이 정의로운 왕이 되어야 한다는 가정이 깔려있었다.[105] 또한 인민들이 복종해야만 하는 법들은 인민들의 분별력을 전제로 존립할 수 있었다. 그러나 통치자에 대한 공개비판은, 그의 신성성이 침해되는 것이기에, 잉글랜드 보통법에 의해 금지되어 있었다.[106] 그러니까 통치자에게 영향을 끼치는 간접적인 방식이 발굴되어야 할 것이었는데, 모어에게 그것은 『유토피아』 제1부에서 작중모어가 제시한 것처럼 왕이 불의한 길로 가지 않도록 지혜로운 자문관이 조언하는 간접적인 방식이었다. 현자로서 국왕자문관이 왕이 왕도王 道에서 벗어나지 않도록 지혜로운 충정의 조언을 한다면, 적어도 왕이 그로서의 직분에서 멀리 벗어나지는 않을 것이라는 게 모어의 생각이었다.[107] 1533년 모어는 헨리 8세에게 간접적으로 조언하는 글을 남겼는데, 여기서 그는 가톨릭 신앙 수호자로서의 헨리 8세가 취해야 할 왕도를 제시하고 있다.

이단자들의 침투로부터 가톨릭 진리는 보호되어야 합니다. 이단자들은 인간들을 덥석 무는 미친개와 같습니다. 군주들의 고결함은 가톨릭 진리를 지킬 때 빛이 납니다. 가톨릭의 진실한 신앙의 빛을 지키는 것보다 더 명예로운 일은 없을 것입니다. 그래야만 이 빛 아래서 참된 인민합의가 이뤄질 수 있는 것입니다.[108]

---

105) G. R. Elton, *The Tudor Constitution : Documents and Commentary*, p.13.
106) CW 8, *Confutation*, Part II, p.592.
107) Ibid., p.591.
108) CW 8, *Confutation*, Part I, p.27.

모어가 생각하는 왕도는 가톨릭교회의 진리가 담겨 있는 인민합의의 법을 존중하고 보전하는 것이었다. 이것은 인민합의가 교회에 내재된 성령의 안내를 받음으로써 신성불가침한 공법公法으로 자리하게 될 것이라는 전제를 깔고 있는데, 바로 군주가 이 법을 따를 때 왕도는 자연스레 성취되는 것이었다.[109] 실질적으로는 왕의 독단적 권능이 법을 억압했지만, 이론상으로는 법이 왕권을 제약할 수 있는 논거가 있었다. 왕권에 대한 또 다른 제약 요소는 세습되어 온 성직자들의 특권이나 인민 공동체의 관습적 권리였다. 모어는 존 왕의 전제적 폭정이 캔터베리 성직자들의 세습적 권리들에 의해 좌절되었던 일례를 인용했다. 그러나 인민이 복종할 가치가 있는 왕의 정의로운 명령들에 대해서는 당연히 순종해야겠지만, 복종할 가치가 없는 항명 대상이 될 만한 불의한 명령들에 대해서는 '그것을 저지할 수 없는 현실 상황에서 어떻게 대처해야 하는가'라는 난제에 직면하게 된다. 이것은 모어에게 불가해한 딜레마였다.[110] 모어 동시기 사회는 실질적으로는 군주의 뜻에 따라 좌우되는 사회였다. 현실 세상의 중축인 군주가 없다면, 인간 세상은 중심이 와해됨으로써 불의가 범람하여 혼돈상황이 초래될 수 있기에, 자격 미달의 군주라도 직분상 반드시 존재해야만 한다는 것이 모어의 기본적인 생각이었다. 그러나 군주도 본능상 세속 욕구에 움직이는 일개 인간이라는 점에서 일순간 자제력을 잃고 교만해져 폭군화될 여지가 있었다. 이러한 불가해한 딜레마에 대한 모어의 해결방안은 헨리의 큰 문제에서 그렇게 했던 것처럼 군주라는 직분에 순종하되, 침묵으로 저항하면서, 신의 섭리가 발동

---

109) CW 5, *Responsio,* Part I, p.276.
110) A. Fox, *Thomas More : History and Providence,* p.165.

되어 군주가 군주답게 될 때까지 기다리는 것이었다. 모어는 인간 세상의 교계와 속계는 공히 그러한 불가해한 과정을 종식시키고, 신의 섭리를 드러낼 때까지는 결코 해소될 수 없는 선악 투쟁 속에 있게 될 것이었다.[111] 모어에게는 그렇게 전개되는 것이 바로 인간의 역사였던 것이다.

그러한 역사관을 가졌던 모어는 인간 행위에 대한 책임 소재를 인간 그 자신의 탓으로 돌린다. 왜냐하면 인간은 그 자신의 의지에 따라 주어진 환경에 대해 선하게 혹은 악하게 반응할 수 있는 '자유의 지'를 신으로부터 부여받았기 때문이다. 그렇게 생각했던 모어는 군주의 폭정만큼이나 루터의 복음주의적 자유 관념에 대해 혐오했다. 모어는 루터 같은 '이신칭의以信稱義 : Justification by Faith only'[112]의 복음 주의적 자유 관념론자들을 이단자들로 규정하였다. 모어에 따르면 그들은 모든 법들을 비효과적인 것으로 만들었는데, 그들은 신의 복음이 아닌 인간 법들에 복종해서는 안 된다고 주장함으로써, 세상을 무질서로 이끌었는가 하면, 자신들이 믿고자 하는 법들만을 임의대로 믿는 교만한 독단에 빠졌다.[113] 루터는 신앙이 진실하게 설파되고, 성직자적 목민관들이 진실로 선하다면, 인간법은 복음으로 대체될

---

111) 모어는 신의 섭리를 인간의 변덕스러운 운명과 동일시한다.

112) Alister McGrath, *Reformation Thought*, 최재건 옮김, 『종교개혁사상』(새 기독교 문서선교회, 2006), p.179. 어떤 사람들이 오직 믿음으로만 의롭게 되는 이유를 이해하지 못하는 것은 믿음이 무엇인지를 모르기 때문이라는 루터의 주장은 신앙은 역사적인 면보다는 순전히 개인적인 면에 관여한다는 것, 신앙은 하느님의 약속에 대한 믿음에 관심을 둔다는 것, 신앙은 신자를 그리스도에게 연합시킨다는 것으로 설명될 수 있는데, 모어에게 그것들은 가톨릭교회의 역사를 부정할 뿐만 아니라 세속법은 물론 교회법까지도 부인하는 무정부적인 것으로 비쳤다.

113) CW 6, *Dialogue*, pp.403~404.

수 있음을 주장했다. 루터의 이러한 생각은 모어에게 허상으로 비쳤다. 인간의 본원적 죄지음의 성향과 불가피한 타락 경향은 사회를 정의로운 세상으로 질서화하려는 시도를 좌절시킬 게 뻔했기에 말이다. 이러한 상황에서 최상의 목민관들이라 할지라도 어떻게 복음과 설교만으로 원죄와 타락의 구렁으로 빠질 소지가 다분한 그 수많은 인간들을 자신들 뜻대로 선한 길로 인도할 수 있겠는가. 따라서 억제 수단으로서 사회법은 자연 원칙들에 따라 범죄들을 제어하는 데 필요했던 필수불가결한 것이었다. 모어 생각에 법에 대한 공포를 잘 활용한다면, 이 사회법은 양심의 벗이 될 수 있었다.114) 그러니까 이 경우 법들은 응보적 정의와 규범적 통제의 준거였다. 이러한 법들은 구약 속의 '수많은 율법' 같은 역할을 하였다. 다시 말해 경외적인 사회법 관념은 인민들로 하여금 더욱 열렬하게 신의 계명들을 준수하도록 하는 데 유용하다는 게 모어의 확고한 생각이었다.

예컨대 모든 이들이 공동 소유권을 향유할 수 있었던 유토피아 사회에서조차도, 그 소유권이 보장되기 위해서는 모든 계층에게 사회법적 의미의 규범적 의무 노동이 요구되는 것이었다.115) 그러니까 모어에게 이 사회법은 복음법이나 설교의 비가시적·비효율적 한계를 상쇄시킬 수 있는 공중법公衆法인 셈이다. 이것은 가톨릭 세계 고래의 축적된 경험을 통한 이성적 합의에서 추출된 것이었기에 그 적용이 공평무사한 인간법이자 자연법이자 신법으로서 순기능을 할 것이었다.116) 모어에게는 반이단법들이 그러한 공중법의 맥락에서 이해되

---

114) A. Fox, *Thomas More : History and Providence*, p.161.
115) CW 5, *Responsio*, Part I, p.276.
116) Ibid., pp.276~277.

었기에, 그는 이단자 사냥에 그렇게 매진할 수 있었던 것이다. 즉, 그에게 이단자 척결은 신의 성령이 내재되어 있는 가톨릭공동체 질서가 악령이 배어있는 불순한 사상의 침투에 의해 잠식·와해되어 가는 것을 막기 위한 불가피한 '공중법수행과정'으로서 지극히 당연한 '정의실천과정'이었던 셈이다.

제3절 가톨릭 전례와 관습 옹호

모어의 논쟁서들에서 많은 지면을 차지하는 것이 바로 가톨릭 전례와 관습의 옹호였다. 그의 주 논적은 성서지상주의자인 루터파 성직자 틴데일이었다. 틴데일은 『복종』, 『모어 경에 대한 답변』 등에서 성서상 근거 부족을 이유로 대부분의 가톨릭 전례와 관습을 부정하였다. 이에 대해 모어는 『논박』, 『대화』, 『독서毒書에 대한 답변』 등에서 교회전례와 관습이 무오류 성령이 내재된 교회의 인도를 받아 장기간에 걸쳐 대다수 합의에 의해 이뤄진 전통이라는 점에서 신성불가침한 것이라고 반론하였다. 여기에서는 주 논쟁거리였던 전례·관습과 전례·관습용 비품, 성화상과 십자성호 의식, 유골·유물 공경과 성인 공경, 성사 등을 고찰해봄으로써 가톨릭 전례와 관습의 옹호자로서의 모어의 면모를 들여다본다.

평신도임에도 모어의 교회전례·관습에 대한 존중의식은 절대적이었다. 틴데일 같은 종교개혁가들은 그러한 전례·관습이 누세기 내려오는 동안 와전·치장되면서 초대교회의 순수한 전례·관습이 변질·왜곡되어왔음을 주장하였다. 틴데일은 사제의 미사몸짓, 제의, 향, 금은 제구, 성사집전기도문 등의 교회형식과 그 제물들을 냉소적으로 비난했다. 이에 모어는 교회가 전례·관습을 어떤 식으로 거행하는가는 성령이 결정할 일이라며 반박하였다. 모어 생각에는 그리스도가 교회에 성령을 보내 그 곳을 모든 진리 안으로 안내해줄 것임을 약속했으니까(「요한복음 16:13」), 성령이 교회를 통해 과거에 그 같은 결정을 내리고 현재까지 안내해온 것이니 교회전례·관습의 보존이나 변화에서 오류를 찾으려 하고자 하는 그 자체가 어불성설이었다. 모어는 전례·관습을 자의적으로 개조하려는 자들은 성령보다 자신들이 더 윗자리에 있다고 보는 오만불손한 자들이라고 공박하였다.

틴데일이 교회전례·관습에는 미신적 요소들로 꽉 차 있어서 비신자들에게 조롱의 대상이며, 그 전례·관습은 하느님 경배에도, 이웃에 대한 베풂에도, 마음 다스림에도, 백해무익한 괴기한 짓거리들이라고 그것들을 폄훼하였다. 이에 모어는 틴데일이 전례·관습을 지켜온 누대의 선한 이들 모두를 미신주의자로 내모는 우를 범하고 있다고 말하며 비신자들의 조롱이 두려워 누대에 걸쳐 전승되어 온 유서 깊은 전례·관습을 포기해야 하는가라며 반문하였다.[117] 이어서 모어는 교회전례·관습을 은혜통로로서 신자들의 갖가지 유혹을 물리치는데 유익하며, 전례·관습 그 자체만으로도 영혼의 평안을 가져온다고 말하면서 틴데일의 주장을 반박하였다.[118]

틴데일은 전례·관습용 비품 구입비를 빈민 구제에 사용한다면 더욱 유익한 일이 될 것이라고 말하면서 가톨릭교회의 전례·관습 비품에 들이는 헛된 사치에 대해 비난하였다. 이에 모어는 구약시대

---

117) CW 8, *Confutation*, Part I, p.110.
118) Ibid., p.161.

하느님이 계약 궤와 솔로몬 성전에 값진 장식품을 사용하도록 명하였던 일례를 들었다. 그러고 나서 모어는 누세기 내려오면서 그리해왔던 것처럼 빈민구제의 열정과 하느님 집의 장식이 충돌할 하등의 이유가 없다며 틴데일을 논박하였다.[119] 이어서 모어는 거룩한 예배 필요품과 빈민의 필요품을 두루 충족시킬 만큼 물질적 재화는 충분하다는 말을 덧붙였다. 또한 모어는 "어째서 저 향유를 3백 데나리온에 팔아 가난한 이들에게 나누어주지 않는가?(「요한복음 12:5」)"라는 유다의 말을 인용하면서, 전례·관습용 비품에 대해 비난하는 틴데일을 예수를 단돈 몇 푼에 팔아넘긴 유다에 비유하였다.

성화상은 우상숭배라며 틴데일이 격렬하게 공격하는 대상 중 하나였다. 틴데일은 다음과 같은 성서 구절을 인용하면서 '성화상 경배자들'을 단죄코자 하였다.

> 너는 위로 하늘에 있는 것이든, 아래에 있는 것이든, 땅 아래로 물속에 있는 것이든 그 모습을 본뜬 어떤 우상도 만들지 말며, 너는 그것에 경배하거나, 그것을 섬기지 말거라. 나, 여호와 너희 하느님은 질투의 하느님이다. (「출애굽기 20:4-5」)

이에 모어는 하느님이 모세에게 천사상 주조와 계약 궤 장식을 명한 점(「출애굽기 25:18-20」)에 비쳐볼 때 그런 비약적인 해석은 타당하지 않다고 단언했다.[120] 모어는 성인경배의 예우는 하느님에게 바치는 최선의 경건한 예우로 그것은 왕의 대사에게 바치는 예우처

---

119) CW 6, *Dialogue,* pp.41~42.
120) Ibid., pp.38, 44.

럼 종국적으로는 하느님에게 되돌아가는 것이라며 비유적으로 말하였다. 또한 성화상에 대한 애착이 컸던 모어는 예술적 가치가 있는 성화상을 명작에 비견하였는가 하면, 예술성과 무관한 것들로 '유서 깊은 성화상', '성덕이 깃들어있는 성화상', '심금을 울리는 사연이 배어있는 성화상' 등을 예술품 이상의 성스러운 성화상으로 숭앙하였다.121)

틴데일은 주교의 '신도축복십자성호의식'에 대해 헛된 두 손가락 흔들기라며 조롱을 퍼붓고 십자가상은 물론 십자가 자체까지도 미덥지 않은 장식품으로 폄훼하였다.122) 이에 모어는 이 의식은 구약시대 이래로 여태까지 하느님의 은혜가 내리도록 기원하는 기도로 거룩한 것이었다고 말하며 틴데일의 교속신앙인들에 대한 오만무례한 태도를 나무랐다.123) 그러면서 모어는 십자성호의 위력의 예로 '평소 십자가를 혐오하면서도 악령에 사로잡히자 자신도 모르게 십자성호를 그었다'는 로마황제 율리아누스의 일화를 들면서, 그것의 위력이 얼마나 큰지를 역설하였다. 모어는 틴데일 또한 어둠 속에서 악령과 맞닥뜨리게 되면 성호십자를 그으며 신의 가호를 빌게 분명하다며 틴데일을 조롱하였다.124)

틴데일은 성인유골이나 유물공경을 도대체 구약이나 신약성서에서 그 근거를 찾아낼 수 없는 악습으로 여겼다. 하지만 모어는 교회의 유골공경의 선례를 구약과 신약에서 찾아냄으로써 틴데일을 반격하

---

121) Ibid., p.47.
122) *Obedience,* p.284.
123) CW 8, *Confutation,* Part I, p.129.
124) Ibid. p.39.

였다. 모어는 "성조 야곱과 요셉의 자손들에게 자신의 유해를 이집트에서 실어내도록 지시했다"(「창세기 49:29-32, 50:25」)는 것과 예언자 엘리사의 장례를 치른 후 망자의 시신이 예언자의 뼈에 닿자 되살아난 사건(「열왕기 하 13:21」)을 구약에서 찾아냈다. 그런 다음 모어는 "한 여인이 그리스도 옷자락을 만진 것만으로도 병이 나았다"(「마가복음 5:25-34」)는 신약 속 기적을 근거로 들면서 틴데일의 우둔함에 대해 비아냥거렸다.[125]

모어는 실수로 뒤바뀐 성인유골이라 할지라도 진짜로 알고 신자들이 거기에 경의를 표했다면 이들의 영혼에 피해가 가는 일은 결코 발생하지 않는다고 말하였다. 모어에게 그것은 사제의 부주의로 봉헌되지 않은 제병을 미사 때 모르고 경배하는 것이나 다를 바 없는 일이었으니 말이다.[126] 모어는 유골·유물의 진위여부와 관계없이 공경대상으로서 신앙적·상징적 자격 그 자체만으로도 그것의 가치가 충분하다고 보았다.

모어는 모범적인 유골·유물사례로서 '에데사왕국의 기적의 만딜리온 수의(예수 얼굴이 그려져 있음)'와 '성녀 베로니카의 성스러운 수건(예수 얼굴이 새겨져 있음)'에 관련된 일화를 마가렛을 비롯한 자식들에게 신앙교육용 자료로 활용하곤 했다. 그 영향이라고 단정지을 수는 없지만, 딸 마가렛은 모어가 참수당한 후에 망나니를 매수하여 런던탑에 걸려 있는 모어의 머리를 빼돌렸다. 그리고는 살아 있는 동안 이를 곁에 보관했으며, 죽어서는 그녀의 소원대로 아버지의 머리를 팔에 안은 채 땅에 묻혔다.[127] 이것은 모어 동시기의 유골·유물

---

125) CW 6, *Dialogue*, pp.224~225.
126) Ibid. p.222.

공경의식이 어느 정도였는지 가늠케 해주는 일례이다.

특히 틴데일은 '성인경배기도행위'에 대해서는 미혹한 우상숭배로 하느님의 뜻에 반하는 짓거리라고 비난하였다.[128] 틴데일은 교회는 탐욕스런 성직자들을 순교자나 성인으로 조작해낸다며 교회에 독설을 퍼부었다. 틴데일은 일례로 잉글랜드 순교자 성 토마스 베케트를 들며 그를 "쓸데없이 옳은 체하다가 어처구니없이 죽은 사악한 인물"로 폄훼함으로써 가톨릭교도들의 베케트에 대한 숭앙을 조롱하였다.[129]

이에 대해 모어는 '하느님의 피조물인 성인을 향한 공경이 하느님에게 드리는 공경을 훼손시킨다면, 하느님이 부모나 통치자 같은 피조물을 공경토록 명하신 이유는 어떻게 설명할 수 있겠느냐'며 반문하였다.[130] 모어는 성인들은 하느님으로부터 총애받는 자들이기에 하느님은 성인들이 하느님과 신자 사이에 중재자 역할을 하기를 바란다며, 성인들의 뜻이 바로 하느님의 뜻이라고 말하였다.[131] 덧붙여서 모어는 신자들은 마음으로 기억되는 망자들에게 기도를 간구할 수 있고, 연옥의 영혼도 누군가를 위해 기도할 수 있는 마당에 그들이 성인의 도움의 손길에 의지하는 것이 어찌 부당한 일이겠냐며 성인경배를 독려하였다.[132] 그러자 틴데일은 참된 성인인지 아닌지의 분간 없이

---

127) James Monti, *The King's Good Servant, but God's First,* p.451.

128) *Obedience*, p.184.

129) William Tyndale, *An Answer to Sir Thomas More's Dialogue, The Supper of the Lord and Wm. Tracy's Testament Expounded.* ed. by Rev. Henry Walter, Parker Society, Vol. 44, 1850. Reprint, p.131.

130) CW 6, *Dialogue*, p.48.

131) CW 11, *The Answer to A Poisoned Book*, ed. S. M. Foley and C. H. Miller, (1985), p.105.

성인이라고 죄다 경배대상이 될 수는 없지 않겠냐며 분간기준을 말해보라며 모어에 그 기준을 요구하였다. 이에 모어는 참된 성인의 정확한 식별자로서 성령(영적인 나침반 역할을 하는 성령)의 인도를 받아 교회합의로 시성된 성인이기에 성인의 거룩함에 의문이 제기될 수 없다고 답변하였다.[133]

가톨릭 전례와 관습 논쟁에서 가장 치열했던 것은 성사논쟁이었다. 루터파 성직자들은 7성사 중 성체성사와 세례성사를 빼고는 성사 대부분을 부인하였다. 틴데일의 경우 그리스도가 한 약속이 성서에 나오지 않는다면, 그 어떤 것도 성사로 여길 수 없다고 주장했다. 틴데일은 오로지 성체와 세례를 통해서만 그 약속을 찾을 수 있기에, 그 둘만이 그리스도 성사로 인정될 수 있다고 말하였다. 틴데일이 최고조의 증오감을 터트렸던 것은 고해성사였다. 틴데일은 고해성사를 '사탄의 기만적 파생물', '성직자의 평신도억압술책', '성직자 첩보행위수단', '성직자왕국천하수립'을 위한 '로마교구의 위장책략' 등으로 몰아붙였다.[134]

이에 대해 모어는 고해성사 정당성의 근거로 「요한복음 20:21-23」을 인용하면서 틴데일의 주장을 반박했다. 또한 모어는 견진성사는 「사도행전 8:14-24」에서, 성품성사는 「디모데전서 I편 4:11-16」에서, 혼인성사는 「에베소서 5: 21-33」에서, 병자성사는 「야고보서 5:14-15」를 논거로 틴데일의 해석을 아전인수적이라며 비판하였다. 이를테면

---

132) Ibid., p.215.

133) Ibid., pp.220~221.

134) *The Obedience of a Christian Man,* in William Tyndale, *Doctrinal Treatises and Introductions to Different Portions of the Holy Scriptures,* ed. Rev. Henry Walter, Parker Society, vol. 42, pp.252~289. 이하 *Obedience*로 약칭함.

모어는 성서에 비유적으로 기록된 성사 근거들을 틴데일은 찾아내서 이해하려 하지 않으며, 혹 발견한 근거가 있더라도, 가톨릭교회를 음해·와해할 목적의 불순한 의도를 가지고, 그것을 곡해하여 해석한 다며 틴데일을 악령이 깃든 기만자로 몰아붙였다.[135]

이어서 모어는 성사를 성서를 통한 약속이라기보다는 성령이 충만한 교회합의를 통한 하느님의 은혜 베풂으로 규정하였다. 그러자 틴데일은 그 증거가 성서 속에 존재하지 않음을 주장하며 모어의 틀에 박힌 형식적 성서해석이 하느님 뜻을 왜곡한다며 모어의 우둔함을 지적하였다. 이에 모어는 성사 의례를 주인이 하인에게 베푸는 예복에 비유하며 하인이 그 예복을 차려입은 채로 주인을 섬기는 것은 그들 상하 간 형식 이상의 상관적 의미를 함축하고 있다며 틴데일의 경직성을 꼬집었다.[136] 그러면서 모어는 성서 속 글귀 몇 줄로 영적인 성사의 정당성이나 효험이 온전히 죄다 해명될 수는 없음을 설파함으로써 틴데일의 성사에 대한 몰이해성을 지적하였다. 모어에게 성사란 한갓 종이 자락 뭉치 꾸러미 속에 존재하는 것이라기보다는 하느님의 은혜의 도구로서 성령이 내재된 교회합의로 전승되어 온 거룩한 것이었던 셈이다.

일반적으로 교회개혁에 대한 모어의 태도는 최상 공화국에 관한 휴머니스트적 사색 시기와 말년의 반동 시기 간에 변화가 있었다. 이 반동기 모어에게 헨리종교개혁은 현존의 법질서 파괴행위로 비쳤다. 모어는 『변명』에서 헨리종교개혁이 시도될 경우 잉글랜드는 파국에 직면하게 될 것임을 말한다.[137] 이 시기에 모어는 영적이면서도

---

135) CW 8, *Confutation*, Part I, p.80.
136) Ibid., pp.99~102.

세속적인 가톨릭 공화국 질서를 유지하고자 모든 수단을 동원했다. 유토피아국 같은 자연스러운 유대 사회에서는 소수의 법만으로도 정의와 행복이 보장되었지만 반이단 투쟁이 요구되는 모어 동시기 유럽 같은 혼돈 사회에서는 수많은 법률들이 생성될 수밖에 없었다. 모어에 대한 비판가들은 이단성향자들이나 논적을 대하는 모어의 태도가 비이성적이고 폭압적이라고 말하기도 한다. 객관적으로 보면 일리가 있는 말이지만, 모어는 그들이 악령에 사로잡힌 비이성적인 자들이기에 그렇게 다뤄질 수밖에 없었다고 말한다. 그들이 제거되지 않는다면 자연스럽고 질서정연한 덕으로서 정의가 자리할 수 없을 테니까 말이다.

실로 모어는 정의로서 가톨릭 신의 수호라는 대의명분 하에 변화의 바람이 이는 격동적 시류의 틈새에서 이쪽저쪽 왔다 갔다 하며 때로는 순응적으로 때로는 반동적으로 반응하면서 복잡한 페르소나를 보여 줘야 했던 과도기적 중첩적 세상의 갈등아葛藤兒였다. 모어의 죽음의 직접적인 원인이 되는 큰 문제 및 헨리종교개혁을 중심으로 사건 흐름에 따라 모어가 어떻게 반응하는지를 추적해보는 다음 제5장에 서 모어의 그러한 면모가 더욱 선명하게 드러난다.

---

137) CW 9, *Apology*, pp.96~97.

제5장 정의를 위한 죽음

    앞 장에서는 당시 점증되고 있던 이단의 물결에 맞서 정의 수호란 대의명분으로 가톨릭 권위와 질서 그리고 전례와 관습의 존속에 온 힘을 쏟는 모어의 면모를 살펴보았다. 논쟁기의 모어의 인간상은 한마디로 반이단 호교론 전사의 모습이다. 그 모습은 챤슬러직 사임 후 1534년 4월 17일 런던탑 양심수의 몸이 되기까지 계속된다. 1532년 5월 16일에 모어는 챤슬러직을 사임하지만, 그 이후에도 여전히 논쟁에 열중하기 때문이다. 모어의 사임은 공인된 자문관으로서 당시 잉글랜드 정황에 대한 개인적 패배의 인정이자 야인으로서 상전 헨리 8세에 대한 다른 방식의 저항적 충정의 표현이었던 셈이다. 그런 의미에서 온갖 협박과 회유에도 굴하지 않고 그가 선택한 1535년 7월 6일의 죽음 또한 상전이 정의로운 길로 가게 하기 위한 충정의 자문이었다. 최후의 자문으로서 모어의 죽음은 양심수호를 통한 가톨릭 신의 정의의 보존이라는 명분이 짙게 깔려있다. 그런데 이 죽음은 모어가 저 세상에서 영원한 생을 누리기 위한 개인의 구원전략이기도

하다.

　본 장에서는 이상의 내용을 주 맥락으로 하여 모어의 사임과 죽음의 직접적 원인이 된 헨리 8세의 큰 문제와 헨리종교개혁 과정에 초점을 맞춰 사건 흐름을 쫓아가면서 죽음에 이르기까지의 그의 반응을 탐색해본다. 이렇게 함으로써 그가 왜, 무엇을 위해 죽었는지, 그가 갈망했던 세상의 실체가 어떤 것이었는지가 더욱 선명해진다.

제1절 양심의 수호

1. 현실과 양심의 충돌

　헨리 왕자와 아라곤 공주 캐서린 간의 결합은 양국의 필요에 의한 정략결혼이었다. 캐서린은 원래 혼인 후 6개월 만에 죽은 형 아서 왕자의 아내였으니까 헨리는 연상의 형수와 혼인한 것이었다. 양국은 혼인 동맹이 깨지는 것을 원하지 않았기에 일반적인 교회법 해석에 따라 미망인이 죽은 남편의 형제와 결혼하는 것을 금하고 있던 '혈족관계 혼인장애'에 대한 관면을 교황 율리우스 2세로부터 얻어냄으로써 마침내 혼인이 성사되었다. 캐서린은 임신 중에나 출산 중에 혹은 출산 후에 자식을 차례로 잃고 1516년 유일한 생존자 딸 메리를 출산한다. 그 후에도 유산이나 사산의 불행이 잇따른다. 왕위계승자로서 아들을 원했던 왕은 다른 여자로부터 사생아 헨리 피츠로이Henry Fitzroy까지 두게 된다.

　왕은 이런 와중에 정실이 되기를 원했던 앤 볼린Anne Boleyn을 만나게 된다. 왕이 앤 볼린에게 매혹된 것은 1526년 초쯤이었는데 1년여 뒤 1527년에 왕은 자신의 혼인의 적법성에 의문을 품고 혼인 무효화에 대해 궁리하기 시작한다. 1527년은 헨리의 '앤 볼린을 향한 애정'이 절정에 달한 시기이다. 이것은 왕의 의문 속에 '앤 볼린에 대한 주체할 수 없는 욕망'이 똬리를 틀고 있었다는 것을 가늠하게 해준다.[1] 인간에게 사랑은 최상의 정서이고, 인간은 근원적으로 정서적인 동물이 아니던가. 특히 남녀관계에서는 말이다.

헨리는 마침내 형수와의 결혼에 대한 양심의 가책을 이유로 '혼인 무효화 특면'을 교황으로부터 얻어 내려 했다. 그러나 1527년 같은 해 왕비의 조카인 황제 카를 5세의 로마 약탈과 교황 클레멘스 7세의 감금 사건, 전임 교황이 허락한 관면을 후임 교황이 다시 무효화할 경우 우려되는 교권 실추의 문제 등으로 인해 그 가능성이 희박한 상태에 있었다. 그리하여 이 큰 문제가 추기경 울지에게 일임되었으나 울지는 결국 그것을 해결하지 못해 몰락하게 된다.

1529년 모어의 로드 챤슬러 취임 직후 왕은 모어를 자신의 어전으로 불러 왕의 '큰 문제'인 왕비 캐서린과의 이혼 및 앤 볼린과의 결혼 문제에 관해 거듭 모어의 조언을 구한다. 하지만 모어는 "제 양심상

---

1) Retha M. Warnicke, *The Rise and Fall of Anne Boleyn,* pp.44~46. 헨리는 여성 편력이 있었다. 앞에서 언급된 헨리의 사생아 피츠로이의 생모는 마운트 조이 경의 누이동생 엘리자베스 블라운트이다. 거의 동시에 그는 토마스 볼린의 결혼한 딸 메리 캐리와 염문을 뿌렸고, 그 후 메리 캐리의 동생 앤 볼린과의 사랑에 빠지게 된다. 앤 볼린 처형 후에도 헨리는 제인 시모어와 결혼, 제인 시모어 사망후 클레브스의 안네와 결혼, 클레브스의 안네의 혼인 무효화 후 캐서린 하워드와 결혼, 캐서린 하워드 처형 후 캐서린 파와 결혼 등 정실 왕비만 5명을 갈아치우게 된다. Allison Weir, *The Six Wives of Henry VIII,* 박미영 옮김, 『헨리 8세와 연인들, 1』, pp.6~11 참고.

폐하의 그 문제에 관한 한 제가 개입할 수 없음을 송구스럽게 생각할 뿐입니다. 제 사지라도 부러뜨려 폐하께 충성을 할지언정 그 문제만큼은 제가 왈가왈부할 성격의 것이 아니라 사료됩니다"[2]라는 말로 답변을 피해갔다.

그러나 왕은 큰 문제에 있어서 당연히 모어가 왕 자신의 뜻을 지지하는 쪽으로 귀결될 것이리라 생각하고 있었을 것이다. 큰 문제를 솔선하여 해결해야 하는 정계서열 왕 다음의 제2인자로서 챤슬러 본연의 책무, 왕과 모어 간의 우정, 그렇게 섬세하지 않은 양심을 가진 많은 이들의 왕의 큰 문제에 대한 지지 움직임, 모어와 친밀한 관계를 유지해온 조신들의 설득과 회유 작업 등 당시의 주변 여건을 감안해 본다면 모어가 왕 쪽에 서리라는 것은 누가 봐도 시간상의 문제였을 테니까 말이다. 더욱이 모어가 잉글랜드 인민들에게 존경받을 만한 도덕적 상징의 이미지를 대표하는 명사였다는 점에서도 왕으로서는 큰 문제에 있어서 왕국 안팎으로 자신의 대의의 정당성을 선전·홍보하기 위해서라도 그런 모어의 공개지지를 끌어낼 필요가 있었을 것이다.

『사계절 사나이*A man for all seasons*』란 타이틀로 사극 무대에 올려진 적 있었던 <보올트 작(作) 토마스 모어 인물사극 제1막 7장>에서 발췌된 '첼시 모어 가에서의 왕과 모어의 대담장면'은 앞으로 왕의 양심과 모어의 양심 간의 충돌로 인해 모어에게 닥쳐올 고난을 예감케 한다.

---

2) Margaret Stanley-Wrench, *Conscience of a King*, p.128.

왕 : 내 이혼 문제인데 말이야, 모어경 이제 내 쪽으로 다가서게 되었나?

모어 : 제가 생각하면 생각할수록 폐하의 뜻을 따를 수 없어서 …

왕 : 그렇다면 생각을 덜 한 게지.

모어 : 제가 국새를 받았을 때 폐하께서는 그 문제로 저를 다그치지 않으시기로 했습니다.

왕 : 내가 약속을 어겼단 말이군, (…) 그런데, 모어경, 내 영혼이 죄 안에 있다는 것을 알아주게. 그건 결혼이 아니었어. 그녀는 내 형의 미망인이었어. 「레위기」에 "너는 네 형제의 아내의 부끄러운 곳을 벗겨서는 안 된다"라는 말이 있잖아. 「레위기」 18장 16절 말이야.

모어 : 예, 폐하, 그러나 「신명기」에는 …

왕 : 「신명기」는 모호해!

모어 : 폐하, 저는 이런 일에 관여할 자격이 없습니다. 제 생각에는 그 일은 교황께서 결정할 문제로 …

왕 : (…) 괜찮은 딸이지만, 아들이 없어. 왕비를 치우는 것이 나의 마땅한 의무이고 베드로 이래의 어느 교황도 나와 내 의무 사이에 끼어들 수는 없어. 자네가 그걸 왜 모르나. 다른 사람들은 다 아는데 …

모어 : 그러면 왜 폐하는 하찮은 저 같은 사람의 지지를 원하십니까?

왕 : 자네가 정직하기 때문이야. 그리고 더 중요한 것은 자네가 정직한 사람이라는 것을 세상이 훤히 알고 있기 때문이야.[3]

---

3) 김진만, 『토마스 모어』, pp.114~117 ; Robert Bolt, *A Man for All Seasons*,

모어도 자신을 로드 챤슬러직에 출사하게 한 왕의 의중을 알고 있었지만, 모어는 딴 생각을 하고 있었다. 그것은 최고위 공직자로서 어떤 식으로든 왕의 측근에서 왕의 편의적인 양심을 『7성사 옹호론』을 썼던 그때의 올바른 양심으로 되돌려놓는 것이었다. 그러니까 왕의 양심과 모어의 양심 사이의 충돌은 예고된 것이었다. 모어는 도덕적으로 보나, 교권적 측면에서 보나, 왕의 혼인무효화는 도리에 맞지 않는다고 생각하고 있었으며, 정상적인 교황이라면 그가 왕의 무효화 특면을 승인하지 않을 것이리라는 것을 예상하고 있었다. 헨리의 양심이 편의적이고 욕망적이었다면, 모어의 양심은 도덕적이고 신앙적이었다. 편의적이고 욕망적인 왕의 양심에 대처하는 모어의 방식은, 위 인용문 '첼시 모어 가에서의 왕과 모어의 대담장면'이 시사해주듯이, 자문관으로서 무간섭 비유적 조언이었다. 그러나 울지의 비서관이었던 토마스 크롬웰이 왕의 수석비서관으로서 왕의 실세가 되면서 상황이 달라졌다. 크롬웰의 등장으로 왕의 양심은 이제 정치적인 것이 되었다. 크롬웰이, '캐서린과의 이혼'과 '앤 볼린과의 결혼'을 합법화하기 위한 의회를 통한 입법화 작업을 이미 왕으로부터 승인받고, 앤 볼린 가와 함께 입법화 작업을 위한 지지자들을 모으기 시작했기 때문이다.

모어가 위기의식을 느끼게 한 사건이 의회개회 중인 1529년 말부터 1530년 초엽에 발생했다. 교권의 부정을 고발함으로써 헨리의 이혼 명분에 활용될 수 있는 소책자 『빈털털이를 위한 탄원』이 런던 거리에

---

pp.33~37. 모어가 거론한 「신명기」 25장 5절은 '여러 형제가 함께 살다가 그중의 하나가 아들 없이 죽었을 경우에 그 남은 과부는 일가 아닌 남과 결혼하지 못한다. 시동생이 그를 아내로 맞아 같이 살아서 시동생으로서의 의무를 다해야 한다'이다.

나돌고 있었던 것이다.[4] 이 무렵 더욱이 의회 내에서도 훗날 체계적인 반교권주의 운동으로 번져갈 소지가 있는 초기 징후들이 나타났다. 일례로 죽은 사람의 재산 일부를 교구 사제에게 바치는 사후헌납死後獻納과 유서 검인 그리고 성직자 복수겸직에 대한 불만을 입법의 형식으로 해결하고자 하는 시도가 있었다. 이런 것들은 모어가 우려하는 속권의 교권 침해에 해당하는 것이었다. 모어의 신학적 동지 존 피셔 주교는 의회에서 다음과 같은 연설로 모어의 심경을 대변하였다.

의원 여러분, 이 법안들이 어떤 것인지 생각해 보십시오. (…) 우리 조상들의 부단한 노력과 관심으로 더할 나위 없이 평화로운 자유의 상태로 우리에게 물려준 우리의 거룩한 어머니 교회를 이제 우리가 노예나 다름없는 비천한 예속 상태로 전락시키려 하고 있습니다.[5]

이와 같은 반발에 대한 입법파의 반응은 즉각적인 공격이었다. 1530년 7월에 검찰총장이 고위성직자 14명을 교황존신죄 혐의로 왕좌법정에 정식으로 기소하는 사건이 일어났다. 이 명단에 당연히 피셔 주교를 포함해서 캐서린파 4명이 포함되어 있었다. 죄목은 이들 고위성직자들이 왕이 승인한 바 있었던 추기경 울지의 교황대사특권을 울지 본인이 교묘하게 악용·남용하여 교황존신죄법을 위반하는데, 암묵적으로 수긍·추종·조장했다는 미심쩍은 것이었다.

모어가 우려한 것은 고소된 14명 중 11명은 종교 논쟁에 있어서

---

4) James Monti, *King's Good servant, but God's First,* p.301.
5) Reynolds, *Saint John Fisher,* p.167. 피셔 주교도 소신을 굽히지 않아 맹세·서약 불복종으로 인한 대역죄로 모어에 앞서 참수된다.

존 피셔 주교에게 적대감을 표명했던 사람들이었다는 것이다. 모어는 이것이 이 기회에 친가톨릭교회측 사람들을 법정에 세우기 위해 그 11명까지 고소명부에 의도적으로 포함되게 했을지도 모른다는 생각을 하고 있었는데, 그 생각이 딱 들어맞는 일이 얼마 후에 발생했다. 두 사람이 교황존신죄혐의로 고소되었는데, 이들 중 앤써니 허시 Anthoney Hersy라는 평신도가 끼어 있었다. 문제는 이 평신도 피고가 교회 소속 공증인이었다는 것이다. 그러니까 이 사건을 계기로 모어는 크롬웰을 주축으로 하는 헨리입법파들의 '교회법을 포함한 교권에 대한 전방위 공격'이 시작될 것임을 직감하게 된다.[6] 6년여 간의 긴 과정을 통해서 이뤄지는 이른바 의회 내 입법화를 통한 크롬웰의 튜더 정치혁명과정이 시작된 것이다.[7] 모어는 다급해지기 시작했고 자문관으로서 왕에 대한 충성의 방식을 바꿔야 했다.

2. 신앙의 수호를 위한 침묵의 조언

이제 큰 문제와 관련해서 모어의 전략이 왕의 양심에 대한 무간섭 비유적 조언으로부터 침묵을 유지하되, 간접적으로 그 문제에 내밀하게 개입해야 할 정도로 정황이 악화되고 있었다. 이러한 간접 개입 방식은 『유토피아』에서도 개진된 것처럼 '조정현실정치판'을 깨지

---

6) James Monti, *King's good servant, but God's first*, pp.302~303.

7) G. R. Elton, *The Tudor Revolution in Government*. 엘튼은 1529년 이후 '개혁의회' 이후 수년간에 걸친 연이은 입법과정을 튜더 혁명이라고 불렀다. 엘튼은 ① 완전한 주권 독립 국가로의 진입, ② 입헌적 제한적 왕정 성립, ③ 사적인 '왕실정치'에서 공적인 '국가관료정치'로의 전환 등이 이뤄졌음을 주장하면서 그 무렵을 잉글랜드 근대국가의 기점으로 보았다.

않으면서 더는 상황이 나빠지지 않도록 심혈을 기울이는 국정자문관의 실용적 접근방식이었다.

1530년 가을, 모어를 더욱 당황케 한 사건이 발생했다. 크롬웰의 주선으로 왕에게서 혼인 문제를 연구하도록 위임받은 토마스 크랜머 Thomas Cranmer와 에드워드 폭스Edward Fox 등을 주축으로 하는 연구자들이 자신의 임무를 완수하여 왕에게 『알찬 발췌문Collectanea satis copiosa』이라는 책을 헌정했다. 왕은 손수 그 책에 자필 주석을 붙였는데, 이 책은 왕의 혼인무효 선언과 재혼을 실현하는 수준을 넘어, 왕이 잉글랜드 교회를 접수하는 데 요구되는 역사적·이론적 토대를 제공하는 책이었다.8) 이 책은 2세기에 그리스도교 신자 '루키우스라는 가공적인 잉글랜드 왕'과 이 왕을 잉글랜드에서 하느님의 신성한 대리자로 선언했다고 하는 '교황 엘레우테리우스' 간에 주고받은 서한을 근거로 하여 그 기반 위에 작성된 수상쩍은 냄새가 나는 내용을 담고 있었다. 여기에서 교황은 루키우스 왕이 이미 성·속법을 지배할 '브리타니아 법'을 가지고 있기에 로마법이 필요 없음을 단언했다. 그러니까 그 내용의 핵심은 잉글랜드가 본래 외세로부터 독립된 제국, 즉 일종의 신정주의제국神政主義帝國이었다는 것이다. 이것은 여태까지의 잉글랜드 역사의 위상을 확 바꾸기에 충분한 것이었는데, 문제는 그것이 왕의 자만심을 부추긴 데 있었다.

이 사건에서 모어가 우려한 것은 루터 사상을 흡수한 이단 성향의 신학자들이 왕의 큰 문제 해결에 동원되었다는 점이었다. 크랜머와 폭스 둘 다 독일에서 루터 사상을 흡수한 이단 성향의 개혁파 신학자들

---

8) John Guy, *Tudor England*, pp.117~153.

이었다. 이제 이단 사상에 왕이 물들어 가는 것은 시간문제였다. 이들은 헨리 8세로 하여금 "이 책이야말로 왕들이 읽어야 할 필독서이다"라며 무릎을 치면서 감탄하게 했다는 틴데일의『복종』을 왕에게 소개한 신교 성향의 앤 볼린과도 연계되어 있었다.[9]『알찬 발췌문』이 담고 있는 내용도 모어의 마음을 심란하게 만들었다. 모어 생각에, 그 내용이 그대로 받아들여진다면, 이것은 잉글랜드 교회의 로마가톨릭교회로부터의 단절을 초래하여, 궁극적으로는 가톨릭 신앙을 주축으로 하는 질서체계의 도미노적 와해로 인해 가톨릭공동체가 분열·붕괴되는 위기상황에 직면하게 될 것이었다.[10]

더욱이 1531년 2월 왕좌법정에 고소되었던 성직자들의 교황존신죄법 사면의 조건으로 성직자 단체가 사면 보상금 10만 파운드를 지불할 것과 '그리스도의 법이 허용하는 한'이라는 제한이 붙지만 '잉글랜드 교회와 성직자의 최고 수장이자 유일한 보호자는 잉글랜드 왕이다'라는 것을 주 내용으로 하는 안건이 캔터베리 주교회의단에서 통과되었다. 잉글랜드 주재 에스파냐 대사 챠푸이스에 따르면, 이때 모어는 잉글랜드의 성직자들이 속권俗權에 복종한 것을 한탄하면서 챤슬러직 사임을 숙고하였다.[11] 이것은 그 후 숨 가쁘게 전개될 개혁 입법화 과정을 예감한 모어의 좌절과 그것을 차단하기 위한 위장잠복첩자로서의 모어의 한계를 반영한 것이었다. 모어의 예감은 딱 맞아 떨어졌

---

9) 왕을 들뜨게 한 것은 '그리스도교인은 그의 왕에게 무조건 복종해야 한다. 왕은 하느님의 방에 있으며 그의 법은 곧 하느님의 법이다'라는 내용이었다. Retha M. Warnicke, *The Rise and Fall of Anne Boleyn*, p.107.

10) James Monti, *King's Good Servant, but God's First*, p.304.

11) R. W. Chambers, *Thomas More*. p.279. 그것은 수위권 결정이 난 후 챠푸이스가 황제 카를 5세에게 보고한 내용에 토대를 둔 것이다.

다. 이후 크롬웰 주도하에 다음과 같이 연달아 개혁 입법이 공포될
것이었으니까 말이다.

〈표 2〉 그 이후의 입법화 과정[12]

순서	년도	입법명	주요내용
1	1532년	반성직자 청원법 Act of Supplication against the Ordinaries	왕의 대권을 옹호하고 성직자들과 교회에 대한 갖가지 고발을 담고 있음
2	1532년	초년도 수입세 상납 금지법 Act of Restraint of Annates	로마교황청으로 흘러들어가는 잉글랜드 내 십일조 등의 각종 수입원을 차단조치함
3	1533년	상고 금지법 Act in Restraint of Appeals	잉글랜드 내 사건에 대해 교황에게 상고하는 것을 금지하는 법
4	1534년	성직자 복종법 Act for Submission of the Clergy	성직자의 국왕에게 복종을 법제화함
5	1534년	특면권법Dispensation Act	로마교황청으로의 모든 상납을 금하고 교황의 특면권을 부인함
6	1534년	제1차 왕위 계승법 The First Succession Act of Supremacy	헨리 8세와 그의 재혼녀 앤 볼린 사이의 아들을 왕위계승자로 정하고 결혼에 대한 중상 비방을 반역으로 규정하며 성년에 이른 모든 신민에게 법의 지지를 명시하는 선서를 명함
7	1534년	수장법 Act of Supremacy	로마교황청과의 단절, 잉글랜드 국교회 성립 및 국왕의 최고권 확립을 확정함
8	1534년	제2차 왕위계승법 The second Succession Act of Supremacy	왕위계승법의 내용을 강화하였음

그렇다면 이에 대응하여 모어의 암묵적 간접개입은 어떻게 이루어
졌는가? 그것은 세 가지 방법으로 요약될 수 있다. 하나는 루터의
3성사론을 반박하는 『7성사 옹호론』을 거론함으로써 교황으로부터
'신앙의 수호자'란 명예로운 타이틀을 받은 가톨릭 보호자로서의 헨리
8세의 모습을 부각하여 왕으로 하여금 가톨릭 신앙의 보호자로서

---

12) J. R. Tanner, *Tudor Constitutional Documents*, 1485~1560, pp.1~68.

자부심을 갖게 하는 것이고, 다른 하나는 반이단 종교재판가로서의 역할을 충실히 수행하는 것이며, 나머지 하나는 캐서린파 막후 첩자로 활동하는 것이었다.

모어는 왕 접견시 간간이 '신앙의 수호자'라고 헨리를 추켜세우곤 했다. 국왕 측근자들과의 담소 중에도 그런 헨리의 면모를 강조하곤 하였다. 그것은 헨리 8세에게 '신앙의 수호자'란 명예로운 타이틀을 환기시킴으로써, 즉 헨리의 명예 과시욕을 이용하여 그를 가톨릭교회의 보호자로 복귀시키기 위한 언어·심리적인 전략이었다.13) 크롬웰이 잉글랜드를 로마가톨릭과의 단절을 확정짓는 법안 제정을 더욱 신속하게 처리하려 할 때마다, 헨리는 크롬웰에게 속도 조절을 주문하곤 했고 로마교황청과의 관계를 완전히 끊지는 말 것을 종용하였다. 이때까지만 해도 헨리는 여전히 교황청에 의지해서 자신의 문제를 해결하고자 하는 생각을 갖고 있었던 듯하다. 그것은 '신앙의 수호자'란 타이틀 소지자로서 헨리 8세의 명예로운 전력의 영향이 컸을 것이다. 모어는 챤슬러직 사임 후 1532년 초 출판한 『논박』 서문에서 헨리 8세는 '신앙의 수호자'로서 '참된 신앙의 보호' 외에 다른 어떤 것도 원치 않았음을 부각하며, 그가 『7성사 옹호론』의 집필자라는 사실을 상기시키고 있다. 또한 최후 논쟁서 『살렘과 비잔스 정복』에서도 모어는 '신앙의 수호자'로서 왕이 이단성향자들에게서 멀리 떨어져 있기를 간구하였다.14)

1534년 초엽, '대역죄 불고지 은닉 범죄자'에 대한 '사권私權박탈법

---

13) 이를테면 헨리 혹은 헨리 측근자들과의 대화에서 모어는 "신앙의 수호자이신 폐하께서는 혹은 『7성사 옹호론』의 저자인 폐하께서는" 식의 어투로 대화를 시작하였다.

14) 김평중, 「토마스 모어의 정치사상 연구」, p.173.

Bill of Attainder'을 상원에 제출하기 전에 '해당법안 적용자명단 포함여부'와 관련하여 혐의 대상자 심문이 있었다. 여기서 심문자들은 모어가 왕을 선동해서 왕으로 하여금 루터에 반박하는 『7성사 옹호론』을 쓰게 하여 교황의 권한을 옹호하게 한 것이 아니냐며 다그치는 일이 있었다. 이에 '협박은 어린애들에게나 하는 것이야'라고 호통을 치면서, 모어는 그 사실을 왕, 크롬웰 및 그 측근자들에게 직접 확인해볼 것을 요청했는데, 그 이후 『7성사 옹호론』과 관련해서 모어를 비방·심문하는 일은 없었다. 결과적으로 모어는 사권박탈법 적용대상명단과 벌금부과대상자명단에서 빠졌다. 그러나 피셔 주교는 적용대상명단에서 제외되기는 했지만, 벌금부과대상자명단에는 포함되어 모어의 그것과 대조를 이뤘다.

　사실 헨리는 처음에는 교황으로부터 큰 문제에 대한 해답을 얻어 앤 볼린을 정실로 받아들일 수 있는 조건만 충족시키면 그만이었다. 처음의 헨리 양심은 편의적이고 욕정적인 것이었다. 이 시기에는 왕이 로마교황청으로부터의 단절까지는 생각이 미치지 않았다. 일이 꼬여 가던 즈음 왕의 큰 문제 해결사인 막후 최측근 크롬웰의 의회를 통한 '종교개혁 입법안 청사진'이 왕에게 제시되면서 헨리의 양심 속에는 고도의 정치·경제적 속셈이 담기게 된다. 그 법안이 현실화될 때, 잉글랜드 왕국과 자신에게 부수적으로 떨어질 정치·경제적 이익을 헨리는 셈하기 시작한 것이다. 크롬웰의 개혁안이 실현되기만 한다면야 그것은 그야말로 헨리 8세에게 꿩 먹고 알 먹는 수지맞는 사업이 아니던가.[15]

---

15) 헨리는 여전히 잉글랜드 천여 년 전통의 정신적 권위에 의지하여 문제를 해결하고자 하는 여지를 남겨 놓고 있었다. 그런 점에서 헨리 측근에 있는

그렇지만 헨리는 '신앙의 수호자' 칭호에 대한 미련을 버리지 못한다. 그 미련은 헨리의 개혁교회의 모습에 고스란히 반영되어있다. 이를테면 헨리 8세는 루터교를 이용함으로써 잉글랜드의 교회를 로마로부터 떼어내어 잉글랜드국교회(잉글랜드 성공회)를 만듦으로 '하나의 거룩한 교회'를 빈 문서로 만들었지만, 가톨릭교회의 주요한 교리와 관례를 그대로 답습하게 된다. 훗날 헨리는 잉글랜드국교회가 루터교회화하는 것을 막기 위해 기존 가톨릭 관례와 교리에 거의 전적으로 의존하는 6개조를 의무화하기까지 한다.[16] 그러니까 헨리의 종교개혁은 헨리의 편의적인 정치·경제적 이익이 뒤섞여 있는 기괴한 종교혁명이었던 셈이다.

모어는 종교재판가로서의 자신의 활동이 한편으로는 이단자들을 척결함으로써 가톨릭 질서를 수호하는 데 기여할 것이고, 또 한편으로는 왕 자신의 큰 문제를 위하여 이단성향의 신학자들을 끌어들이고 있는 헨리가 이단화하는 것을 견제하는 역할을 할 것으로 기대하였다. 종교재판가로서의 모어의 활동은 찬슬러로서 공식적인 활동이기도 하였다. 그러나 헨리와 직접 교통하고 있는 토마스 크랜머, 에드워드 폭스 같은 이단성향신학자들에 대해서는 상관하지 않았다. 다만 서적 등을 통해서 간접적으로 영향을 주고 있는 틴데일, 피쉬 같은 이단성향의 신학자들에 대해 반이단 논쟁을 통해 잉글랜드가 이단 사상에 물드는 것을 막아보려고 했다. 그러니까 종교재판가로서 모어의 직접적 박해 대상이 되었던 자들은 정부의 비호를 받고 있는 거물급

이단성향자들은 헨리의 목적이 완수되면 토사구팽될 수 있는 헨리의 임시 방편도구에 불과했다.

16) 나종일, 송규범, 『영국의 역사 상』, pp.283~284.

이단성향자들은 아니었다.

모어의 가혹한 종교재판가로서의 모습이 처음 부각된 것은 1533년 경 자칭 '화해자pacifier'란 익명의 사람이 모어를 겨냥한 듯한 「이단자 가혹 처사를 비난하는 짧은 글」에서였다. 이 글의 핵심은 교회 재판소의 권한이 축소되어야 한다는 것이었다. 모어는 그것이 교속일체적敎俗一體的인 이단재판을 옹호하는 세속 재판관인 본인의 이단자 재판에 대한 비난을 담고 있다는 지레짐작의 반응으로, 『변명』이라는 책에서 '화해자'에게 자신의 이단자 처리에 비리가 있었으면 법정에 나와 증언할 것을 촉구한다.17) 모어는 악령이 씌워져 교만이라는 악덕에 사로잡힌 이단자들은 이성으로 설득되지 않기 때문에, 가톨릭 권위와 질서를 지키기 위해서 힘의 논리에 의존할 수밖에 없음을 설파한다.18) 그런 논리 하에 모어는 평신도 재판관으로서 이단자 재판에 깊이 관여한다. 이때 모어가 의존한 법령은 롤라드파를 진압하기 위해 시행되었던 1414년의 법령이었다. 이것은 세속 재판관으로서 로드 챤슬러가 이단자를 체포하여 주교 재판에 회부하면 주교 재판관이 최종 판결을 내리게 함으로써, 이단자 척결 시 세속 재판관의 적극적인 지원을 받을 수 있을 뿐만 아니라 교회 측에 막강한 힘을 부여하고 있는 이단자척결법령이었다. 이 법령에 의거한 이단자화형절차에 따르면 교구 주교만이 고소된 이단자를 재판하고 선고를 내릴 수 있었다. 그러나 이단으로 확증된 자가 자신의 의견을 포기하지 않는 한, 혹은 포기한 후에도 다시 이단으로 되돌아간다면, 이때 주교의

---

17) 『변명』은 헨리의 선전·홍보 보통법 법조인 저먼의 책에 대한 응수였는데, 모어는 익명의 '화해자'를 저먼으로 생각하고 있었던 듯하다.

18) 김평중, 「토마스 모어의 정치사상 연구」, p.130.

요구가 있을 경우, 세속 관리는 대법관청 수뇌인 챤슬러 감독하에 그 이단자를 공개화형에 처해야 했다.[19]

모어는 이단자가 도저히 회개하지 않는다면, 이단자 화형을 이단자가 저 세상으로 가기 전에 영혼을 깨끗이 정화할 수 있는 마지막 방법이라고 생각했다. 모어는 화형을 통해 이단자의 영혼에 스며든 악령을 제거할 수 있다고 보았기에, '이단자 화형 집행' 그 자체를 가혹한 처사로 보지 않고 '이단자 영혼 구제'를 위한 통과의례 같은 것으로 보았다. 그것은 이단자사냥꾼으로서 냉혹한 종교 재판관들의 전형적인 생각이었다. 챤슬러 재직기에 모어가 관여한 이단 혐의자들은 다음과 같다.

〈표 3〉 모어에 의해 다뤄진 이단자 혐의자 명부 [20]

순서	명단	내용	결과
1	조지 콘스탄틴	이단서적 판매 사제. 모어 첼시 가에서 차꼬에 묶여 감금됨. 다른 혐의자들을 고발할 것을 강요당함.	도주
2	리처드 베이필드	이단서적 행상 수도사. 모어 첼시 가에서 차꼬에 묶여 감금됨. 다른 혐의자들을 고발할 것을 강요당함.	화형
3	존 튜크스베리	이단 성향 혐의자. 롤러드탑으로부터 이송되어 첼시 가에서 차꼬에 묶여 감금됨. 정원 나무에 묶여 채찍질 당함. 다른 혐의자에 대한 고발을 강요받음.	화형
4	제임즈 벤험	이단 성향 혐의자. 런던탑에서 첼시 가로 이송됨. 정원 나무에 묶여 채찍질 당함. 고문받음. 다른 혐의자에 대한 고발을 강요받음.	화형
5	존 필드	이단 성향 혐의자. 첼시 가에 18일 동안 감금된 후, 플리트 교도소로 이송됨.	석방

위의 명부의 3과 4 두 혐의자는 모어 동시대의 루터파 신학자

---

19) Ibid., p.131.
20) Richard Marius, *Thomas More*, pp.386~406.

존 폭스John Fox의 『순교록Book of Martyrs』에 근거한 것이고, 1과 2는 모어 동시기 증언자들에 의한 것이며, 5는 중도적 성향의 19세기 역사가 프루드James Anthony Froude의 연구에 따른 것이다.21) 여기에서 연구자들의 성향 차이에도 불구하고 1, 2, 3, 4, 5의 공통된 요소 하나는 모어가 이단성향자들을 이단 법정에 의존하지 않고 자신의 사저私邸 첼시 가에서 사적으로 처리했다는 사실이다. 챤슬러 재직 3년여 기간을 고려할 때 5명의 혐의자가 수적으로 많은 것은 아니지만, 그들이 그렇게 사적으로 고문받았다는 것은 이단자 사냥꾼으로서 법조 공직자 모어의 면모를 보여준다.

챤슬러는 일종의 왕의 자문내각인 추밀원의 주재자라는 점에서, 당시 그 지위에 있던 모어가 첩자로 활동하기에 안성맞춤이었다.22) 물론 그것이 암중모색 속에서 내밀하고 민첩하게 이루어져야 한다는 조건이 붙지만 말이다. 모어에게는 그렇게 하는 것이 정치판을 깨지 않으면서도 상전으로서의 왕에 대한 최상의 충정 어린 자문이라고 생각하였다. 은밀하고도 간접적인 방식으로 모어는 캐서린 왕비 옹호 세력과 가톨릭교회 측을 지원하고 있었다. 이를테면 모어는 헨리의 이혼과 개혁입법을 저지하기 위한 캐서린 왕비의 은밀한 보호막으로, 헨리와 헨리 측근자들의 시시각각 움직임을 캐서린 지지파에게 보고 하여 그들이 반헨리 활동을 효율적으로 추진할 수 있도록 도움을 주었다. 모어에게는 그렇게 하는 것이 양심상 캐서린 왕비에 대한 도의적 처사였고, 불의로 치닫는 왕의 양심을 되잡을 수 있는 적절한

---

21) Ibid., pp.131~133 ; 김진만, 『토마스 모어』, p.99.
22) 추밀원은 '크롬웰 주축 헨리개혁'의 홍보·선전 활동을 지휘하는 최전선이었다.

행동이었으며, 궁극적으로는 자신의 왕국을 위한 정의로운 행위로써 그의 절대 명제인 '하나의 가톨릭 정신공동체 질서 회복'에 기여할 수 있는 길이었으니까 말이다. 1530년 초엽의 왕실조정세력은 그 성향상 두 파로 분류될 수 있다. 그것을 분석·비교해보면 다음과 같다.

〈표 4〉 1530년 초 성향별 파벌 분석23)

세력명	주요 참가자	활동	성향
아라곤파	주교 : 존 피셔, 쿠스버트 턴스털, 니콜라스 웨스트, 존 클러크, 헨리 스탠디쉬 평신도 : 조지 탈보트 (스르쥬베리 백작), 토마스 모어	이단에 대하여 하나로 결집되어 있으며 가톨릭교회 수호에 집착함. 성직자 중심의 동질적 그룹. 성직자들 모임에서 주로 활동함. 추밀원에서 주로 활동했으나, 상원에선 고위 성직자들로부터 그리고 하원에선 '헤드그룹' 출신의원들로부터 지원을 받았음.	왕비 지지 보수세력. 에스파냐와 연계되어 있음. 조지 쓰록모턴, 윌리엄 에쎅스, 메어듀크 콘스터블, 존 기포드 등의 '신생헤드그룹'에게서 지원을 받았음(헤드그룹은 순수 캐서린 지지 가톨릭 단체임. 회합지로 왕비 소회관인 헤드태번에서 모임을 가졌음).
개혁파	정치인 : 토마스 크롬웰 루터성향사제 : 토마스 크랜머 루터성향신학자 : 에드워드 폭스 보통법 법조인 : 성 크리스토퍼 저먼	헨리의 이혼 지지 및 개혁입법 세력임. 아라곤파에 비해 이질적 결집 세력임. 헨리의 이혼과 개혁 선전·홍보활동 및 입법개혁 청사진 마련에 힘씀. 의회와 추밀원 및 크롬웰 사저에서 주로 활동함.	가톨릭질서판을 바꿔 보고자 하는 진보세력. 앤 볼린가와 연계됨. 잉글랜드 튜더혁명과 헨리종교개혁의 주축세력이 됨.

왕의 일을 대행하는 공인으로서 챤슬러직을 수행해야 하는 직무와 중첩되었기에, 모어의 아라곤파에서의 활동은 그야말로 암묵적으로 발 빠르게 이루어졌다. 아라곤파 모임에 직접 참석하는 일도 삼갔으

---

23) John Guy, *The Public Career of Sir Thomas More*, pp.141~174.

며, 특히 캐서린 지지 순수 신생 단체인 헤드그룹과는 분명한 거리를 두었다. 이들 헤드그룹은 강한 저항 성향으로 인해 크롬웰 측의 사찰 대상이 되었는데, 이들 그룹의 반왕정 활동을 견제하고 억압하기 위해서, 헨리 측은 의회 안건 찬반 투표 시 공개채결 투표방식을 의원들에게 강요하고 있는 실정이었다. 이런 상황에서 모어의 행동은 은밀하거나 신중할 수밖에 없었는데, 모어의 아라곤파 활동행적과 관련해서 남아 있는 기록이 거의 부재한 것도 아마 그러한 연유 때문이었을 것이다.

다만 잉글랜드 주재 에스파냐 대사 챠푸이스의 입을 통해 모어가 아라곤파의 일원이었다는 것을 확인할 수 있을 뿐이다.[24] 챠푸이스는 '모어가 위기에 처해 있는 잉글랜드 왕비 캐서린의 비호를 위해 애쓰는 한편, 가톨릭교회 수호를 위해서 고군분투 하는 사실'을 보고했고, 황제가 그것에 대해 챠푸이스를 통해 모어에게 감사의 말을 전해줄 것 요청했다는 기록이 남아 있다. 이것은 모어가 아라곤파를 통해 에스파냐와 은밀하게 연계되어 있었음을 예증한다. 그러했기에 모어가 챠푸이스의 관사로 방문해줄 것을 요청받았을 때, 방문할 경우 현 정황상 헨리 측근자들의 감시망에 걸려들지도 모른다는 것, 아직은 헨리가 자신의 충성심에 의혹을 품고 있지 않으나 여전히 의혹을 살만한 일을 자제해야 한다는 것 등을 이유로 그는 챠푸이스의 방문요청을 거절했다.[25] 이것은 한편으로는 모어가 아라곤파의 일원으로

---

24) Ibid., pp.158~160. 챠푸이스는 헨리의 이혼을 저지하고 가톨릭 교권을 지키고자 하는 모어의 노고를 치하하며 그를 아라곤파의 진정한 대변자요, 보호자라고 말한다.

25) 김평중, 「토마스 모어의 정치사상 연구」, p.179에서 재인용. Stanford E. Lehmberg, *The Reformation Parliament, 1520~1536*), pp.153~154 참고.

암약하고 있었음을 분명하게 보여주고, 또 한편으로는 모어가 헨리 측근자들에게 적어도 심증적으로는 아라곤파 암약활동자로 의심받고 있었을 것이라는 추측을 가늠케 한다. 또한 모어의 그러한 신중한 행보는 헨리의 큰 문제와 관련하여 잉글랜드 상황이 급박히 돌아가고 있었음을 반증한다. 이런 상황이기에 모어는 자신의 이중행보전략이 곧 한계에 직면할 것임을 예감하는데, 실제로 얼마 안 되어서 그는 챤슬러직을 사임하게 된다.

사임의 직접적인 배경에는 헨리가 크롬웰의 설득을 받아들여 크랜머와 폭스의 『알찬 발췌문』에 입각한 신정주의제국 지향의 청사진을 밀어붙이기로 결심한 후, 성직자들의 저항으로 질질 끌려왔던 '성직자 복종'을 인정하는 성직자 서명 사건이 있었다. 이 서명은 1532년 5월 16일 웨스트민스터에서 캔터베리 워햄 대주교를 비롯한 잉글랜드 성직자 대표단에 의해 크롬웰 측의 감시하에 행해졌다. 그것은 왕과 크롬웰 측의 협박과 회유 그리고 집요한 설득에 의해 이미 캔터베리 종교회의에서 결정되었던 내용을 담고 있었다.[26] 이 요지는 세 가지로 요약된다. 앞으로는 왕이 모든 새 교회 법령에 대해서 거부권을 갖는다는 것, 평신도와 성직자 합동으로 구성된 심사원단의 평가를 통해 오류가 발견된 교회법은 수정·폐지될 수 있다는 것, 그리고 현행의 유지·존속되는 모든 교회법들은 이제부터 그 효력이 왕의 권위에서 나온다는 것이 바로 그것들이다.[27] 헨리가 여기서 꾀한 것은 교회를 국가의 대행자이자 피보호자로 격하해서 교회의

---

26) Edward Hall, *The Lives of The Kings : Henry Ⅷ*, 1550 folio edition entitled *The Triumphant Reigne of Kyng Henry Ⅷ*, reprint, 2 vols. p.210.

27) Christopher Haigh, *English Reformations : Religion, Politics, and Society under the Tudors*, p.114.

영적 자율권을 자신의 수중에 접수하고자 한 것이었다.

이러한 헨리 측의 반교권주의적 시도는 모어가 보기에 1215년 이래로 선왕들에 의해 준수되어왔고, 헨리 8세 그 자신도 맹세·서약한 잉글랜드 헌정문서 대헌장 <마그나 카르타>의 교권존중주의를 폐기처분하는 것이었다.[28] 더욱이 여기에다 헨리의 고집으로 서명부 전문에 '캔터베리 성직자 회의에 대한 소집권이 왕에게 이양된다'는 조항이 삽입되었다. 모어가 보기에 이것은 교회·왕·나라에 큰 재앙이 밀어닥칠 조짐이었다.

성직자 복종 서명사건이 있던 그 날(1532년 5월 16일) 모어는 낙담 속에서 챤슬러직을 사임하게 된다. 모어의 사임은 그것을 막고자 했던 노력에 대한 좌절의 표징이었다. 그것은 부도덕하고 야심적인 왕의 양심을 '신앙의 수호자' 본래의 양심으로 되돌려 놓고자 한 공식적인 조언자로서의 모어의 역할이 이제 끝났음을 의미하기도 하였다. 사임하기 전까지 왕과 모어의 관계는 표면적으로는 큰 문제에 관련하여 상호 간에 무간섭을 원칙으로 원만하게 유지되었다. 헨리는 헨리대로 모어가 자신 쪽으로 올 것이라는 기대를 걸고 있었고, 모어는 모어대로 헨리가 『7성사 옹호론』 저자 본래의 모습으로 복귀할지도 모른다는 기대를 품고 있었을 것이다. 사임 후에도 헨리는 여전히 모어가 자기 쪽으로 오기를 원했다. 그러나 모어의 생각은 달랐다. 이제 자연인으로서 모어는 '교권수호논쟁'에 온 힘을 쏟았는데, 그것

---

28) 존 왕이 1215년 최초로 서명한 이 헌장Magna Chrata에 헨리 8세 또한 맹세한 바 있었다. *English Historical Documents*, vol. 3, 1189~1325, ed. Hery Rothwell, p.341. 이와 관련된 주 내용은 "우리의 이 현행 헌장에 의해 짐과 짐의 상속자들은 잉글랜드 교회가 자유를 누릴 것이며 그 모든 권리가 축소되지 않고 그 특전들이 줄어드는 일이 없을 것임을 천명한다"이다.

은 은둔적 자문관으로서 모어가 상전인 왕에게 주는 충정의 역설적 조언이기도 하였다.

사임 후 헨리는 모어의 소망과는 달리 정반대의 길로 가고 있었다. 국왕수석비서관 크롬웰, 워햄 후임 캔터베리 대주교 크랜머, 모어 후임 로드 챤슬러 토마스 오들리 등 개혁입법파 측의 민활한 움직임으로 잉글랜드의 두 주교협의회단체인 캔터베리성직의회와 요크성직의회가 왕의 수중에 접수되었으며, 1533년 5월 23일 개회된 컨스터블 특별법정에서 캔터베리 대주교 크랜머에 의해 캐서린과 헨리의 결혼 무효선언, 헨리와 앤 볼린의 결혼적법이라는 판결이 내려졌으니 말이다.29) 같은 해 11월 추밀원에서는 캐서린과 왕 간의 혼인무효 선언, 헨리와 앤 볼린 간의 결혼적법 공식화, 교황권 반박 활동 같은 반가톨릭 선전 등에 착수하였다. 각 교구마다 교회에서 그것들이 설교되고 홍보되도록 하는 왕명이 성직자들에게 하달되었다. 이때 제작된 소책자에는 헨리와 앤 볼린 사이의 건강한 딸 엘리자베스 출산은 하느님의 축복이며, 교황은 일개 로마라는 지역 교구의 주교에 불과하며, 따라서 그가 내린 잉글랜드 왕에 대한 파문은 무효라는 내용이 담겨 있었다.30) 이런 시류를 타고 모어와 뜻을 같이 해왔던 오랜 동지들인 턴스털, 스티븐 가디너 등도 캐서린 지지에서 등을 돌리고 있었다.

---

29) 헨리 8세는 앤 볼린과 1533년 1월 25일에 결혼했으며, 앤 볼린은 1533년 6월 1일 성령 강림 주일에 웨스트민스터 성당에서 대관식을 받게 된다. 그러니까 결혼 4개여 월 후에 합법적인 결혼으로 인정된 것이다. 그렇게 된 데는 헨리의 결혼 문제를 옥스퍼드, 캠브리지, 외국의 여타 대학들 등에 문의하여 여론을 수렴하였던 크랜머의 공적이 컸다. 이러한 절차를 거쳐, 잉글랜드 결혼 문제는 로마 주교가 아니라 잉글랜드 교회가 그 가부를 결정한다는 혁명적 해결안을 낸 사람이 바로 그였다.

30) Christopher Haigh, *English Reformations*, p.117.

피셔를 제외하곤 고위성직자들 대부분과 평신도 고위공직자들 모두가 크롬웰 쪽에 줄을 섰다.

사임 후 그럭저럭 유지되던 모어와 왕 두 사람의 관계가 완전히 틀어진 데는, 모어가 '보통법 법조인 저먼의 논서들인 1528년 출간된 『박사와 학생 1부』, 1530년 출간된 『박사와 학생 2부』, 1531년 출간된 『신부언新附言』, 1532년 말엽 출간된 『교속분열에 관한 논고』, 1533년 9월 출간된 『살렘과 비잔스』' 등을 논박하는 모어의 '두 호교론 저서로 1533년 4월 출간된 『변명』과 1533년 10월 출간된 『살렘과 비잔스 정복』'에 기인한다. 정확히 말하면 모어의 『변명』은 저먼의 『교속분열에 관한 논고』에 관한 논박이지만 그 이전에 쓰인 『박사와 학생 1부』, 『박사와 학생 2부』 및 『신부언』까지 싸잡아 공격한 것이었다. 이러한 모어의 『변명』에 대해 저먼은 『살렘과 비잔스』로 응수하였다. 그러자 저먼의 『살렘과 비잔스』에 대해 모어는 『살렘과 비잔스 정복』으로 응수하였다.[31] 단적으로 정리하면 저먼의 논서들의 일반 기조는 헨리 측의 개혁입법을 대변하여 잉글랜드 관습법으로서 보통법을 교회법 위에 놓고 교속 문제를 풀어가려고 하는 반면에, 모어의 논쟁서들에 나타난 기조는 기존의 가톨릭 질서를 대변하여 교회법을 잉글랜드 보통법 위에 놓고 잉글랜드 사태를 풀어가려 하고 있었다.

문제는 모어로부터 공격받은 논객 저먼이 헨리 측 개혁입법파의 공식적인 선전·홍보 활동 대변자였다는 데 있었다. 그래서 저먼의 논서들은 공식적으로 헨리 왕정의 책자를 인쇄했던 어용출판사인 버슬레트 출판사에서 출간되었다. 모어도 그 자신이 공격한 저먼의

---

31) John Guy, "Thomas More and Christopher St. German : Battle of Books," *Moreana 21* (November 1984. 11), pp.5~25.

논서출판발행인 토마스 버슬레트Thomas Berthelet가 헨리개혁입법파 후원자로서 개혁입법 옹호서들이나 헨리왕정 홍보서들을 정기적으로 출판하고 있다는 사실을 알고 있었다. 따라서 모어는 저면을 공격함으로써 헨리왕정의 개혁입법파측을 직접 공격하고 있었던 셈이다.[32] 버슬레트 출판사가 헨리왕정의 '선전·홍보 고정출판사'였으며, 저면이 헨리개혁입법자 측의 '선전·홍보 대변 법조인'이었다는 사실은 그것을 명확히 반증한다.

모어 사임 전인 1532년에 앞서 출간되었던 저면의 논서들인 『박사와 학생 1부』, 『박사와 학생 2부』, 『신부언』 등은 모어가 가장 우려하는 점들로 '① 잉글랜드 보통법의 교회법과 신법에 대한 우위, ② 의회로부터 인정된 왕에 대한 절대적 신권 부여, ③ 교황권에 대한 왕권의 우위, ④ 반교권주의 논거' 등의 내용을 세세히 다루고 있었다. 그럼에도 불구하고 모어는 사임 이전 공직기에는 그 책들에 대해 전혀 공격한 적이 없었다. 그 이유는 간단하다. 모어가 자신의 상전으로서 헨리와 공직자로서의 자신의 직분을 의식해서였을 것이다. 그러니까 사임 후 재야 논객으로서의 모어의 공격은 다분히 헨리개혁파측의 논리를 타파하기 위한 그의 의도성을 드러낸다.

헨리 8세 역시 모어의 공격을 그렇게 느꼈다. 크롬웰에 의하면 헨리가 모어의 두 호교론 저서 『변명』과 『살렘과 비잔스 정복』을 보고 대경실색했다는 것이다.[33] 실제로 이 무렵 모어의 저술 활동은 크롬웰 측의 공식적인 사찰 대상이 되어 있었다. 그 증거로 '크롬웰 측 반체제 감시원의 모어에 대한 사찰 보고서'와 '모어 저서 출간발행

---

32) Ibid.
33) Ibid., pp.6, 23.

인'인 그의 매제 '윌리엄 라스텔William Rastell'에 대한 '크롬웰측 심문 사건'이 제시될 수 있다.

다음은 1533년 8월 초 크롬웰이 잉글랜드 반체제 출판물 차단 방법을 알아내도록 안트베르펜에 파견한 그의 심복 스티븐 본Stephen Vaughan이 임무를 완수하고 작성해 온 '모어 동태파악 보고서'이다.

모어경은 왕왕 또한 최근에도 안트베르펜에 있는 피도에게 책자들을 보냈는데, 그것들은 틴데일이나 프리스의 성사에 관한 견해를 논박하는 것을 주 내용으로 하고 있습니다. 그것들이 모어경이 직접 집필한 책자들은 아니기에 그의 책략에 관해선 알아낼 수가 없지만, 그 같은 그의 동태를 뜯어보시면 아마 모어경의 책략을 간파하실 수 있을 것입니다.[34]

몇 달 후(1534년 1월) 모어의 매제 윌리엄 라스텔이 출판한 전직前職 로드 챤슬러 모어의 저서『지극히 존경하올 추밀원 의원들의 만장일치 동의에 의해 결정된 제 안건Articles Devised by the Whole Consent of the King's Most Honourable Council』에서 진술된 주장 내용과 관련해서 출판인 윌리엄 라스텔이 심문을 받았는데, 이 사건 또한 모어의 저서가 반체제 불온서적으로 분류되고 있었음을 예증한다.[35]

모어에 대한 외압과 회유는 계속되었다. 노기가 발동한 헨리가 크롬웰에게 모어를 죽이더라도 자신의 결혼에 대한 동의를 받고 난 후에 죽이라고 명했기 때문이다. 크롬웰 측이 모어를 겨냥해서

---

34) Ibid., p.21.
35) Ibid.

표적수사를 했지만 성공하지 못했다.

　이를테면 '켄트 수녀 사건 연루죄', '왕으로 하여금 『7성사 옹호론』 집필하도록 부추긴 죄', '공직자 뇌물수수죄'를 물어 트집을 잡으려는 크롬웰 측 시도가 있었으나, 모어 스스로의 변론과 증거 불충분으로 모어를 기소할 수 없었다.[36]

　옛 동지 턴스털, 존 클릭, 스티븐 가디너 등의 앤 볼린 왕비 대관식 참여 권유도 거절했으며, 남의 눈에 드러나는 어떤 행사에도 모습을 드러내지 않는 등 모어의 칩거 생활이 불안하게 이어졌다. 그러나 1534년 3월 23일 '왕위계승법'이 공포되면서 그의 칩거도 끝나게 된다. 이 법은 잉글랜드 인민은 누구든지 간에 왕과 캐서린 간의 혼인무효, 왕과 앤 볼린 간의 결혼유효, 왕과 앤 볼린 사이에 태어난 자식들의 잉글랜드 왕좌 계승의 합법성, 교황이 아니더라도 혈족 관계법을 관면할 수 있음(교황의 특면권 부정)을 인정해야 한다는 것과 왕의 교회수장권 등을 규정해 놓고 있었다. 또한 왕, 왕비 앤 볼린, 그 사이에 태어난 자녀들에 대해서 비방하는 글을 쓰거나 그렇게 행동하는 자들은 누구든 대역죄로 간주되어 사지를 찢어 죽이는 형벌에 처해진다는 조항이 부가되어 있었다. 왕과 앤 볼린 간의 혼인에 관해서와 그 사이에 태어난 자녀들에 관해 반하는 말만 해도

---

36) James Monti, *The King's Good Servant, but God's First*, pp.469~471. 오히려 "이전에 모어경이 대법관 자리에 있을 때는 송사가 남아 있는 법이 없었다네. 모어경이 그 자리에 복귀할 때까지는 그 같은 일이 더 이상 결코 없을 거야 언제나 올곧은 그를 볼 수 있을까"라는 시가 세간에 회자되었다. Margaret Stanley-Wrench, *The Conscience of a King*, p.139. 켄트수녀사건은 '왕이 정실 왕비 캐서린을 버리려고 고집하면 왕은 더 이상 잉글랜드의 왕이 아니며 악마의 죽임을 당한다'는 소문과 관련이 있는 사건이다. Roper, *Thomas More*, p.229.

발각되면, 반역죄로 기소되어 무기징역에 처해지고 전 재산을 몰수당할 판이었다. 거기에다 이런 명령에 대한 충실한 이행을 시험하기 위한 목적으로 모든 잉글랜드 인민이 맹세·서약해야 한다는 서약문이 부가되었다.

잉글랜드 인민 그대들은 위에 명기된 이 승계법의 제약 조건과 열거 규정에 따라 오로지 국왕 폐하와 그 분의 몸에서 태어난 상속자들께만 신앙과 진리의 복종을 바치고, 이 왕국 안에서 다른 사람은 물론 외국의 권위[교황권]나 군주[로마교황] 또는 권력자에게는 바치지 않기로 서약해야 한다. (…) 현재 의회에서 제정된 제 모든 법령들과 법규들을 준수하고 지키고 변호하고 수호해야 한다.[37]

맹세·서약은 같은 해 3월 30일 의회 의원들에서부터 시작되었는데, 100%의 찬성률을 기록했다. 서약을 거부하면 그 누구든 반역 은닉죄로 몰려 처벌받게 되어 있는데, 그 누가 맹세·서약을 하지 않겠는가.[38] 의회 의원, 저명인사, 고위성직자들, 궁정 조신들은 거의 다 맹세·서약 의식을 끝냈으나, 모어는 침묵으로 일관하였다. 공직인이자 법조인으로서 모어의 수입원이 끊겼고, 맹세·서약 거부죄로 이미 모어의 일부 재산이 몰수당한 상태에 있어서, 모어 가족이 곤궁한 처지에 내몰리고 있었다. 처지가 다급해진 가족들이 모어에게 맹세·서약을 권했으나 허사였다.

---

37) Geoffrey de C. Parmitier, "Saint Thomas More and Oath," *Downside Review* 78 (Winter 1959/96), pp.1~13.
38) Haigh, *English Reformation*, p.118.

3. 양심의 수호

1534년 4월 12일 람베스궁으로부터 출두명령소환장이 떨어졌다. 맹세·서약을 강요하기 위한 것이었다. 모어가 람베스궁 공회당으로 들어가자, 토마스 크롬웰과 맹세·서약을 관장하도록 임명된 3명의 서약 집행 심문관들(캔터베리 대주교 토마스 크랜머, 로드 챤슬러 토마스 오들리, 웨스트민스터 대수도원장 윌리엄 벤슨)이 기다리고 있었다.

모어는 스스로 변론해야만 했다. 토마스 크랜머가 모어에게 왕위계승법과 맹세·서약 방식이 담긴 공문서를 주지시키자, 모어는 이렇게 입을 열었다.

나는 이 법령과 그 입안자들을 비난하고 싶지 않소. 그것에 맹세·서약한 사람들에 대해서도 비난할 생각도 없소. 그 행위가 각자의 양심에 따라 행해졌을 것이리라 생각하니까 말이요. 그러나 내 양심은 왕위계승에 관한 한은 맹세할 수 있을지 모르나 왕이 거룩한 교회의 수장이 되려고 하는 사실과 정식 결혼으로 이미 국모로서 자격이 기정사실화되었음에도 왕과 캐서린 간의 결혼이 부적절했다는 석연찮은 연유로 무효화 하려는 시도는 도대체 받아들일 수가 없소. 나는 그것에 맹세·서약할 수 없소.[39]

그러자 크롬웰이 "모어경, 그대는 왕의 진노가 두렵지 않소? 그대도 언젠가 왕은 사자와 같고 왕의 진노는 무시무시한 벼락과 같음을

---

39) James Monti, *The King's First Servant, but God's First*, pp.323~324 참고 재구성.

내게 말하지 않았소. 모어경, 그대는 성직자도 아닌 평신도[40] 주제에 그것에 맹세·서약하지 않은 첫 번째 사람이 될 것이오"[41]라며 모어를 달랬다. 심문관들의 거듭된 맹세·서약 요구에 대한 모어의 대응은 침묵하는 것이었다. 군주에게 복종하지 않는 타당한 이유를 대보라는 심문관들의 요구에도 침묵을 지켰다. 심문관들이 완고한 고집쟁이로 몰자, 모어는 자신이 거부 이유를 밝히지 않는 것은 고집 때문이 아니라 밝힐 경우, 왕을 더욱 진노하게 할 우려가 있기 때문이라고 말했다. 덧붙여서 그는 왕이 자신에게 직접 명령을 내린다면, 그것이 불리하게 이용되지 않는다는 조건으로, 그 이유를 서면으로 밝히겠다고 제안했다. 그것은 맹세·서약을 피하기 위한 모어의 계산된 구실이었다. 장시간의 실랑이 끝에 크랜머가 "여보시오, 모어경, 어째서 그대는 왕국의 성직자들까지도 기꺼이 맹세·서약한 법령에 그렇게 하지 않는단 말이요. 그대도 알다시피 그대의 많은 현명한 친구들도 이 법령에 맹세·서약하지 않았소"라고 소리쳤다. 이에 모어는 "아마도 그랬겠지요. 그렇지만 그것은 그분들 양심의 문제이지 내 양심의 문제는 아니지요. 나는 맹세·서약할 수 없소"라고 응답했다.[42]

다음의 대화 내용은 모어의 양심이 어떤 것인지 가늠하게 해준다.

크랜머 : 모어경, 그대의 고집이 온 나라에 큰 해를 끼치고 있소. 폐하께선 명쾌하고 최종적인 회답을 원하고 계시오.

---

40) Ibid., p.322. 모어는 왕의 심문위원회에 불려 나간 유일한 평신도였다. 그 날 모어 이외에 거부한 이는 니콜라스 윌슨이란 국왕 시종 신부였던 사제 한 사람뿐이었다. 그러나 그도 옥중 생활 중 맹세·서약을 하게 된다.

41) Ibid., p.324.

42) Ibid., p.323.

모어 : 내 양심이 그 법을 반대한다고 해도 내가 거기에 대해 아무 말도 하지 않고 아무 행동도 취하지 않으면 내가 그것을 명백하게 지지하도록 혹은 양심을 따라서 반대하도록 강요하기는 어려울 것이오. 그렇게 되면 나는 내 영혼을 잃고 내 신체는 멸하고 맙니다.

크랜머 : 그대는 이단을 다룰 때, 교황의 권위에 대해서 명확한 대답을 강요하지 않았습니까? 법에 따라 교회의 수장이신 국왕이 신민에게 그 법에 대한 명확한 대답을 강요할 수 있지 않습니까?

모어 : 나는 그 법의 어느 부분도 지지하거나 반대하지 않는다고 이미 말한 바가 있지요. 그러나 이 두 가지 경우에는 차이가 있습니다. 교황의 권위는 모든 그리스도교 국가에서 의심할 바가 없는 것으로 널리 인정된 것이고, 이 나라에서 인정되고 다른 나라에서는 인정받지 못하는 것과는 다릅니다.[43]

그러니까 모어는 일개 세속 인간에 불과한 왕이 인간 개개 영혼의 양심의 문제인 신념의 재판관이 된다는 것에 대해 납득이 가지 않았던 것이다. 이때 크롬웰이 큰 소리로 맹세·서약의 본을 보이더니 그에게 간청하듯, "모어경, 그대가 맹세·서약하는 조건으로 내 자식의 머리를 원한다면, 내 기꺼이 그대에게 그 머리를 바칠 것이오. 그렇게 해서라도 그대가 맹세·서약하는 것을 보고 싶은 게 내 솔직한 심경이오. 왕의 인내가 한계에 도달했다는 사실을 명심하시오"[44]라고 말했다. 그러자 모어는 "그렇지만 나는 결코 그 어떤 사람도 맹세·서약에

---

43) 김진만, 『토마스 모어』, pp.151~152 ; Robert Bolt, *A Man for All Seasons*, pp.50~53.
44) James Monti, *The King's First Servant but God's First*, p.324.

거부하라고 충동질한 적도 없으며 그 누구도 그렇게 하기를 본인이 원하는데 못하도록 망설이게 한 적도 없습니다. 그 문제는 모든 이들 각자의 양심에 맡겨야 할 것이니까 말입니다. 나는 신념에 관한 한 내가 다른 이에게 그랬듯이 그 어떤 사람도 내게 강요할 수는 없다고 생각합니다. 그 문제는 누군가의 우격다짐에 의해서가 아니라 내 양심이 결정할 문제이니까요"[45]라고 말했다. 그러고는 그는 양심상 그렇게 하지 못함이 심히 유감스럽다는 말로 스스로의 변론을 끝냈다. 이에 대주교 크랜머는 "크롬웰경, 그대는 가서 국왕 폐하께 전하시지요. 모어경은 왕의 새 결혼과 왕위계승문제 등을 문제 삼거나 반대하진 않을 것이 확실하다는 사실을 말이요. 모어와 피셔 주교 등의 유덕자들이 자신들의 양심을 낮춰 맹세·서약을 한다면 이 나라 발전에 더할 나위 없이 좋겠지만 말이요"[46]라고 크롬웰에게 말했다.

이러한 크랜머의 판단에 대부분 참관인들이 동의했지만, 오랫동안 모어를 회유하고자 온갖 수단을 강구했던 크롬웰은 모어의 부정적 측면을 부각시키면서, 왕에게 모어가 고집불통의 왕명 거역자임을 고했다. 더욱이 앤 볼린은 모어의 도덕적 대의명분 앞에 움츠러들 수밖에 없었다. 그녀에게 모어는 수치심과 두려움을 동시에 불러일으키는 정적이었다. 그녀는 그를 결코 용서할 수 없었다. 또한 왕은 모어가 침묵으로 동의를 대신하게 될 수동적인 그런 종류의 선서맹세에 결코 만족할 수 없었다. 더욱이 왕은 실제로는 모어의 침묵이 자신의 결정에 대한 반대 시위라는 것을 알고 있었다. 그것은 왕의 결정에 대한 명분을 희석시키는 것임에 틀림이 없었다. 모어 같은

---

45) Ibid., p.323.
46) Ibid., p.324.

도덕적 인물이 왕의 결정에 대한 지지를 공개 천명한다면, 그것은 왕의 결정을 만방에 정당화하는 데 금상첨화의 선전 효과가 있었을 터이니 말이다. 그는 온 백성들이 왕비 앤 볼린의 자식들이 적자(제1의 정통적 왕위계승자)라는 것을 확실하게 인정해 주기를 바랐다. 그렇게 인정받는다는 것은 전 왕비 캐서린과의 결혼이 부정한 것이었으며, 그것을 허락한 교황 또한 부정한 자였음을 반증하게 되는 것이었다. 아울러 이것은 왕의 캐서린과의 이혼, 로마교황청과의 단절, 왕이 교회의 수장이 되는 잉글랜드의 종교개혁 등 각종 헨리개혁조치들의 대의명분을 대내외적으로 정당화시키는 데 기여할 것이었다. 모어는 충실한 왕의 종복으로서 공개적으로나 노골적으로 왕의 큰 문제에 반대할 수는 없었지만, 도대체 자신의 양심을 속이면서 그것에 맹세·서약할 수 없었던 것이다. 모어는 나흘 동안 람베스궁에 수감되었다가 웨스트민스터 사원을 거쳐 런던탑 감옥으로 이송되었다.

도덕적 측면에서 보면 모어는 분명히 승리자였다. 그러나 그것은 정치적 패배를 의미했다. 차후에 잉글랜드 종교개혁이 입법을 통해 완수됨으로써 잉글랜드 왕국과 왕의 위치는 격상되었다. 후속 조치로 모어 사후에 있게 될 수도원 해산으로 엄청난 부가 잉글랜드 왕실로 흘러들어오게 된다. 세속적 기준에서 보면 헨리의 완전한 정치적 승리였다. 헨리종교개혁이 성공할 수 있었던 데는, 당시의 잉글랜드 상황과 헨리 교회의 성격에 있었다. 우선 당시 잉글랜드 일반민들은 헨리의 종교개혁에 거의 관심이 없었다. 오히려 왕이 조강지처 왕비 캐서린을 버리고, 앤 볼린과 결혼하는 것에 대한 심정적 우려가 더 컸다. 그러나 그런 우려는 세월이 흐르면 잊힐 것이었다.

또한 잉글랜드는 역사적으로 대륙의 로마가톨릭과 천년동안 상통하고는 있었으나, 지리적으로 대륙의 영향에서 비교적 떨어져 있었기에, 잉글랜드인들은 가톨릭 교리와 예배 방식의 변화만 없다면, 교황이 바뀌든 말든 별로 상관하지 않았다. 게다가 고위성직자들이나 사회 상층부 사람들 중에는 교황은 교회의 종이라는 콘스탄츠와 바젤 공의회의 의견을 수용하고 있기에, 교황은 사람이 세우는 것이고 더 나은 것을 위해서는 없앨 수도 있다고 생각하는 사람들도 있었다.

그래서 그들은 그다지 힘들지 않게 교황을 거부할 수 있었다. 그리고 모어 시기 이전에도 이미 잉글랜드에서는 위클리프 같은 반가톨릭 이단 사상이 나돌고 있었다. 게다가 헨리의 종교개혁은 6년여 기간이라는 긴 세월의 입법화 과정을 밟아 차곡차곡 이뤄진 것이었기에, 법을 어겨가면서까지 죽음을 불사하고 그것에 저항하려고 한 사람은 거의 없었다. 물론 우선 살아남기 위해 헨리 교회에 거짓 맹세·서약한 반헨리교회세력도 적지 않게 있었을 테지만 말이다. 헨리교회는 교회 수장만 교황에서 왕으로 교체되었을 뿐, 예배방식·본당신부·교리·전례·관습 등에 전혀 교체나 변화가 없었으니, 교회 생활에서 평신도들이나 성직자들에게 새로운 교회에서 체감되는 이질감도 거의 없었다. 다만 교회 주인만 바뀐 데 불과했으니까 말이다. 물론 불만과 저항이 없었던 것은 아니었지만, 교회에 대한 교황 수장권을 끝까지 고수한 사람들은 피셔나 카르투지오회 수도사들 등 소수의 성직자들에 불과했다. 평신도로는 그것도 왕을 대변해야 할 전임 챤슬러 모어가 유일했다. 이런 정황에서 모어가 도덕적 양심의 길을 고집한다는 것은 정치적 자살이었다. 여기서 완고한 도덕론자로서의 모어의 면모가 드러난다.

도덕론자로서 교황권의 절대성을 옹호하는 모어의 행적과 언어를 보면 모어는 영락없는 교황주의자로 비치게 되지만, 엄밀히 따져보면 그는 교황주의자가 아닌 '공의회적 교황 직분 존중주의자'였다. 이를 테면 모어는 가톨릭공동체 질서가 존속하기 위해서 교황이라는 인물 그 자체가 아니라 가톨릭 세계의 최상위 계서에 있는 교황 직분 혹은 직무의 기능적 중요성을 강조했을 뿐이다. 또한 그는 교황 역시 공의회의 결정에 따라야 한다고 보았을 뿐만 아니라 교회가 교황을 위해서 존재하는 것이 아니라 교황이 교회를 위해서 존재하는 것이라고 보았기에 말이다.

그러니까 모어의 교황 수장권 옹호는 '공의회적 교황 직분 존중주의자'의 입장에서 접근해야 한다. 그러나 이론상 논리와는 달리 역사적으로 교황 견제 기제로서 공의회나 개혁 공의회가 없었던 것은 아니지만, 공의회는 대개 교황의 목적을 달성하기 위한 수족에 불과했다. 더욱이 모어 동시기에는 이단사상의 확대로 공의회의 역할이 교황권 수호 공의회로 전락하여서 공의회주의자나 교황주의자의 구분이 무색해져 버렸다. 결과적으로 모어는 교황주의자의 모습으로 비치게 된다.

제2절 정의를 위한 순교

모어가 런던탑 양심수가 된 것은 1534년 4월 17일이었는데, 그 이래 지속된 14개월여의 옥중 모어의 삶은 모양새로는 30년 전 챠터하우스 카르투지오회 수도원에서 사제로서의 꿈을 키웠던 그때 모습의 재현이었다. 그는 가족·친구·부·명예 등 모든 세속의 것들을 내려놓고 오로지 하느님만 섬기는 사제, 즉 신의 정의를 실천하는 사도의 그때 모습으로 돌아와 있었다. 그것은 외압으로 이뤄지긴 했으나 한 바퀴 돌아 제자리로 회귀한 명상적 사색인의 삶이었다.

옥중심문과 재판과정에서 나타난 모어의 음성은 신의 정의의 사도로서 양심과 소신에 따른 전통적 가톨릭사회질서의 수호자로서의 음성인데, 옥중저서들 면면에 노정된 모어의 이미지는 예수나 성인들처럼 신의 정의를 위해 수난을 겪은 후 순교가 예정된 자의 그것이었다.

그러니까 본절에서는 모어의 입장에서 보았을 때, 현세에서의 그의 옥중수난과 죽음은 한편으로는 폭군화한 왕을 포함하여 불의한 자들을 신앙·도덕적으로 회심시키기 위한 자기희생적인 최후의 양심적 자문과정이었으며, 또 한편으로는 내세의 영원한 지복의 생을 성취하기 위한 모어 개인의 구원전략으로서 정의를 위한 순교과정이었음이 해명된다.

1. 심문과 재판

옥중에서도 공식적으로 사형 판결을 받기까지는 모어를 회유하고자 하는 노력은 계속된다. 회유에 실패하자 모어 같은 양심수들의 사형 판결을 정당화시키기 위한 반역법Treason act이 제정된다. 신의 정의의 사도로서 죽음의 길을 선택한 모어는 더욱 당당하게 자신의 소신을 밝힌다.

모어에 대한 회유 노력은 그의 가족의 설득을 통해서도 이뤄진다. 동지들도 피셔와 카르투지오회 수도사 소수를 제외하고는 거의 다

서약을 하였다. 이미 모어의 가족도 서약을 끝냈다. 옥중에서 모어는 몇 군데 토지와 두 채의 가옥 등 재산에 대한 유산분배유언을 집행하라는 서신을 아들 존에게 보냈지만, 이미 거의 다 몰수되고 현 거주지인 첼시가옥만 딸랑 남아 있는 상태였다. 이런 상황에서 모어 가족은 지푸라기라도 잡는 심정으로 선처 부탁서신을 현임 로드 챤슬러 토마스 오들리에게 보낸다. 이에 오들리는 모어가 완고한 도덕관념을 바꾸지 않는 한 방법이 없다는 답변을 모어의 의붓딸 알링턴에게 보낸다. 서신에는 모어경은 예민한 도덕관념 때문에 그를 도울 수 있는 친구들을 죄다 잃었으며, 그 관념에 사로잡혀 있는 한 그 누구도 그를 도울 수 없을 것이라는 내용이 적혀 있었다.[47] 딸 마가렛은 그 내용을 옥중 모어에게 말하면서 마음을 바꿀 것을 종용하지만, 이에 모어는 마가렛을 뱀에, 알링턴을 사탄에 비유하며 다음과 같이 단호하게 거절한다.

내 딸 알링턴이 너에게 뱀 노릇을 하게 만들었구나. 너에게 편지를 주어서 네 아비를 또다시 유혹하라고 한 모양인데, 그 부탁으로 네가 이 아비를 설득하여 자기 양심에 반하는 서약을 하도록 만들어서, 아비를 사탄에게 넘기겠다는 것이냐.[48]

그러면서 모어는 자신은 이제 오로지 하느님에게 의지할 뿐인 만큼 사람들이 나의 양심을 어리석은 도덕관념으로 딱지 붙이든

---

47) *The Correspondence of Sir Thomas More*, edited by E. F. Rogers, (Princeton University Press, 1947), pp.511~513(*Letter no. 205. 17 August 1534*).

48) Ibid., pp.514~532(*Letter no. 206. August 1534*).

말든 개의치 않는다는 말을 덧붙인다.[49] 그러나 포기하지 않은 마가렛은 대다수 모어의 훌륭한 친구들도 서약을 하여 법을 충실히 따랐는데, 그러한 친구들의 양심과 조화를 이루기 위해 서약에 동참하는게 좋지 않겠냐며 전향을 회유한다.[50] 이에 대해 모어는 자신의 신념으로 응수한다. 예컨대, 모어는 사람이 나라의 법을 지킬 의무는있지만, 모든 법이 다 적법하다고 서약해야 할 의무는 없으며, 하느님이 불법으로 보는 현세의 법들까지 지켜야 하는 것은 아니라고 말한다. 또한 그는 현 승계법에 따라 서약을 한 사람들 중에는, 처음에는자기처럼 이를 거부했던 사람들도 일부 있었음을 지적한다.[51]

그리고 모어는 서약에 관해 자신과 의견을 달리하는 사람들의숫자에 대해 말한다. 그 요지는 서약문제에 있어서 잉글랜드 경우에는어떤지 모르겠으나 그리스도 세계 전체에서는 학식과 덕망이 있는대다수 사람들이 자신과 의견을 같이할 것이며, 더욱이 하늘나라에있는 사람들 중에서는 자신의 의견에 동조하는 사람들이 적지 않을것이라는 것이었다.[52] 마가렛은 다음과 같은 모어의 말에 설득을포기한다.

나를 어지럽히지 말렴. 세상일은 하느님의 섭리대로 돌아가는 법이
란다. 지금 지독히 나빠 보여도 실제로는 더없이 좋은 일이 될 게다.
(…) 우리가 언젠가는 하늘나라에서 만나 영원토록 기쁨을 누리게

---

49) Ibid., p.516.
50) Ibid., pp.523~524.
51) Ibid., pp.524~527.
52) Ibid., p.529. 모어는 교회의 성인들과 박사들의 글 속에서도 자신의 견해를
    뒷받침하는 증거를 발견한다.

되길 빌 뿐이다.[53]

마가렛이 이 말에 풀이 죽자, 모어는 이른 죽음이 이 세상에 사는 사람에게서 이 세상에서 누려야 할 많은 것을 빼앗아 간다 해도, 그만큼 훨씬 빨리 하늘나라에 들어가기 때문에 더 많은 보상을 받게 된다고 생각하니, 나날이 죽음에 대한 두려움이 줄어들고 있노라고 말하며 딸을 안심시킨다.[54] 여기에서 모어의 언어들은 이미 이 세상이 아닌 저 세상을 향해 가고 있다. 세속인으로서 이 세상의 임박한 죽음에 고통스러워하나, 저 세상에서의 영원한 구원으로 위안받고자 하는 경건한 신앙인으로서 모어의 모습이 감지된다. 그의 신뢰대상은 오로지 신뿐이다. 이 무렵 모어가 쓴 기도시에서도 그의 그러한 심상을 읽을 수 있다.

주님이시여,
내게 그대의 은총을 주소서.
이 속세에서 벌어지는 일들에 개의치 않도록,
내 그대 향한 마음이 확고부동하도록,
고독한 것에 기꺼이 만족하도록,
이 속세의 친구들과의 인연에
연연해하지 않도록 말입니다.
기쁨에 충만하여 하느님에 대해 사색하게 하옵고,
경건하게 하느님의 도움을 구하도록 하소서.

---

53) Ibid., p.532.
54) Ibid., p.543.

하느님의 평화 속으로 들어가는 법을 알게 하시고,

분주히 애써 하느님을 숭경하도록 하소서

전지전능하신 하느님의 손길 아래

나 자신을 겸손하게 하시고,

유순하게 하소서 …

참된 삶으로 향하는 그 좁은 길을 걷게 하시고 …

주 그리스도와 함께

그 고난의 십자가를 짊어지게 하소서.

내 목전에 내 죽음이 다가와 있나니,

그놈의 죽음이 내 가까이 있나니,

내게 그 죽음이란 놈이

낯선 것이 되지 않게 하소서.[55]

죽음을 기다리는 모어를 옭아맬 두 법이 공포되는데, 수장법 Supremacy Act과 반역법이 바로 그것들이다. 1534년 9월 교황 클레멘스 7세가 타계할 무렵 로마교황청에서는 앤 볼린이 후계 아들을 낳아 주지 못했을 뿐만 아니라 헨리 8세에게 새로운 여인이 생겨서 그녀의 영향이 약화되고 있다는 소식을 접했다. 그래서 후임 교황 바오로 3세는 잉글랜드를 다시 로마가톨릭교회의 품 안으로 끌어들일 수 있을 것이라는 희망을 갖고 교황직무를 시작했다.[56] 그러나 1534년

---

55) Margaret Stanley-Wrench, *Conscience of a King*, p.172. *Conscience Decides, Letters and Prayers from Prison Written by Sir Thomas More between April 1534 and July 1535*, Selected and Arranged by Dame Bede Foord of Stanbrook Abbey, pp.113~114의 원본 참고.

56) Scarisbrick, *Henry Ⅷ* p.333.

11월 17일 잉글랜드 국교회의 최종 완성을 의미하는 수장법이 의회 상하 양원에서 통과되어 바로 공포되었다. 수장법은 본래 캔터베리 종교의회 주교들이 1532년 헨리 8세의 잉글랜드 교회수장권을 인준한 이래로 기정사실화된 잉글랜드와 로마가톨릭교회 간의 결별을 공식화한 것이었다. 그 핵심내용은 잉글랜드 내 교황의 권한 일체를 박탈하겠다는 의도가 짙게 깔려있었다.[57]

최고 군주 국왕 폐하와 그의 상속자요 후계자인 이 왕국의 왕들은 '안글리카나 에클레시아'라고 부르는 잉글랜드 교회에서 지상의 유일한 수장으로서 받아들이고 받들고 인정한다. (…) 전술한 최고 군주와 그의 상속자요 후계자인 왕들은 갖가지 관습법과 관례, 외국 권위, 규정, 혹은 이 법령에 반하는 것들에 대해 순시·진압·교정·개혁하는 전능권을 갖는다.[58]

이어 1534년 12월 18일 상하 양원을 통과하게 된 반역법의 핵심내용은 다음과 같다.

어떤 누구든지 말이나 글로, 아니면 교활한 상상·고안·실행 또는 시도로 왕과 왕비의 지극히 고귀한 인품과 이 두 분의 자제에게 어떠한 신체적 위해를 가하고 자행하거나 혹은 이 분들의 존엄성이나 이 분들의 왕족 신분상의 칭호나 이름을 박탈하고자 하거나 '악의적인 생각을 가지고' 그러할 의지를 실행에 옮기려고 하거나 그러할

---

57) Lehmberg, *Parliament Reformation*, pp.202~203.
58) *English Historical Documents*, vol. 5, 1485~1558. ed. G. H. Williams, p.746.

의지를 품고 있을 경우, 그런 자들은 그 누구든 반역자로 간주된다.59)

이 법에 따르면 수장으로서 왕의 칭호에 반하는 말만 해도 사지를 찢어 죽이게 되어 있었기에, 잉글랜드인들에게 그 법은 죽음의 공포법으로 인식되었다. 위 문장 중 '악의적인 생각을 가지고'라는 어구는 법이 통과되기 직전에 그 법의 잔혹성이 지적되어 상징적으로나마 그것을 약화시킨다는 의도로 삽입된 말이었다. 이 어구는 지극히 주관적이고 임의·자의적인 것이라서 재판관이 그 해석의 열쇠를 쥐고 있었다. 어차피 이 법이 실제로 적용될 경우, 재판관들이 악의적인 의도가 있는 것으로 몰아갈 것이 불을 보듯 뻔했다. 모어에게 사형 판결이 내려질 때에도, 당연히 악의적인 의도가 있는 것으로 예단될게 분명했다. 크롬웰 측의 개혁파들은 정적 처단 때, 이 '악의적으로'라는 어구를 유효적절하게 활용한다.60) 모어의 처 엘리스는 이 어구에 실낱같은 희망을 걸고 왕에게 보내는 탄원서에서 자신의 남편이 서약을 하지 않은 것은 '악의적인' 생각을 해서가 아니라 완고한 도덕관념의 소치이니, 그를 석방해 줄 것을 간청했으나 허사였다.61) 모어 문제에 대한 왕의 닦달에 크롬웰은 모어를 옥중심문하게

---

59) Geoffrey de C. Parmiter, "The Indictment of Saint Thomas More," *Downside Review* 75 (1957. 4), pp.153~154.
60) 수장법에 반대했던 챠터하우스, 엑스홈 및 보베일의 수도단체 원장들, 주교 피셔 등도 이 악의적으로란 문구가 적용되어 처단된다.
61) Roggers, *Correspondence*, p.514(*Letter no. 212*). 모어 처 엘리스는 건강 상태 등 모어의 안녕을 걱정하고서 재산과 토지가 몰수된 후 벌금 부과로 더욱 악화된 가사 형편, 수입원 부재, 옥중 모어의 뒷바라지 등의 사정을 말하고 모어의 석방을 간청하면서 석방이 되면 모어가 왕에게 누를 끼치지 않고 조용히 살아가도록 하겠노라고 말한다.

된다.[62] 반역법 이후 모어는 죽음을 준비하는 순교자적 자세로 한층 더 신에 의지하는 모습을 보여준다. 옥중에서도 모어는 청년기 카르투지오회 평신도 수도사 훈련 시절에 사용했었던 고행용 채찍으로 자신의 신심을 가다듬었던 것으로 전해진다. 딸에게 보낸 모어의 서한에 따르면, 이 시기 모어는 속세의 모든 것을 내려놓고 오로지 그리스도 수난을 회고하고 자신의 죽음을 사색하는 데 온 힘을 쏟고 있었다.[63] 모어가 앤서니 본비쉬 앞으로 보낸 '최종재판 직전의 서한'이 남아있다. 이것은 신을 향한 자신의 죽음을 재촉하는 듯한 내용을 담고 있다.

내가 먼저 갈 것이지만, 훗날 우리가 하느님 아버지와 그분의 외아들 그리스도 두 분의 성령과 함께 영원한 기쁨의 열매를 맛볼 수 있는 그분의 안식처에서 만나기를 기도드리며 ….[64]

1535년 7월 1일 챤슬러 토마스 오들리의 주관으로 모어에 대한 최종재판이 있었다.[65] 모어의 인생과 공직생활 등 이전의 모든 것들이

---

62) 이때 심문관들은 크롬웰을 비롯하여, 검찰총장 크리스토퍼 헤일즈, 검찰청 차장 검사 릿치, 토마스 베달, 존 트레곤웰 경이었다. 이 중 릿치는 나중에 재판 중 증인으로 나와 모어의 의중을 떠어 맞춰 모어에 대해 위증하게 된다.

63) Rogers, *Correspondence*, pp.551~552(*Letter no. 214*).

64) Ibid., pp.562~563(*Letter no. 217*). 이탈리아 사업가 친구 앤서니 본비쉬는 모어가 어려울 때 물적·경제적 지원을 했던 것으로 전해진다. 모어는 그를 '나의 소중한 눈동자'라고 칭하곤 한다(Ibid., pp.559~560).

65) 국왕이 지명한 최종재판위원회 위원들의 면면은 다음과 같다. 토마스 오들리(모어의 후임 대법관), 노르포크 공작(앤 볼린의 삼촌), 써포크 공작(왕의 처남), 헌팅튼 남작, 캄벌랜드 남작(국새 상서), 윌트셔 백(앤 볼린의 부친),

이날 하루로 수렴되고 있었다. 모어는 이전에 있었던 모든 것이 이날을 위한 준비 과정이라고 생각했다. 그간의 몇 번의 심문과 재판과정을 통해 모어에게 내린 기소 내용은 다음과 같다.

모어 경은 국왕의 앞서 말한 권위와 왕의 신분에 따른 칭호와 이름, 즉 잉글랜드 교회수장의 그것을 박탈하고자 위장적·반역적·악의적·의도적으로 생각·조장·실행·시도함으로써 왕의 존엄한 왕권을 욕되게 했으며, 전술한 법령들의 형식과 효력을 무시하고 현 폐하의 심적 평안을 훼손시켰다는 데 배심원들이 모두 동의하고 있다.66)

그리고 나서 기소 내용을 확정 짓기 위해서 증언대에 릿치라는 기회주의적 정치인을 증인으로 세웠다.67) 그 증언은 릿치가 모어로부

몬테규 경, 로크포드 경(앤 볼린의 동생), 윈저 경, 토마스 크롬웰(국왕 비서실장), 존 피츠제임스(왕좌 고등법원장) 외 수명의 재판관들. 그들이 내린 죄목 4가지를 살펴보면 다음과 같다. James Monti, *The King's Good Servant, but God's First*, pp.432~433 : ① 1535년 5월 7일, 토마스 모어는 국왕을 교회의 수장으로 인정하느냐는 질문에 고집과 악의를 가지고 침묵했다. ② 5월 12일에 토마스 모어는 피셔에게 그 법에 거부하라고 격려하는 편지를 수통 보냈고 자신은 침묵했다. 그 날 심문에서 그는 "의회법은 쌍날의 칼날 같아서 사람이 이렇게 대답하면 그의 영혼이 죽고 저렇게 대답하면 그의 육신이 멸한다"라고 대답하였다. ③ 세 번째는 두 번째의 연장이다. 그 두 죄인들은 똑같이 그 법이 "쌍날 같아서"라고 해서 그들은 "방조자, 조언자, 합의자, 및 교사자"로서 대역죄인들임을 입증했다. ④ 이것이 제일 핵심적 죄목이다. 토마스 모어는 릿치 경에게 국왕이 교회의 수장이 될 수 없음을 말함.

66) Geoffrey de C. Parmiter, *The Indictment of Saint Thomas More*, p.161.
67) Derek Wilson, *England in the age of Thomas More*, pp.127~128. 검찰 차장Solicitor General.

터 자해적인 발언을 끌어내고자 의도적으로 옥중 모어에게 접근하여 모어를 만났을 때 주고받은 몇 마디 말을 기소 내용과 모어의 의중에 맞춰 조작·각색한 것이었다.[68] 릿치의 증언 내용을 재구성해보면 다음과 같다.

의회가 나를 왕으로 옹립하면 나를 왕으로 세우겠는지 물었을 때, 모어경의 대답은 '그렇게 할 것이라는 것'이었습니다. 모어경의 대답은 의회가 나를 왕으로 옹립한다면 현 폐하를 내치고 내가 왕이 될 수 있다는 것이겠지요. (…) 나를 교황으로 인정하는 의회법이 통과된다면, 모어경은 나를 교황으로 받아들일 것인가?'라고 질문을 덧붙이자, 그는 '의회는 세속사에나 관여할 수 있다'고 대답했지요. (…) 이어서 모어경은 왕은 의회에 의해 옹립될 수도 있고 의회에 의해 퇴위될 수도 있으나, 교회수장의 경우는 그렇지 않다고 말하더 군요.[69]

대화 내용의 진위여부를 떠나 모어는 릿치에게 그런 말을 그렇게 장황하게 늘어놓은 적이 없었기 때문에, 릿치의 증언은 모어의 의중을 조합한 치밀한 위증이었다. 이에 모어는 "릿치경, 만일 그대가 진실만 말하겠노라는 법정선서가 위증이 아니라면, 내가 망자가 되어서도 신을 대하지 않을 것임을 감히 법정 선서하겠소. 릿치경, 나는 내 자신의 위험에 대해서보다는 그대의 위증에 대해서 더 걱정이 클

---

68) Ibid., p.128.
69) William Roper, *The Lyfe of Sir Thomas Moore, Knighte* (1557), ed. Elsie Vaughan Hitchcock, London, 1935, Early English Text society, pp.84~87.

뿐이요"[70]라며 자신을 변론했다. 그러나 릿치의 증언은 모어의 기소에 대한 증거로 인정되었다.

모어에 대한 판결은 속전속결로 이뤄졌다. '반역법 위반 대역죄범'으로서 사형 판결이었다. 모어에게는 더 이상 변론의 기회가 주어지지 않았다. 재판장 오들리가 피고인 모어에게 최후진술의 기회를 주었을 뿐이다. 이제 침묵된 진실이 그의 입에서 쏟아져 나오게 된다.

모어의 최후진술은 다음의 6가지로 요약될 수 있다 : ① 자신의 사형 판결은 일찌감치 확정되어 있었다는 것, ② 이제 양심이 더욱 자유로워져서 진실을 당당하게 말할 수 있다는 것, ③ 자신은 양심상 왕의 '큰 문제'에 있어서 그리스도교 세계 전체의 결정을 무시한 일개 한 세속왕국의 의회 결정에 따를 순 없다는 것, ④ 일개 속계(俗界)의 왕을 교회 수장으로 삼는 의회법이 그리스도교 세계의 신법에서뿐만 아니라 유서 깊은 잉글랜드 왕국의 보통법에도 역행한다는 것, ⑤ 아울러 국왕 폐하께서 내 피를 볼 수밖에 없는 것은 결국 왕의 재혼에 몸을 낮춰 예를 표하지 않았기에 그랬다는 것, ⑥ 왕의 큰 문제에 대한 자신의 침묵의 저항은 왕을 정의의 길로 복귀시키기 위한 자신의 조언이었다는 것.

특히 재판장 오들리와 모어 사이의 설전에서 모어는 '교황 수위권 문제'와 '헨리 개혁교회 지지의 수적 다수 문제'에 대해서는 자신의 견해를 명확하게 밝혔다. 교황의 수위권 문제에 대해서는 잉글랜드가 이 수위권에 순종하기를 거부하는 것은 아이가 아버지에게 순종하기를 거부하는 것만큼이나 부당하다고 지적한다. 이어 모어는 잉글랜드

---

70) Ibid., p.87.

와 로마와의 친교는 일천여 년 전에 교황 성 고레고리우스의 천거를 받은 선교사 캔터베리의 성 아우구스티누스를 통해 그리스도교 신앙이 잉글랜드에 들어오면서부터 시작되었다며 잉글랜드 교회의 기원과 역사에 관해 재판관들과 참관인들에게 설파한다.71)

법제화된 헨리개혁교회에 대한 모어의 저항과 관련해서 오들리가 잉글랜드 주교들과 대학 석학들 그리고 수많은 저명한 신학자들까지도 지지하고 있는 마당에 평신도인 주제에 어떤 이유로 그러는 것인가라며 모어를 몰아붙였다. 이에 대해 모어는 가톨릭공동체 구성원의 훨씬 더 광대한 포괄적 합의에 관한 응답으로 반론한다. 모어는 잉글랜드 주교들, 대학 석학들, 및 신학자들이 이 포괄적 합의consensus를 무시하고 있다며 다음과 같이 오들리에게 말한다.

비록 이 나라 안은 아니지만 그리스도교 세계 안에선 대단히 학식 깊은 주교들과 덕망가들을 놓고 볼 때는 그분들 중 나와 뜻이 같은 이들이 소수가 아니라는 것은 결코 의심의 여지가 없지요. (…) 망자들과 하늘의 저 거룩한 성인들까지 포함시킨다면야 그 숫자가 훨씬 더 많지 않겠소. (…) 당신네 의회 또는 종교 의회가 그대들 편이라면 일천여년이 넘도록 존립해 왔던 모든 공의회들이 다 내 편에 있지요. 아울러 이 왕국 하나에 비해 다른 그리스도교 국가들도 다 내 편이 아니겠소..72)

오들리가 허를 찔린 듯 머뭇거리자 재판관 존 피츠제임스가 "만일

---

71) James Monti, *The King's Good Servant, but God's First*, pp.439~445.
72) William Roper, *The Lyfe of Sir Thomas Moore*, pp.94~95.

의회 제정법이 불법적인 것이 아니라면 내 양심상 이 기소는 잘못된 점이 없는 게 확실하겠지요"[73]라는 우회적인 말로 '기소유죄사형판결'을 정당화시켰다. 이에 모어는 다음과 같이 용서와 구원의 성언聖言을 남기고 재판정을 떠난다.

「사도행전」을 보면 성 바오로는 성 스테파노가 죽임을 당했을 때, 그 현장에 있었고 스테파노의 처형에 찬성했습니다. 하지만 지금은 그 두 사람이 함께 하늘에서 영원한 친구로 살고 있습니다. 그러니 나도 진실로 믿고 기원합니다. 지금 여러분은 이 지상에서 나에게 사형을 선고하는 재판관이지만, 이후 우리는 하늘에서 즐겁게 다시 만나서 영원한 구원을 얻을 것입니다. 나는 하느님께서 국왕폐하를 보호해주시고 그를 성언聖言으로 도와주시길 간구합니다.[74]

모어는 여기에서 자신을 이미 구원받아 천국에 있는 성 스테파노에 비유하고 있고, 그를 죽게 하는 데 일조한 사람들은 스테파노에 대한 박해자라고 할 수 있는 바오로 같은 자들로 비유하고 있다. 신의 섭리상 모어는 저 세상에서 구원받기에 박해받는 것이다. 그러므로 그에게 이 세상에서 자신의 죽음은 저 세상에서 또 다른 상서로운 시작을 의미한다. 다른 한편으로는 그는 자신의 죽음을 통해 스테파노의 순교가 바오로를 개종하게 한 서곡이 되었음을 상기시키면서, 자신의 죽음이 그 누군가를 구원하는 계기가 되기를 바라고 있는 셈이다. 그 누군가는 왕을 포함한 그를 죽음으로 몰았던 모든 이들이

---

73) Ibid., p.95.
74) Ibid., p.96.

될 것이었다. 모어는 죽음을 통해 구원의 자문관 역할을 함으로써 선업善業을 쌓고 있는 셈이었다. 그러기에 그의 천국행 티켓은 보장되어 있는 것이고, 그는 기꺼이 죽음을 선택할 수 있었던 것이다. 모어의 옥중 글들은 거의 그러한 맥락에서 이해될 수 있는 글들이다. 현생의 고난을 내세를 향한 영생의 구원에 결부시키면서, 현재 자신의 고난을 극복하고자 하는 그런 내용이 주를 이룬다. 모어는 그런 경향의 글들을 옥중 생활 이전의 내적 갈등기에도 집필한 바가 있었다. 그러나 그런 글들은 주로 옥중 사색 시기에 거의 집중되어 있다.

옥중 모어의 심문과 재판과정에서 모어는 기존의 가톨릭 사회질서 체계의 유지, 교황권 변호, 보편교회로서 로마가톨릭으로부터의 잉글랜드 교회 이탈 불허 등을 정의란 이름으로 수호하고자 하였다. 그것이 지켜지기 어렵다고 생각되자 양심수로서 그는 죽음의 길을 선택한다. 모어에게는 기존 권위와 질서를 지키는 것이 바로 정의였다. 그리고 그것을 지키고자 하는 불꽃 같은 내면의 정신이 바로 양심이었다. 모어는 바로 이 양심을 보존하려다 죽음을 맞이한다. 모어의 양심은 그 자신에게 벼슬·안락한 가정·재산·인문학의 즐거움·친구·가족의 애원 등 세속적인 것들에 대한 철저한 폐기처분을 요구했다. 과연 살아 숨 쉬는 인간이라면 그 누구든 추구할 수밖에 없는 그런 현실의 것들을 포기하게 하고 이상적 개인 가치로서 양심수호를 위해 죽음의 길을 선택하게 하는 힘은 어디에서 나오는 것일까?

옥중모어의 글들과 행적은 이상적 모어의 본색의 면면을 보여주는데, 그것들은 그를 움직이게 하는 힘의 원천이 누세기 보전되어 내려온 가톨릭 전통 속의 하느님이었음을 간파할 수 있게 해준다.

모어는 저 세상 유토피아국인 하느님 나라에서 정의를 찾는다.

그것은 이 현실 세상에서는 정의가 복구되기 힘들 정도로 붕괴되어 가고 있다는 절망감 때문이다. 불의에 좌절한 옥중모어는 저 세상 정의로운 곳에서 영원한 안식을 간구한다.

그러니까 가망 없는 현실 세상에 대한 미련을 버린 모어는 저 세상에서 괜찮은 한 자리를 보장받기 위해서는, 현세에서 불의나 반이단 싸움을 통해 자신의 덕업을 쌓아야 할 필요가 있었을 것이며, 현세에서의 타자의 개심을 위한 수난과 순교야말로 '내세 영생의 개인 구원'을 위한 확실한 보증서라고 생각했을 것이다.

2. 순교 : 수난과 구원

옥중저서, 특히 두 권의 옥중서 『고난을 이기는 위안의 대화 *A Dialogue of Comfort against Tribulation*』와 『그리스도의 슬픔에 관하여 *De Tristitia Christi*』를 통해 모어는 온갖 사악으로 인해 혼돈과 종말로 치닫고 있는 현실세상을 비판하고, 불의한 타자의 개심과 그 자신의 구원을 위해 수난을 흔쾌히 받아들이는 순교자적 성인의 모습을 보여준다. 이러한 순교자의 모습은 그로 하여금 죽음도 불사하게 한 양심의 근원적 힘이 바로 중세천년전통의 '하나의 거룩한 신앙' 가톨릭이었음을 간파하게 해준다.

모어에게 '옥중독방생활'은 30년 전 청년기 '카르투지오회 수도원 생활'이나 별로 다를 바 없었다. 더욱이 첼시의 모어 가에서도 '뉴빌딩'이란 외딴 기도실에서 금요일마다 홀로 기도와 공부 그리고 고행을 하였기에 옥중 생활이 그리 낯설지는 않았다. 그래서 그런지 옥중저서 『고난을 이기는 위안의 대화』와 『그리스도의 슬픔에 관하여』는 선종을 앞둔 수도사가 불의한 세속인들에게 던지는 최후의 사색적 조언서 혹은 자문서의 성격이 짙게 묻어나 있다.

『고난을 이기는 위안의 대화』의 서두에서 모어는 계산적으로는 더 살 수 있는 충분한 날이 예상되지만, 죽음이란 놈은 예측불허인지라 젊은이를 불시에 한순간에 덮칠 수 있으며, 나이 든 사람에게는 죽음이 오래지 않아 손님처럼 찾아들게 될 것이라는 인간 숙명론을 거론하고 나서, 비유적으로 그것을 자신의 현재의 고난과 예고된 죽음에 자연스럽게 연계시킨다.75) 그리고 나서 그는 어떤 비非그리스도교인도 그리스도교 신앙을 등진 배교자들만큼 악랄하게 그리스도교인들을 박해하지는 않는다는 곤혹스러운 사실을 지적한다.76) 이것은 현실의 유럽 가톨릭 국가들이 모어의 문학적 이교도 국가 유토피아 국보다도 정의롭지 못한 상황뿐만 아니라 헨리종교개혁과 이단 사상의 침투로 불의의 극치로 내딛는 잉글랜드의 현 상황을 환기시킨다.

그러면서 모어는 헨리정권에 비유하여 이 세상 박해자들의 고문이 아무리 가혹하다 할지라도, 영원한 지옥의 참혹함에 비하면 미약하기 그지없다고 말한다. 이것은 자신의 고난과 죽음이 영원한 천국으로 가는 일시적인 것인데 비해, 배교자이자 박해자로서 헨리정권 인사들

---

75) CW 12, *A Dialogue of Comfort against Tribulation*, pp.3~4. 이 작품은 헝가리의 두 가톨릭교도 안토니오라는 노인과 그의 조카 빈센트가 이교도국 터키군의 침략을 배경으로 노인(모어의 자아)이 조카(딸 마가렛의 자아)에게 이 고난을 어떻게 대처해야 할 것인가를 주 내용으로 하는 대담 형식의 이야기이다. 여기서 "천성이 제 아무리 잔악한 이교도 터키인들일지라도, 믿음에서 떨어져 나간 그리스도교도만큼 그리스도교도에게 결코 그렇게 잔학하지는 않다"라는 대목이 나오는데, 이것은 모어가 로마가톨릭교회에서 떨어져 나간 헨리 8세와 그 측근자들을 비유한 것이다.

76) Ibid., pp.5~6.

은 회개하고 가톨릭 신에게로 복귀하지 않는다면, 그들의 현재의 순간적 환희는 저 세상에서 영원한 지옥의 고통이 될 것임을 시사하는 것이었다.

박해받는 이들이 이 일시적인 고통을 이겨내지 못할 즈음, 사탄이 그들에게 침투하여 일시적 환희를 줘서 내세의 저주받은 영원한 죽음에 처박게 할 것이니, 박해받는 자들은 늘 경계를 늦춰서는 안 된다.[77] 모어는 신앙문제로 인해 고난받는 이들은 신의神醫이신 하느님의 은혜와 천국으로의 안내가 있을 것이니, 절망하지 말고 신의 정의의 길을 의연하게 걸어가면 된다고 말한다.[78] 이것은 박해받고 고난받는 모어 자신이 가고 있는 길이 정의의 길임을 비유적으로 표현하고 있는 것이다.

모어는 헨리 8세의 큰 문제와 관련하여 왕의 진노가 두려워 왕의 뜻대로 조강지처 캐서린을 버리는 데 협조한 조역자들인 크롬웰과 같은 측근 정치인들과 크랜머 같은 측근 성직자들을 영혼상실자들에 비유한다. 이를테면 그는 "영혼상실은 선한 이들이 가장 두려워하는 것인데, 그들은 영혼을 너무나도 쉽게 내팽개쳐 버렸다"[79]며 그런 그들을 가련해한다. 그는 하느님이 고난을 이용하여 인간의 영혼을 단련시키는 일례로 하느님이 성 바오로를 말에서 낙마시켜 장님이 되게 한 후, 하느님의 치료로 그에게 맑은 영혼을 얻게 하는 「사도행전 9:1-19」의 이야기를 제시한다. 이것은 헨리의 큰 문제는 크롬웰 측근들에게 준 고난으로 영혼을 더욱 순결하게 단련할 수 있는 기회였음을

---

77) Ibid., pp.11~12.
78) Ibid., pp.8~9.
79) Ibid., p.20.

비유적으로 말한 것이다. 그 고난에 대처하다가 도중에 변절하여 헨리의 개혁파 측에 선 턴스털 주교 같은 이들에 대해서도 다음과 같이 「로마서 8:31」의 성 바오로의 말을 비유적으로 들어 그들의 회심을 독려한다.

> 우리가 고난에 처해있을 때, 잠시 흔들릴 수 있으나 고난 중에는 성령이 우리 안에서 역사하고 계실 것이니, 두려워하지 말고 회심하길 바랄뿐이지요. 이미 영혼을 상실했거나 상실해가는 자들도 회심하고 고난을 선택한다면, 순결한 새 영혼을 얻을 수 있을 것이오. 하느님께서 우리 편이신데, 그 누가 우리에게 대적하겠습니까.[80]

아울러 모어는 피셔 주교나 그 자신처럼 큰 문제에 저항한 사람들에 대해서는, 선명한 양심을 가진 사람들은 백절불굴의 인내심을 통해 하느님으로부터 공덕을 쌓을 수 있는 기회를 부여받은 사람들이라고 말한다. 자신이나 피셔의 고난에 대해 모어는 '흰 것을 검다고 하며, 옳은 것을 그르다고 하는 불의한 상황'에 처음부터 저항하여 정의나 진실의 대의를 버리지 않는 당당한 순교적 고난으로 규정짓는다.[81] 신앙문제로 고난받는 이들은 하늘나라를 약속한 그리스도의 언약으로부터 위안을 얻으면 될 것이었다.[82] 모어에 따르면 하느님은 감사기도를 드리는 행복한 사람도 어여삐 여기겠지만, 고난극기를 위해 기도드리는 고통받는 사람을 더 어여삐 여기기에 전자에 비해 후자에

---

80) Ibid., pp.22~23.
81) Ibid., pp.30~33.
82) Ibid., p.35.

게 연옥체류시간을 더욱 줄여줘 더 빨리 천국에 안착할 수 있는 은혜를 내려주신다.[83]

또한 모어는 연옥과 선행 관련 가톨릭 교리 배척자들에 대해서도 비유적으로 경고를 한다. 그는 그들의 행위를 교회의 분열을 가져와 가톨릭 사회질서를 분열시킴으로써, 결과적으로 가톨릭 사회를 유럽 공동의 적 이교도국의 노예가 되게 하려 한다며 비탄에 잠긴다. 모어는 그러한 교회일치파괴행위가 이교도국에게 "우리의 신앙을 조롱하고 우리 모두를 파멸시킬 수 있다는 망상을 갖도록 만든다"[84]며 개탄한다. 그러면서 그는 교회일치파괴행위자로서 루터나 틴데일 같은 이단자들을 이교도에게 가톨릭공동체 질서의 유럽을 팔아먹는 유다 같은 사람들에 비유한다.

모어는 고난을 흔쾌히 떠안은 고난, 자발적이지는 않지만 기꺼이 받아들이는 고난, 어떤 짓을 해도 피할 수 없는 고난 등 세 가지로 분류한다. 여기에서 모어의 고난은 흔쾌히 떠안은 고난에 해당한다. 흔쾌히 떠안은 고난은 하느님을 향한 사랑 때문에 스스로 기꺼이 걸머진 고통이기에, 그 어떤 위로도 필요로 하지 않는다. 이런 고통을 통해 영혼이 얻는 유익함으로 인해 그 자체가 위로가 되기에 말이다.[85] 어떤 고난이든 고난에는 늘 그것을 뿌리치게 하는 유혹들이 수반되기 마련인데, 쾌락, 육신, 고통, 적, 하물며 친구 등이 내미는

---

83) Ibid., pp.67~69.
84) Ibid., pp.12, 37~38. 여기에서 유럽국들의 공동의 적 이교도국 터키는 당시 대륙의 유럽 국경을 압박하고 있었고 황제 카를 5세가 그들의 침입을 막은 적이 있었다. 모어는 그 자신이 헨리 8세 다음으로 충성을 바치는 군주가 바로 카를 황제라고 말한다.
85) Ibid., pp.88~90.

유혹 등의 손길이 바로 그것들이다. 그렇지만 유혹에 넘어가지만 않는다면, 유혹을 많이 받으면 받을수록 공덕도 그만큼 커지게 된다. 그래서 유혹을 기쁨의 원천으로 삼아야 하는 것이다.[86] 그러나 자살 같은 유혹에 대해서는 반드시 고해성사, 미사집전사제로부터의 도움, 호감을 가지고 있는 성인에게 간구하는 영적 중재기도 등 같은 전례·관습에 의존할 것을 권고한다.[87]

이어 모어는 '의로운 사람이 신앙 때문에 당하는 박해로 인해 생기는 유혹'을 '한낮에 창궐하는 괴질'에 빗대어 말한다. 박해로 인한 유혹은 훤한 대낮에도 엄습해 올 만큼 위험하다. 신앙 때문에 의로운 사람에게 박해가 그렇게도 견디기 힘든 것은 신앙을 부정하기만 하면 안락이 보장되지만, 그대로 고수할 경우 고통과 죽음이 수반되기 때문이다. 많은 이들이 '허욕의 공허한 재물', '입김처럼 증발해버리는 헛된 명성', 그리고 '물거품처럼 꺼져버리는 무상한 권세' 등에 매여 자신의 신앙을 쉽게 포기하는 것도 세속의 일시적 안락을 보장받고자 하는 데서 연유한 것이 아니던가.[88] 여기에서 모어는 잉글랜드 종교개혁과 관련하여 처음에 뜻을 같이 하다가 재물, 권세, 명예를 보장받고 헨리 개혁파 측으로 전향한 동지들을 비유적으로 겨냥하고 있다. 그러면서 모어는 이 세상이란 것은 원죄로 인해 육신의 죽음을 선고받은 상태에서 잠시 머물다 가는 감옥이거늘 자신의 신앙을 부정함으로써 순간적인 옥살이를 피하려다 지옥에서 영원히 옥살이하는 것이

---

86) Ibid., p.101. 큰 문제와 관련해서 헨리개혁파 측이나 친구들이 시도한 회유 과정 중에 모어가 제시받았던 특전이나 특혜 등을 염두에 두고 한 말이다.

87) Ibid., pp.152~159.

88) CW 12, *A Dialogue of Comfort against Tribulation*, pp.200~201.

얼마나 어리석은 짓인지를 환기시킨다.[89]

종결부에 이르자 모어는 순교에 초점을 맞춘다. 순교는 저 세상에서 하느님의 자녀로 영원히 살 수 있는 확실한 보증서이다. 하지만 순교의 고통이 두려워 신앙을 저버리는 것은 배교와 다를 바 없으며, 살아남기 위한 위장 배교는 박해받고 순교할 때, 하느님이 도와주실 것이라는 믿음의 상실상태를 의미하는 것이기에 거짓 신앙을 지니는 게 된다.[90] 이것은 잉글랜드 종교개혁과 관련하여 잉글랜드의 위장 배교자에 대한 모어의 씁쓸한 조언이다. 그러면서 모어는 가톨릭인들은 자신들을 영원토록 보상하실 그리스도를 위해 흔쾌히 죽을 수 있어야 하는데, 그렇게 하지 못함을 안타깝게 여긴다. 이교도들도 명예심 때문에 끔찍한 고통과 죽음을 거리낌 없이 감수하고, 심지어 이단자들조차 믿음으로 인해 자신의 주장을 철회하기보다는 죽음을 기꺼이 감내한다. 그런데도 가톨릭인들이 참된 신앙을 위해 순교하기를 거부한다면, 실로 이보다 더 수치스러운 일이 있을 수 있겠느냐며 모어는 그들에게 가톨릭 신앙을 위한 순교를 독려한다.[91]

그러니까 모어는 자신의 임박한 죽음이 저 세상에서 영원토록 보상받을 가톨릭인으로서의 당당한 순교가 될 것임을 확신함으로써 심적 위안을 찾고 있는 것이다. 이것은 비유적이긴 하지만 반어적으로 모어가 왕의 큰 문제의 주도적 조역자들과 헨리종교개혁자들의 가톨릭 신앙으로부터의 일탈적 배교에 대해 일침을 가하고 있는 것이다. 이 책 말미에서는 아이들의 순교의 예까지 들면서 가톨릭교도들의

---

89) Ibid., pp.275~280.
90) Ibid., pp.291~293.
91) Ibid., pp.313~318.

순교를 독려하는데, 이 대목은 일면 극단적인 종말론자로서의 모어의 모습을 엿보게 해준다.

모어의 마지막 저서 『그리스도의 슬픔에 관하여』는 현재 자신의 처지와 잉글랜드의 정황에 비추어 최후의 만찬 끝부분에서 시작하여 '그들이 예수를 붙잡았다'로 끝을 맺는 십자가 못 박히기 전 예수의 겟세마네 동산에서의 번민을 주로 다루고 있는 책이다. 전반적인 맥락에 있어서 십자가 수난이 예수의 인류 구원사적 행보의 한 단계였음에도 베드로 등 열두제자마저도 그 진실을 깨닫지 못하고 있었음을 모어는 지적한다. 이것은 비유적으로 모어 자신의 행보와 잉글랜드가 처한 상황을 알아채지 못하는 당시의 잉글랜드 사람들, 특히 헨리 측근의 고관들과 고위성직자들에 대해 애석해하고 있는 것이다. 이 책을 이해하기 위해서는 '인류 구원사적 예수 행보의 요일별 지상 최후의 일주일'에 대한 이해가 전제되어야 한다.

〈표 5〉인류 구원사적 예수행보의 요일별 지상 최후의 일주일 (AD. 29년)[92]

요일	예수행보	비고
토요일	베다니에 도착, 저녁식사	인류 구원 채비
일요일	승리의 입성. 예루살렘에 대하여 울다.	
월요일	무화과나무를 마르게 하다. 성전을 깨끗하게 하다.	
화요일	성전에 마지막으로 들어가다. 산헤드린에서 그의 권위가 도전받다. 두 아들의 비유, 포도원의 비유, 혼인 잔치의 비유, 가이사에게 바치는 것에 대한 질문, 부활에 대한 질문, 어느 것이 큰 계명인가? 다윗의 자손이 어떻게 다윗의 주님이 될 수 있는가? 서기관과 바리새인에 대한 무서운 책망, 예수께서 과부의 적은 헌금을 보시다. 성전을 마지막으로 떠나시다. 감람산에서 그의 위대한 설교, 예루살렘의 멸망과 그의 오심, 열 처녀와 달란트 비유, 마지막 심판의 장면, 유다가 제사장들과 거래하다.	유다의 배신 행위 시작
수요일	베다니에서 조용히 지내다	유다의 적과의 공모

276

목요일	저녁에 최후의 만찬, 밤에 겟세마네 동산에서 번민하다.	예수 체포
금요일	재판을 받고 십자가에 달리다.	적의 승리
일요일	예수가 죽은 자 가운데서 살아나다.	부활 인류 구원

　모어는 목요일과 금요일에 이루어진 예수 체포와 적들의 승리를, 일요일의 '인류 구원의 최종 단계'로 '죄를 대속하여 구원하는 부활'에 이르기 위한 신의 섭리적 전략이라고 말한다. 이렇게 보면 유다의 배신도 신의 섭리에 의한 것이었다. 여기에서 모어는 유다의 배신에 의한 예수의 체포처럼 헨리 측근자들에 의한 자신의 체포도 그 자신으로 하여금 신의 정의를 고수하게 함으로써, 잉글랜드인들에게 회심의 기회를 주기 위한 신의 섭리였다고 말한다. 그래서 예수의 일주일 행보에 있어서 유다의 배신과 적의 승리 이후의 예수부활의 날 일요일은 그 이전의 요일들이 수렴되는 시간적인 최종 목적지이다. 예수 부활의 일요일이 없다면, 다른 이전의 요일들은 시간적으로 의미가 없다. 일요일은 영원의 요일이지만, 그 이전의 요일들은 순간의 시간들이다. 모어도 자신의 체포, 수감, 임박한 죽음 등을 시간적 최종 목적지인 영원한 저 세상으로 가기 위한 필연적인 통과의례적 신의 섭리 작용으로 보고 있다. 그러니까 모어에게 헨리 측근자들의 승리는 일시적인 것이고, 모어 자신의 현재의 패배는 미래의 영원한 승리인 것이다. 예수처럼 모어는 그것을 이해하지 못하는 세속의 인간들을 안타까운 눈으로 바라본다. 모어는 자신의 고난을 예수의 수난에 감정이입시키고 있는 것이다.

　우선 모어는 예수의 일주일 행보에 있어서 예수 체포의 직접적

---

92) *The Gideons International, Holy Bible Containing the Old and New Testaments*, (U.S. A : National Publishing Company), pp.1055~1127(Luke 1-John 21).

원인인 유다에게 초점을 맞춘다. 모어는 예수가 겟세마네 동산으로 갔을 때, '나와 함께하지 않는 자는 나를 반대하는 자다(「마태복음 12:13」)'라는 말처럼 모든 사도들이 예수를 따랐지만 따르지 않은 사람이 딱 한 명 있었는데 그가 바로 유다였음을 지적한다. 그러고 나서 모어는 바로 그 구절은 예수가 유다의 배신 음모를 이미 알고 있었음을 반증한다고 말한다.[93] 이 대목은 잉글랜드가 여태까지 가톨릭 하느님의 은혜를 받아 번성해왔는데, 그 하느님의 뜻에 따르지 않고 일탈하여 잉글랜드가 불의의 늪에 매몰되어 가고 있음을 비유하고 있는 것이다. 모어가 보기에 유다가 은전 30닢 때문에 스승 예수를 판 것이 자신의 영혼을 판 행위이듯이, 개혁입법을 통해 잉글랜드가 보편교회 가톨릭교회로부터 이탈하는 것은 헨리개혁파 측이 큰 문제란 세속적 욕구충족을 위해 잉글랜드민의 영혼을 악의 손아귀에 넘기는 것과 같았다. 그러나 모어는 예수는 자애의 예수이기에 유다에게 여러 번 참회의 기회를 주었으며 마침내 감화를 받은 유다는 후회하고 공모자들인 대사제들에게 은화를 되돌려주었음을 말함으로써 참회만 한다면 자애로운 성령의 도움으로 여전히 잉글랜드 교회가 보편교회의 일원으로 돌아갈 기회가 있음을 역설하고 있다.[94]

모어는 유다와 같은 그리스도의 적들이 날뛰게 된 상황을 베드로를 비롯한 사도들의 탓으로 돌린다. 그는 겟세마네 동산에서 졸고 있던 사도들을 스승을 팔아넘기려고 부단히 움직이던 유다와 비교하고 있다. 그리스도는 "아직도 자고 있느냐? 아직도 쉬고 있느냐? 이제 때가 가까이 왔다. 사람의 아들은 죄인들의 손에 넘어간다. 일어서거

---

93) CW 14, *De Tristitia Christi*, pp.3~7.
94) Ibid., pp.275~279.

라. 보라, 나를 팔아넘길 자가 가까이 왔다"(「마태복음 26:45-46」)라며 사도들에게 자신이 처한 상황을 알려주었지만 아무 소용이 없었다.95) 모어는 이 사건을 자신의 나라에서 벌어지는 사건에 비유하고 있다. 그는 동산의 열한 제자들의 이러한 나태한 행실이 그들의 먼 후예로서 잉글랜드 주교들의 흐트러진 마음가짐과 흡사하며, 유다 같은 적들의 발 빠른 동태가 헨리 교회개혁파 측의 분주한 움직임과 유사하다는 것이었다.96) 모어는 현실적 걸림돌 때문에든, 비겁함 때문에든, 위험 초래에 대한 두려움 때문에든, 양떼의 목자로서 책무를 다하지 못한 고위성직자들에 대해 다음과 같이 경고의 메시지를 던진다.

> 행여나 어떤 주교가 무엇인가에 넋을 뺏겨 이성을 잃고 양떼 모는 일에 충실을 기하지 않는다면, 그는 거친 폭풍우 이는 바다에서 잔뜩 겁을 집어먹고 배 운전키를 버리고 모퉁이에 웅크려 앉은 겁쟁이나 다름없다. 어떤 이유에서든지 간에 양떼를 이끌어야 할 목자가 자신이 해야 할 마땅한 책무를 망각한다면, 그 누가 양떼를 책임지랴.97)

특히 이 책에서 모어의 몰입도가 상승하는 대목은 그리스도의 체포와 관련해서이다. 모어는 그리스도 체포 순간에 그리스도에게 폭력을 행사한 체포자들이 어떤 사람들인지를 언급한다. 그리스도를 그렇게 한 사람들은 흔히 목격되는 폭력범들이나 불한당들이 아니었

---

95) Ibid., pp.159~167.
96) Ibid., pp.257~261.
97) Ibid., p.264.

다. 그들은 유대인 사회의 존경받는 사제들이거나 고관들이었다. 그러함에도 불구하고 그들은 교속의 정의를 위반하면서까지 그들이 숭앙하는 하느님의 외아들을 파멸시키려고 하고 있으며 그 폭력의 배후에는 그리스도의 제자 유다가 끼어 있었다.[98) 모어 생각에 그러한 불의한 일이 모어 동시기에도 그대로 벌어지고 있는 것이다. 여태껏 지켜져 왔던 교속의 법들을 (직무상 그것을 솔선하여 수호해야 할 자들임에도 불구하고) 파괴해버린 잉글랜드 종교개혁 주도자들은 다름 아닌 교속계의 고위성직자들과 고관들이었다. 모어가 볼 때 이것은 정의로운 사회를 주도해야 할 식자귀족층의 도덕적·신앙적 불감증, 즉 그들의 불의의 소치에서 나온 것이었다. 유토피아국에서 하루 6시간공익노동의무 이외에 나머지 시간을 지적·도덕적·신앙적으로 평생 학습을 하도록 유도하는 것도 한편으로는 정의를 유토피아인 내면에 체화하고, 다른 한편으로는 정의를 구현할 수 있는 신앙·도덕적 식자귀족층의 확대를 위한 것이었다. 모어는 어떤 사회이든 세상의 불의는 대개 사회지도층의 교만과 탐욕에 기인한 도덕적 타락에서 비롯된다는 것을 알고 있었다. 모어는 그리스도의 체포와 잉글랜드에서 가톨릭교회의 박해 이면에는 사회지도층의 음모가 숨어 있다고 생각했던 것이다.

모어는 그리스도의 체포를 정의로운 그리스도 세력에 대한 불의한 그리스도 적들의 일시적 승리에 불과함을 설파하면서 그리스도의 행동과 음성을 통해 그 증거들을 찾아 독자들에게 제시해준다. 베드로의 '그리스도 체포 저지노력'을 말리는 그리스도의 행적과 그리스도의

---

98) Ibid., p.373.

적들을 향한 음성이 바로 그것들이다. 모어는 그리스도 체포 순간 베드로가 대사제의 하수인 말코스에게 칼을 휘두르자(「누가복음 22:50-51」) 그리스도가 베드로에게 그 칼을 도로 칼집에 꽂을 것을 명하고(「요한복음 18:11」) 사도들은 하느님의 복음이라는 칼로 싸워야 함을 말하면서 그의 행동을 저지시킨다. 그러면서 모어는 그리스도가 베드로를 저지시킨 이유를 적시한다. 그것은 적들의 그리스도 체포가 인류에게 약속했던 죄 대속 구원의 실현의 한 과정이라며, 그 증거로 그리스도가 베드로에게 인류의 죄 대속 구원의 약속을 위해 "아버지가 나에게 주신 이 잔을 내가 마셔야 하지 않겠느냐?(「요한복음 18:11」)"라는 구절을 든다. 그리스도의 체포는 인류 구원 실현을 위한 그리스도 고난들 중 하나라는 것이다. 그러므로 모어에게는 베드로가 그리스도를 체포하려는 자를 공격하는 것은 인류 구원의 유일한 길을 저지함으로써, 역설적이게도 온 인류와 싸우는 모양새가 되는 것이었다.[99] 그러면서 모어는 한 걸음 더 나가 자신을 체포하고자 하는 적까지 포용하는 인류 구원자로서 기적을 베푸는 그리스도의 모습을 그려내는데, 이것은 모어 현 자신의 처지와 모습을 빗대어 표현한 것이었다.

> 그리스도께서는 베드로의 칼을 저지하고 나서, 제자의 칼날에 잘린 적의 귀를 어루만져 원래대로 고쳐주셨다. 온 인류의 구속자로서 악을 선으로 갚으신 지극히 자애로운 그리스도의 귀감을 보라.[100]

---

99) Ibid., pp.503~504.
100) Ibid., p.505.

모어에게 그리스도의 체포는 인류 구원을 위한 그리스도 고난 단계의 한 부분이다. 그러니 적들의 당장 순간의 승리는 적들의 예고된 영원한 패배를 의미한다. 여기서 모어는 헨리교회개혁파 측의 당장의 승리가 일시적인 '순간의 것'임을 비유적으로 말하고 있다. 모어의 입장에서 보면 그 자신이 옥중에서 끌려나와 재판을 받고 죽임을 당하는 과정은 그리스도가 겟세마네 동산에서 포박되어 재판받고 죽임을 당하는 과정의 또 다른 재현인 것이다. 당연히 이 싸움에서의 궁극적 영원한 승리자는 모어 자신이 될 것이었다.

옥중 행적과 저서들에 나타난 모어의 모습은 한마디로 개인 구원전략으로서 불의한 타자를 개심시키기 위해 현세의 고난을 흔쾌히 받아들이고 기꺼이 죽음을 맞이하는 순교자의 그것이다. 그 대의명분은 신의 정의의 수호인데, 여기서 신은 '가톨릭공동체 천년'을 이끌어왔던 정신적 이데올로기로서 가톨릭의 신이다. 가톨릭 신은 그가 수호해야 할 궁극적 이데아로서 부동不動의 동자動子다. 그래서 그의 모든 사상적 궤적은 바로 이 가톨릭 신의 섭리에로 수렴되고 환원된다. 그러니까 죽으면서까지 정의를 수호하게 한 모어의 양심의 중심부에는 중세천년의 신앙이 뿌리를 틀고 있었던 것이다. 1535년 7월 6일 처형 직전 자신은 왕의 선량한 종이지만 하느님이 먼저였다는 한마디는 그의 죽음이 던지는 의미를 단적으로 함축한다.[101]

요컨대 모어 동시기인이 되어 모어의 입장에 서서 보면 모어는 정의 구현을 위한 전생의 노력에서 좌절에 부딪혔지만, 그 이념을 결코 포기하지 않았으며, 정의로운 세상에 대한 희망을 상실했을지언

---

101) Harpsfield, *The Life and Death of Sir Thomas More*, ed. E.V. Hitchcock and R. W. Chambers (Early English Text Society, 1932 ; reprinted 1963), p.266.

정 결코 정의를 향한 구현 의지를 꺾지 않았던 신앙과 도덕의 승리자였다. 그러나 거시적· 역사적 안목에서 보았을 때, 그것은 중세의 성속계 聖俗界 전반의 자체적 사회구조적 모순에서 서서히 불거져 나와 세차게 엄습해오는 변혁의 바람에 역행하는 것이었다. 한마디로, 모어는 당대의 중첩적 시대정신의 일면으로 그 자신이 정의로운 일이라고 굳게 믿었던 전통적 대의명분, 즉 와해해가고 있던 가톨릭공동체 질서의 수호를 위해 목숨을 던진 도덕론자였다.

끝내며

본서는 정의담론서『유토피아』를 중심으로 모어의 정의를 위한 죽음의 성격을 해명해보고자 한 것이다. 혁명적 공화국 유토피아의 창조자로서의 모어와 허물어져가는 천년전통의 가톨릭질서 수호자로서의 모어 사이의 간극은 평생 그의 정신세계를 사로잡았던 화두인 정의에 의해 봉합될 수 있다.

모어의 정의는『유토피아』에서는 완벽한 사회정의 실현을 위해 인간 개개의 영혼 속에 내면화된 '공동체공익정의'였고, 이단 논쟁기의 글들에서는 가톨릭 신의 정의 수호를 위한 호교론적 정의였으며, 옥중기『고난을 이기는 위안의 대화』와『그리스도의 슬픔에 관하여』같은 글들에서는 수난적 덕업을 통한 개인 구원전략으로서 신의 섭리로 예정된 순교의 길을 택하는 내세를 향한 신의 정의였다.

정의국으로서 혁명적 유토피아국은 불의한 현실유럽의 종말을 가정하고, 그 역상으로서 외딴 섬에 세워진 세속화된 신국의 성격이 짙다. 그러하기에 휴머니스트로서 사회질서 추구자인 그가 유토피아국의 공유제 같은 급진적 제도를 유럽현실에 적용할 필요로 고민할 필요가 없었다. 어차피 공유제는 유토피아국 인민의 영혼 속에 정의를 내면화하기 위한 부속장치에 불과했으니까 말이다.

정의에 대한 모어의 집착은 직·간접적 생의 과정을 통해 체감·인식한 모어의 현실의 불의에 대한 자각이 그의 조울증적인 예민한 도덕의식과 결합된 결과에서 비롯된 것이었다. 이러한 집착을 모어는 사색적 저술활동과 성스러운 죽음으로 승화시켰다. 이를테면 모어는 정의담론서로서 『유토피아』를 집필했고, 정의를 위해 논쟁적인 글들과 사색적인 글들을 썼으며, 그것을 위해 그 스스로 순교의 전통을 좇아 죽음의 길을 택하였다. 모어의 생각에 자신의 죽음은 『유토피아』, 『고난을 이기는 위안의 대화』, 『그리스도의 슬픔에 관하여』 등에서 서술된 것처럼, 가장 잘 죽는 죽음, 즉 정의를 위한 신앙적·도덕적 죽음이었던 것이다.

『유토피아』 이전의 모어의 저서들은 그가 삶의 과정에서 인식한 불의에 대한 깊은 상심을 보여준다. 모어는 현미경적·도덕적 시각으로 현실 곳곳에서 전개되는 악의 명백한 우세, 교만한 인간들의 득세, 가진 자들과 권세가들의 갖가지 불의한 행태 등을 관찰하고는 심적 침울함에 빠졌다. 이러한 모어의 심리 상태는 그로 하여금 식자귀족층의 사회주도층으로서의 역할부재에 관해 지적하게 하였고, 에라스무스계 휴머니스트들의 낙관적 사회조화이상론의 현실적용에 대해 강한 의구심을 갖게 하였다.

에라스무스의 『그리스도교도 군주 교육론』은 식자귀족들이 국정 자문관으로서의 역할을 제대로 해낸다면, 철인왕 통치의 이상이 유럽 현실에 펼쳐져 유럽 사회에 정의가 숨 쉬는 질서정연한 행복한 사회가 구축될 것이라는 낙관적 기대를 표명하고 있는 책이다. 반면에 현실감이 결여된 이러한 낙관적 사회이상론에 대해 강한 제동을 걸어 동시기 지식인들을 '정의담론의 장場'에 유인하고자 한 책이 바로『유토피아』인 것이다.

『유토피아』제1부 히슬로다이와 작중모어 간의 대담은 모어 동시기 지식인들이 유럽 현실의 불의의 심각성에 대해 정확히 진단하지 못하고 있으며, 아울러 불의한 유럽 현실과 관련해서 현자의 국왕자문관으로서의 공익활동이 얼마나 헛된 것인지를 동시기 '현실정치참여 지식인들'에게 생생하게 환기시켜주고 있다. 이것은 지식인들이 일변도의 '사변적 지혜의 문제'에서 벗어나 '실천적 정의의 문제'에 관심을 가질 것을 촉구하는 외침이기도 하다.

정의는『유토피아』의 제1주제이다. 폴리레리트국, 아코리국, 마카렌스국과 같은 국가들은 당시 유럽국들과 같은 '사유재산제 군주국들'이지만 정의가 숨 쉬는 정의공화국들로 상술된다. 이 나라들은 체제조건이 판이한 '공유제 평등국가 유토피아'로 가는 교량적 국가 역할을 한다. 불의가 판을 치는 당시 유럽과는 달리 이 세 나라와 유토피아국의 공통점은 이 인민들이 내면화된 정의 의지로 무장되어있다는 것이다. 바로 이 내면정의가 이 나라들을 진정한 정의공화국으로 자리매김하게 한다.

유기체적 비유에서 신체 기능상 근골 같은 역할을 하는 '유토피아국 정의'는 공화국을 결속시켜주는 자연스러운 덕이다. 그것은 사회질서와 조화의 토대이며 공익을 위해 모든 이가 모든 것을 소유하는 평등사회에서 가장 중요하게 공유되는 덕이다. 유토피아국은 모어 동시기 지식인들에게 공유제 문제뿐만 아니라 고정불변의 귀족계층

폐지, 사회질서 강조와 형평적 원리의 적용, 교만의식의 제거, 가난과 탐욕의 퇴치, 변호사 없이도 쉽게 이해될 수 있는 소수 법률의 일반화, 자연 순리와 이성 원리에 입각한 사회조화의 달성 등의 담론거리를 제공한다.

『유토피아』에서 모어는 에라스무스의 '낙관적 사회조화이상론'을 공유하면서도, 유럽 현실에 그 이상론을 적용하는 것이 헛된 일임을 증명해보이기 위해 고전 사상가들의 관념들을 활용한다. 특히『유토피아』대담 중 플라톤의『국가』에서 인용된 문맥은 계서적인 사회조화의 이상을 실현하기 위해 적극적인 공익활동을 주장하는 에라스무스계 휴머니스트들의 현실감 부재의 낙관적 생각에 대한 비판의 강도를 극대화하기 위한 모어의 전략의 일환이었다. 여기에다 모어는 키케로의『의무론』의 많은 가설들과 어휘들을 차용해 넣고, 아우구스티누스의『신국론』에 흐르는 가톨릭시즘을 흡수함으로써『유토피아』를 독특한 창조품이 되게 한다.

유토피아국에서 정의는 자연스러운 인간 유대의 토대로서 인민들의 영혼에 내면화되며 공익을 위한 필수불가결한 덕으로 자리 잡는다. 독특하게도 이곳의 정의는 가부장적 가족질서와 가족애 그리고 동무로서 형제애를 강조하는 공유제적 평등에 기반을 둔다. 한마디로 유토피아국의 정의는 가족애와 형제애에 바탕을 둔 공동체 사회의 덕이다. 이것은 사익을 배제한 플라톤적 관념과 형제애를 강조하는 키케로적인 관념의 결합이다. 이렇게 해서『유토피아』는 불의한 유럽 현실을 직시하지 못하고, 지식인들의 적극적인 공익활동을 통해 유럽 현실에 철인왕 이상의 꿈이 펼쳐질 것이라는 에라스무스계 휴머니스트들의 평온한 이상들에 대한 '현실비판담론서'로 거듭난다.

반교권주의가 확산되고 헨리종교개혁이 현실화되는 잉글랜드의 정황은 잠복되어 있는 모어의 본심을 노출시켰다. 공직인으로서 모어는 상전에 대한 충정을 유지하면서도 예민한 도덕적 감수성으로 인해 위기상황에서 자신의 내면에 잠복해있던 투쟁적 성향과 의도를 드러내게 된다. 이를테면 해학과 여유가 노정되어 있었던 유토피아국에서의 형평 정의가 천년전통의 가톨릭 사회질서 방어 투쟁의 형태를 띠는 신의 정의로 변모하게 된다.

처음에 그는 저만치 서서 브라벨루스와 로세우스라는 가명을 빌어 간접적으로 루터를 공격했으나, 반교권주의와 이단의 간극이 좁혀지게 됨에 따라, 실명으로 직접 루터, 틴데일, 저먼 같은 반교권주의자들을 공격하기 시작한다. 모어에게 무자비한 '반교권적 이단자 척결'은 가톨릭 질서 공동체가 감염되어 전신全身이 곪아 문드러지지 않도록 몸의 궤양이나 악성종양을 제거하는 것과 같았다. 그가 생각하기에 정의는 장기지속적으로 다수에 의해 암묵적·직접적으로 동의된 공통의 합의질서였다. 그 질서를 깨트리는 자들이 바로 반교권적 이단자들이었고, 그래서 그들은 응당히 제거되어야 할 불의한 자들이었던 것이다.

말년에 이르러 모어는 젊었을 때 형성하기 시작했던 신의 정의를 변호하였고, 그것을 위해 죽었다. 의로운 이들의 박해와 그리스도의 수난에 비유적으로 서술된 개인 구원론적 사색서『고난을 이기는 위안의 대화』와『그리스도의 슬픔에 관하여』에서 모어는 자신의 임박한 죽음이 신의 정의를 위한 신의 섭리에 의해 예정된 것이었음을 분명하게 밝히고 있다.

모어의 생각에 정의는 가톨릭공동체 인민 개개인을 연대시키는 근골로서 사회악과 교만을 통제하는 신의 섭리적인 덕이었다. 이러한 정의는 자연법들 속에서 함축되어 있어서 종종 은밀한 방식으로 철학자들과 신학자들의 지혜를 통해서 모호한 역사적 순환을 조정하도록 작동된다.

공직자 모어에게 정의는 위계상의 상전에 대한 충성이었다. 이단 확산의 기류를 타고 헨리 8세의 균형추가 이단 쪽으로 기울어지게 되자, 모어의 왕에 대한 충성심은 정의 수호의 마지막 보루인 가톨릭 전통의 수호로 좁혀지게 되었다. 틴데일과의 논쟁에서 간파되는 가톨릭 전례·관습에 대한 모어의 옹호는 가톨릭교회 전통의 수호자로서의 그의 모습을 여실히 보여준다. 모어는, 양심 즉, 자신의 천국 시민권을 얻는데 유용하게 될 신의 정의를 쫓아서, 공익활동무대인 조정의 불의한 사탄의 유혹으로부터 뒷걸음질 친다.

모어는 자신이 믿었던 것과 자신이 믿고 싶었던 것을 위해서 죽었는데, 그의 죽음은 그가 중세의 황혼기이자 근세의 여명기라는 중첩적 시대 상황 한복판에서 버티고 있었기에 벌어질 수 있는 일이었다. 결국 그는 자신의 은혜로운 전통에 의해 기억될 만한 순교자의 모델로 자신의 목숨을 던졌다. 『고난을 이기는 위안의 대화』와 『그리스도의 슬픔에 관하여』를 통해 그 자신의 죽음이 신의 정의를 위해 예정된 순교자의 죽음이라는 것을 분명하게 밝히고 있다. 이러한 확신이 있었기에 모어는 잉글랜드를 가톨릭 질서 세계의 일부분으로 존속하게 하기 위해 평신도로서는 자신의 양심과 소신에 따라 거의 홀로 고군분투했던 유일한 인간이 될 수 있었던 것이다.

역으로 보면 그런 상황은 그 당시 잉글랜드의 정치적 변화의 힘이 천년 전통의 가톨릭공동체 세계로부터 잉글랜드를 떼어낼 만큼 이미

커져버렸음을 반증하는 것이다. 결과적으로 이러한 변화의 시류에 유연하게 대처하지 못했던 모어는 그것에 편승한 정략적인 힘 앞에 속수무책일 수밖에 없었던 것이다.

　요컨대 표면상 모순된 것처럼 보이는 모어의 진정한 모습을 간파하기 위해서는 모어의 뇌리 속에 유전인자로 각인된 '모어 이해 관념 코드어'인 정의로부터 접근할 필요가 있다. 한마디로 모어에게 정의는 일종의 질서였다. 이 질서는 각자가 제 위치에서 역할이나 기능을 발휘할 때 유지될 수 있는 것으로 고전고대의 계서 기능적 덕 관념과 일치하는 것이었다. 그것은 중세에 이르러서도 교부들을 통해 가톨릭 신 관념이 최상위층에 부가되면서 르네상스기 휴머니스트들에게도 고스란히 전승되어온 관념이었다. 이를테면 인간 사회에는 '계서 피라미드'의 맨 상층부에 가톨릭공동체 질서의 영적 안내자로서 성령이 내재되어 있는 가톨릭교회와 그 대표자 교황이 있고, 바로 그 아래에 이 성령의 후광을 받는 각국의 세속 군주가 위치해 있다. 이어 바로 그 아래에는 식자귀족층이 있고, 더 아래에는 일반 인민층이 위치해 있으며, 맨 밑바닥에는 가솔들이 있다. 이것은 중세통념의 계서적 사회질서관이다. 이들 각각이 자신의 위치에서 제 직분과 제 기능을 다하여 질서정연하게 조화를 이룬다면, 이 사회에는 자연스레 정의가 구축되어 행복한 사회가 될 것이었다. 그러한 사회의 전형이 바로 유토피아국인 것이다.

　찬찬히 뜯어보면, 이상국이란 유토피아국은 전체적으론 학자층에서 선발된 무소불위의 교황 같은 성직자들과 아버지로 불리는 통치엘리트들이 주도하는 '전통적인 가부장적 사회질서'에 기반을 둔 '이성에 의해 작동되는 기능적인 사회'로 파악될 수 있다. 이것은 모어

내면에 잠재되어 있던 전통적 계서의식이 은연중에 『유토피아』행간에 함축·반영되어 있음을 보여준다.

그러니까 모어는 플라톤·키케로·아우구스티누스 등 전통적 덕 윤리 사상가들의 계보를 잇는 계서적 정의론자이다. 당시 갖가지 불의가 횡행함으로써 가톨릭공동체가 위기를 맞게 된 것은 모어 생각에 바로 계서정의로서의 그러한 질서의 와해에 원인이 있었다. 이런 전통적 입장에 있었던 모어에게 당연히 가톨릭 사회질서의 영적 길잡이로서 계서상 최상위층에 있는 가톨릭교회를 부정하는 루터의 종교개혁이나 잉글랜드의 종교개혁은 정의로운 사회를 파멸로 이끌 것으로 예단되었다.

신앙적 관용국으로서 '이교도국 유토피아'에서도 '신의 섭리 작용, 영혼 불멸, 현세 덕업과 죄지음에 따른 사후 보상과 처벌' 같은 가톨릭적 신앙관의 부인은 결코 용인되지 않고 있다. 모어는 리처드 헌 사건이나 『리처드 3세사』에서도 교회 성역에 대한 세속 군주의 개입에 대해 민감한 반응을 보이고 있다. 이것은 속권보다 교권을 우위에 두는 그의 계서적 정의의식의 발로인 것이다. 공직 재임 말기 가혹한 이단재판관으로서 모어의 모습도 이러한 맥락의 연장선상에 있다. 자신을 죽음으로 몰아간 헨리 8세에 대해서 자신은 여전히 왕에게 복종하고 있으나 왕보다는 신이 먼저였다는 그가 던진 한마디는 그의 계서적 정의의식이 얼마나 강고한 것이었는지를 여실히 보여준다.

『유토피아』는 모어의 정의의식을 확인할 수 있는 중요한 원천이다. 이미 밝힌 것처럼 『유토피아』는 현실적용을 염두에 둔 '정치사상서'라기보다는 차라리 '정의담론의 풍자문학적 도덕사상서'이다. 모어는

'농담을 전하는 사람'이란 어원적 의미를 지니는 '히슬로다이'의 입을 빌어 유토피아국을 동료 지식인들에게 소개한다. 히슬로다이의 어원상 농담가로서 의미가 시사하는 것처럼 『유토피아』는 진담서일뿐만 아니라 농담서로서 문학적 유희의 성격도 띠고 있다. 그러니까 유토피아국의 공유제 같은 급진적 제도는 혁명을 혐오하는 모어에게 진담 반 농담 반의 문학놀이 같은 것이었던 셈이다.

또한 모어가 『유토피아』 집필 직전 플라톤 연구의 대가 피코의 삶을 다룬 『피코의 전기』와 풍자적인 『메니푸스』의 역자였다는 사실은 그가 '덕 윤리사상의 원형으로서 플라토니즘'과 '베리시밀리튜드식 문학방식의 원형으로서 메니푸스적 풍자'를 『유토피아』에서 활용하였음을 시사하는 중요한 표징이다. 그러므로 『유토피아』는 기본적으로 허구를 실화화한 지적 유희의 풍자문학서이다. 그렇지만 그것이 풍자문학이라는 한계성에도 불구하고 그것이 불의한 현실에 대한 현미경적인 진단과 비판을 담고 있다는 점에서 모어 동시기를 이해할 수 있는 유의미한 '현실비판개혁서'이기도 하다.

짚고 넘어가야할 것은 『유토피아』 집필 의도가 한편으로는 불의한 현실을 지식인들에게 인식시키고 다른 한편으로는 그 현실을 극복하기 위한 일환으로 그들 간에 정의담론을 형성하는 데 초점이 맞춰져 있었다는 사실이다. 따라서 모어의 이해는 정치사상가적 측면에서보다는 '덕 윤리사상가'적 측면에서 접근할 필요가 있다. 성격상 『유토피아』가 어떤 부류의 작품에 속하는지 굳이 규정해야 한다면, 사실성史實性에 입각한 '베리시밀리튜드 문학방식'을 통해 정의라는 덕 윤리문제가 풍자적으로 다뤄졌다는 점에서, 이 책은 일종의 덕 윤리 풍자문학서류로 분류될 수 있다. 그래서 모어는 '정치사상가'라기보다는 '덕 윤리 문학사상가'로 자리하게 되는 것이다.

그래서 '문학적 유희서'로서 『유토피아』 속에 숨겨놓은 모어의 집필의도에 주목할 필요가 있는 것이다. 모어의 『유토피아』 집필 의도는 4가지이다. 첫 번째는 식자귀족층으로서 동료 휴머니스트들 간에 정의공화국 담론을 형성하기 위한 것이었고, 두 번째는 모어 동시기 휴머니스트들이 가졌던 낙관적 사회조화이상론의 현실적용에 대해 강한 의구심을 제기하기 위해서였으며, 세 번째는 당시 유럽의 불의를 상쇄하기 위한 근본책으로 정의의 내면화를 거론키 위해서였다.

특히 네 번째는 모어 동시기 유럽이 그렇게 치유불능 상태의 불의한 상황으로 치닫게 된 데는, 사회지도층으로서 모어 자신과 같은 식자귀족층이 마땅히 행해야 하는 노블레스 오블리주의 망각, 즉 사회적·도덕적 책무를 망각한 데 있었음을 동료 식자귀족층에게 환기시키기 위한 것이었다. 모어 생각에 동시기 식자귀족층은 위로는 국왕자문관들로서 군주를 지혜롭게 보좌해야 하고, 아래로는 일반민을 온정적 가부장으로서 보살펴야 하는 당위적인 의무를 헌 신짝 버리듯 내팽개쳐버렸다. 이들은 지혜로운 자문관으로서 혹은 비서관으로서 군주에게 충언을 해야 함에도 불구하고, 그렇기는커녕 불의한 아첨꾼이 되어 군주를 야수 같은 폭군으로 몰아갔다. 더욱 개탄스러운 것은 그들이 부정한 갖가지 파렴치한 방법으로 비참한 하위계층민들을 먹잇감으로 삼아 사리사욕 챙기기에 급급했다는 것이다. 그들은 악폐·병폐·적폐의 온상이었다. '노블레스 오블리주의 절망적 와해瓦解 상황'에 모어는 개탄을 금치 못한다. 이를테면 모어 동시기 계서적 사회체제의 중재적 통치엘리트에 해당하는 식자귀족층은 노블레스 오블리주를 악용·왜곡함으로써 오히려 유럽의 불의를 초래하였고, 군주폭정화의 불쏘시개가 되었다. 이런 유럽의 절망적 현실을 염두에 두고, 모어는 유토피아 사회에서 노블레스 오블리주를 실천에 옮길 사회지도층으로서 식자귀족층의 수를 대폭 늘렸던 것이다.

정의 논제 관련 자문관 대담에서 모어의 현실적 자아인 작중모어는 난세에 자신들과 같은 식자귀족층은 은둔적 명상생활을 접고 세상을 바로잡기 위해 국정자문관이나 비서관으로서 군주를 지혜롭게 보좌하는 공익활동을 통해 정의로운 사회를 건설하는 데 일조해야 함을 역설한다. 반면에 모어의 이상적 자아인 히슬로다이는 작중모어의 그러한 주장에 기본적으로는 동의하나 유럽의 경우는 군주와 군주자문들을 포함한 통치엘리트들의 불의가 극에 달한 상태이기에 정직한 소수의 지혜로운 자문관들의 충언이 먹혀들어가기는커녕, 이 자문관들조차 그 상황에 오염·매몰될 것이라면서 작중모어의 식자귀족층의 현실정치참여에 대해 반론을 펼친다.

주목할 것은 모어의 이상적 자아가 현실적 자아에 반대하는 것은 일반적 의미의 공익활동 그 자체가 아니라 당시 불의한 유럽 상황에서의 공익활동이었을 뿐이라는 사실이다. 유토피아국이나 유럽과 조건이 비슷한 상상 속의 세 나라의 상황에서는 모어의 이상적 자아 히슬로다이에게도 공익활동은 식자귀족층의 당연한 의무사항인 것이다. 그러니까 식자층 귀족이 그렇게 의무를 다할 때 정의공화국은 존립 가능할 것이라는 모어의 생각은 확고부동한 것이었다. 식자층 귀족인 모어에게는 유럽 같은 불의의 위기 상황에서 목자인 군주가 양떼들인 인민에게 군주의 정의의 후광을 적절하게 발하게끔 자문관이나 비서관으로서 군주를 지혜롭게 충언하는 공익활동이야말로 참된 귀족의 의무였던 것이다. 이렇게 본다면 모어의 이단자 재판은 공직자로서 그 나름의 정의의 표현이었으며, 반역자로서의 그의 죽음은 충직한 국왕자문관으로서 왕의 정의를 위한 최후의 역설적 조언이었던 셈이다.

인간이라면 그 누구든 권력욕·명예욕·물욕·육욕·가족애 등 본능적 기본 욕구로부터 자유로울 수 없다. 모어 또한 그러했다. 그러나 모어는 정의를 위해 이 모든 것들을 내려놓았다. 모어의 죽음은 개인 구원전략으로서 신의 정의를 향한 그의 양심의 자연스러운 발동이었다. 그것은 최후의 정의였던 신의 성령으로 세워진 천년전통의 가톨릭 질서가 붕괴되어가고 있다는 모어의 심층적 위기감에서 비롯된 것이었다.

궁극적으로 모어가 무엇을 위해서 왜 죽었는지는 모어의 옥중 행적과 저서들을 살펴보면 극명하게 드러난다. 옥중서 『고난을 이기는 위안의 대화』와 『그리스도의 슬픔에 관하여』에서 드러나는 모어의 죽음의 대의명분은 신의 정의의 수호이다. 여기서 신은 가톨릭공동체 천년을 이끌어왔던 정신적 이데올로기 가톨릭 신을 말한다. 가톨릭 신은 그가 수호해야 할 궁극적 이데아로서 부동不動의 동자動子인 것이다. 그래서 그의 모든 사상적 궤적은 바로 이 가톨릭 신의 섭리에로 수렴되고 환원된다. 그러니까 죽음을 불사하고 정의를 수호하게 한 모어의 양심의 중심부엔 중세 천년의 신앙이 똬리를 틀고 있었던 셈이다.

여기 익명의 '모어에 대한 애도 시 한편'으로 본서의 끝을 맺고자 한다.

여보게, 그대는 언젠가 내게 말하지 않았던가.
여기 우리가 발붙이고 서 있는 현실이
부조리와 허위로 가득 차 있어,
우리네 사는 게 아무리 절망적이고 힘들어도,
우리가 그놈의 현실을 내버릴 수는 없는 노릇이라고.
그러했던 그대가 어찌하여 그 현실을 내버렸던가!
여보게, 그대는 내게 말하지 않았던가.
어차피 이 땅에 발을 디디지 않고는
우리가 허공에 설 수 없듯이
행복은 우리네가 서 있는 바로 이 현실에서 시작한다고 말일세.
그런데 어찌하여 그대는 행복으로 가는
그 현실의 길에서 비켜섰던가!
그대도 잘 알고 있지 않았던가,
우리의 현실은 다름 아닌 잉글랜드 왕이라는 사실을.
그대도 말하지 않았던가.
왕은 온갖 꽃을 피어내는 대지요,
온갖 생명을 품는 강물이라는 것을.
그런 왕의 길을 쫓아 대부분의 그대 친구들도
그 현실의 길을 택하지 않았던가.
그런데 도대체 그대의 '양심'은 그 무엇이기에
그대가 발붙이고 서 있는 현실과 그 현실의 행복을
허공의 메아리로 흩어지게 하였단 말인가!
그대는 이상국 유토피아를 정의가 숨 쉬는 영원한 행복의 나라
에우토피아eutopia라고 하였던가.
다만 기원할 뿐이네, 그대만의 지복의 나라
저 세상 에우토피아에서 영생의 안식을 취하기를 …

토마스 모어 연보

1478(7)년	2월 6일(혹은 7일) 런던에서 법관 존 모어의 장남(혹은 차남)으로 출생함
1485년(7세)	세인트 안쏘니 스쿨에 입학함, 헨리 7세가 왕위에 오름
1490년(12세)	대주교이자 챤슬러 모턴John Morton 가家 시동이 됨
1492년(14세)	옥스퍼드 대학에 입학하여 그리스어 공부에 열중함
1494년(16세)	아버지의 희망대로 옥스퍼드 대학을 중퇴하고, 뉴인 법학원에 입학하여 법학을 공부함
1496년(18세)	링컨 법학원에 입학함
1499년(21세)	에라스무스와 알게 됨
1501년(23세)	링컨 법학원을 졸업하고 변호사가 됨
1504년(26세)	하원의원에 당선됨
1505년(27세)	제인Jane Colt과 결혼함
1506년(28세)	장녀 마가렛 출생
1507년(29세)	차녀 엘리자베스 출생
1508년(30세)	삼녀 세실리 출생
1509년(31세)	장남 존 출생. 헨리 8세 왕위에 오름

1510년(32세)	런던시의 법률 고문관 겸 부시장이 됨
1511년(33세)	아내 제인이 죽자 연상 미망인 앨리스 Alice Middleton와 재혼함
1515년(37세)	통상 사절단 일원으로 플랑드르에 파견되어 카스틸리아 외교사절단과 회담함, 회담 중단 중 안트베르펜에 체류하면서 『유토피아』 제2부 집필함
1516년(38세)	런던 귀국 후 『유토피아』 제1부 집필함
1518년(40세)	헨리 8세의 자문관이 됨
1521년(43세)	기사 작위 받음
1523년(45세)	하원의장에 선출됨
1529년(51세)	울지 후임으로 챤슬러가 됨
1533년(55세)	챤슬러직 사임함
1534년(56세)	4월, 대역죄라는 죄목으로 런던탑에 수감됨
1535년(57세)	15개월간 옥중생활 후 7월 6일 참수형 됨
1886년	12월 29일 로마교황청으로부터 '복자福者'로 시복됨
1935년	5월 19일 로마교황청으로부터 '성인聖人'으로 시성됨
2000년	10월 31일 로마교황청으로부터 '정치인의 수호성인'으로 선포됨

1. 1차 사료

The Yale Edition of the Complete Works of Sir Thomas More, 15 vols. New Haven and London, 1963~1987 Cited as CW.

_____, CW 1, *English Poems, Life of Pico*, ed. R. S. Sylvester.

_____, CW 2, *The History of King Richard III*, ed. R. S. Sylvester, 1967.

_____, CW 3, Part 1 : *Translation of Lucian*, ed. C. R. Thompson. 1974.

_____, CW 3, Part 2 : *Latin Poems*, ed. C. H. Miller, L. Bradner, C. H. Lynch and R. P. Oliver.

_____, CW 4, *Utopia*, ed. E. L. Surtz and J. H. Hexter, 1965.

_____, CW 5, *Responsio ad Lutherum*, ed. J. M. Meadley, 1969, 2 Parts.

_____, CW 6, *A Dialogue Concerning Heresies*, ed. T. M. C. Lawler, G. Marc'hadour and R. C. Marius, 1981.

_____, CW 7, *Letter to Bugenhagen, Supplication of Souls, Letter against Frith*, ed. F. Manley, G. Marc'hadour, R. Marius and C. H. Miller, 1970.

_____, CW 8, *The Confutation of Tyndale's Answer*, ed. L. A. Schuster, R. C. Marius, J. P. Lusardi and R. J. Schoeck, 1973.

_____, CW 9, *The Apology*, ed. J. B. Trapp, 1979.

_____, CW 10, *The Debellation of Salem and Bizance*, ed. J. Guy, R. Keen, C.H. Miller and R. McGugan, 1987.

_____, CW 11, *The Answer to A Poisoned Book*, ed. S. M. Foley and C. H. Miller, 1985.

_____, CW 12, *A Dialogue of Comfort against Tribulation*, ed. L. L. Martz and F. Manley, 1976.

_____, CW 13, *Treatise on the Passion, Treatise on the Blessed Body, Instructions and Prayers*, ed. G. E. Hampt, 1976.

_____, CW 14, *De Tristitia Christi*, ed. C. H. Miller, 1976.

_____, CW 15, *In Defense of Humanism*, ed. D. Kinney, 1986.

Augustine, *De Civitate Dei*, 성염 역주, 『신국론(제1~10권)』, 분도출판사, 2004.

_____, *De Civitate Dei*, 성염 역주, 『신국론(제11~18권)』, 분도출판사, 2004.

_____, *De Civitate Dei*, 성염 역주, 『신국론(제19~22권)』, 분도출판사, 2004.

_____, *The city of God against the Pagans*, ed. and trans. by George E. McCracken, et al. 7 vols. Library of Christian Classics, Cambridge : Harvard Univ, 1963.

Cicero, *De officiis*, 허승일 옮김, 『의무론』, 서광사, 2006.

_____, *De finibus bonorum et malorum*, ed. and trans. by H. Rackham, 2nd ed. Loeb Classical Library, Cambridge : Harvard University, 1931.

Campbell, L. B., ed. *The Mirror of Magistrates*, reprinted., New York : Barnes and Noble, 1960.

Castiglione, Baldesar, *The Book of the Courtier*, trans. by Charles S. Singleton, Garden City : Anchor, 1959.

Christopher, St. German, *Doctor and Student*, reprinted. ed. by T. F. T. Plunknett and J. L. Barton London : Seldon Society, 1974.

Dame Foorde, Bede of Stanbrook Abbey, Selected and Arranged, *Conscience Decides : Letters and Prayers from Prison Written by Sir Thomas More between April 1534 and July 1535*, Geoffrey Chapman Ltd, 1971.

Diogenes Laertius, *Lives of the Philosophy* 3. 23.

Elyot, Sir Thomas, *Governour*, ed. R. C. Alston, Menston England : The Scola Press Limited., 1962.

_____, Sir Thomas, *The Boke Named the Governour*, London; Dent, 1907.

Elton, G. R. ed. *The Tudor Constitution : Documents and Commentary*, Cambridge Univ., 1962.

Erasmus, Desiderius, *The Education of a Christian Prince*, reprinted ed. Trans. and ed. by L. K. Born New York : W. W. Norton, 1968.

_____, *Christian Humanism and the Reformation : Selected Writings*, ed. and trans. by J. C. Olin, New York : Harper and Row, 1965.

_____, *Moriae Encomium*, 문경자 옮김, 『바보예찬』, 랜덤하우스중앙, 2006.

_____, *Collected Works*, vol. 31 : Adages, trans. and ed. by M. M. Phillips and R.A.B. Mynors Toronto : Univ. of Toronto, 1982.

English Historical Documents, vol. 3, 1189~1325, ed. Hery Rothwell.

English Historical Documents, 1485~1558. ed. G. H. Williams, New York, 1967.

Fortesque, John, *De Laudibus Legum Anglie*, ed. and trans. by S. B. Chrimes, Cambridge : Harvard Univ., 1952.

Hall, Edward, *The Lives of The Kings : Henry Ⅷ*, 1550 folio edition entitled *The Triumphant Reigne of Kyng Henry The Ⅷ*, reprint, 2 vols. London, 1904.

_____, *Chronicle*, Facsimile of 1550 edition, London, 1809.

_____, *Chronicle : Containing the History of England during the Reign of Henry the Fourth to the End of the Henry the Eighth*, Reprinted ed., 2 vols. New York, 1965.

Harpsfield, *The Life and Death of Sir Thomas More*, ed. E.V. Hitchcock and R. W. Chambers Early English Text Society, 1932 ; reprinted 1963.

Lives : Dion 7. 6, in Loeb Classical Library, 11 vols., trans. Bernadotte Cambridge : Havard Univ., 1970.

Lucian, *Writings, 8 vols.* Leob Classical Library, Trans. A. M. Garmon et al, Cambridge : Harvard Univ., 1953.

L. Bradner and C. A., Lynch, ed. and trans., *The Latin Epigrams of Thomas More*, Chicago : Univ. of Chigago, 1953.

Lehmberg, Tanford E., *The Reformation Parliament*, 1520~1536, Cambridge University, 1970.

Plato, *Politeia*, 박종현 역주, 『국가(政體)』, 서광사, 1997.

_____, *Epistles*, ed. and trans. by R. G. Bury, Loeb classical library, Cambridge : Harvard Univ., 1929.

_____, *the Laws*, Trans, by T. J, Saunders, Rev. ed. Harmondsworth, 1975.

Plutarch, Lives : Dion 15.1~16.3.

Rogers, E. F. ed., *The Correspondence of Sir Thomas More*, Princeton : Princeton Univ., 1947.

Rogers, E. F., ed. *St. Thomas More : Selected Letters*, New Haven : Yale Univ., 1961.

Roper, William, *The Life of Sir Thomas Moore*, Knight, written by Elsie Vaughan Hitchcok London, 1935.

Shakespeare, William, *Richard III*, ed. New York : American Library, 1964.

Stapleton, Thomas, *The Life and Illustrious Martyrdom of Sir Thomas More*, trans. Philip E. Hallet London, 1928.

Thomas More, *Supplication of Souls, in English Works*, reproduced in facsimile's Edition of 1557, ed. by W. E. Campbell, R. W. Chambers, and A. W. Reed London : Eyre and Spottiswoode, 1931.

Tanner, J. R., *Tudor Constitutional Documents, 1485~1560*, Cambridge University Press.

_____, ed. *Tudor constitutional Documents, A. D. 1485 to 1608*, with Historical Commentary, Cambridge Univ., 1922.

Wagner, Gerard, *Young Thomas More and The Artists of Liberty*, N.Y : Cambridge Univ. Press, 2011.

Yoran, Hanan, *Between Utopia and Dystopia : Erasms, More and the Humanists Republic of Letters*, Lanhan : Lexiayton Books, 2010.

2. 2차 사료

단행본

Allen, J. W., *A History of Political Thought in the Sixteen Century*, reprinted. London : Methuen and Co., 1957.

Ames, Russel, *Citizen Thomas More and His Utopia*, Princeton Univ., 1949.

Alfred von Martin, *Die Soziologie der Renaissance*, Eng, Tr. the Sociology of the Renaissance, 1963.

Baker-smith. D., *Thomas More and Plato's Voyage*, Cadiff : University College, 1978.

Bailey, Michael D., *Battling Demons*, Pensilvania Univ. Press, 2003.

Bellamy, John, *Crime and Public Order in England in the Later Middle Ages*, London : Routledge and Kegan Paul, 1973.

Bolt, Robert, *A Man for All Seasons*, Spark Publishing, 2002.

Bullock, Alan, *The Humanist Tradition in The West*, 홍동선 옮김, 『서양의 휴머니즘 전통』, 범양사, 1989.

Charles N. Nauert. Jr., *Humanism and The Culture of Renaissance Europe*, 진원숙 옮김, 『휴머니즘과 르네상스 유럽문화』, 혜안, 2003.

Campbell, W. E., *Erasmus, Tyndale and More*, Milwaukee : Bruce, 1950.

Chambers, R. W., *Thomas More*, Michigan University Press, 1973.

Chrimes, S. B., *Sir John Fortesque and His Theory of Dominion*, London : Transactions of the Royal Historical Society, 1934.

Caspari, Fritz, Humanism and the Social Order in Tudor England, New York : Teachers' college Press, 1968.

Crompton, S.W., *Thomas More*, Chelsea House, 2006.

Chrime, B., *Henry VII*, Los Angeles : California Univ. Press, 1972.

Dowling, Maria, *Humanism in the Age of Henry VIII*, New Hampshire, 1986.

Davis, E. T., *Episcopacy and Royal Supremacy in the Church of England in the XVI Century*, Oxford : Basil Blackwell, 1950.

Davis, J. C., *Utopia and the Ideal Society : A Study of English Utopian Writing, 1516~1700*, Cambridge : Cambridge Univ., 1981.

Dickens, A. G., *Thomas Cromwell and the English Reformation*, New York, 1959.

Dunn, John and Harris, Ian, *More ①, ②,* ed. Cheltenham, 1997.

Eccleshall, Robert, *Order and Reason in Political Theories of Absolute and Limited Monarchy in Early Modern England*, London : Oxford Univ., 1978.

Elton, G. R., *England under the Tudors*, London : Methuen, 1962.

_____, *Policy and Police : The Enforcement of the Reformation in the Age of Thomas Cromwell*, Cambridge Univ., 1972.

_____, *Reform and Reformation, England, 1509~1558*, Cambridge : Harvard Univ., 1970.

_____, *The Tudor Revolution in Government*, Cambridge, 1953.

Erikson, Erik H., *Young Man Luther : A study in Psychoanalysis and History*, 최연석 옮김, 『청년 루터』, 크리스천 다이제스트, 1997.

Eliav-Feldon, M., *Realistic Utopias : The Ideal Imaginary Societies of the Renaissance, 1516~1630*, Oxford : Clarendon, 1982.

Fox, Alistair, *Thomas More : History and Providence*, New Haven : Yale Univ., 1982.

Gregory, Philippa, *The Other Boleyn Girl*, 허윤 옮김, 『천일의 앤 볼린 1』, 현대문화, 2005.

_____, *The Other Boleyn Girl*, 허윤 옮김, 『천일의 앤 볼린 2』, 현대문화, 2005.

_____, *The Queen's Fool*, 윤승희 옮김, 『블러디 메리 1』, 현대문화, 2005.

_____, *The Queen's Fool*, 윤승희 옮김, 『블러디 메리 2』, 현대문화, 2005.

Gunn, S. J. and P. G. Lindley, eds. *Cardinal Wolsey : Church, State and Art*, Cambridge Univ., 1991.

Guy, John, *Christopher St. German on Chancery and Statute*, London : Selden Society, 1985.

_____, *The Public Career of Sir Thomas More*, New Haven : Yale University, 1980.

_____, *Tudor England*, Oxford University Press, 1988.

Haydn, Hiram, *The Counter-Renaissance*, Gloucester : Peter Smith, 1966.

Haigh, Christopher, *English Reformations : Religion, Politics, and Society under the Tudors*, Clarendon Press, 1993.

Hanham, Alison, *Richard III and His Early Historians, 1483~1535*, Oxford : Clarendon, 1975.

Hexter, *More's Utopia : The Biography of an Idea*, Reprint ed. with Epilogue, Harper Torchbook, 1965.

Holland, Tom, *Rubicon : The Triumph and Tragedy of The Roman Empire*, 김병화 옮김, 『공화국의 몰락』, 웅진닷컴, 2004.

Jamison, K.R. *Touched with Fire*, 리더스 다이제스트 옮김, 『천재들의 광기』, 동아출판사, 1993.

Jones, W. P. D. *The Tudor Commonwealth*, London, 1970.

Jonston, David, *A Brief History of Justice*, 정명진 옮김, 『정의의 역사』, 부글북스, 2011.

Kaecyoer, Richard W., *War, Justice and Public Order : England and France in the Late Middle Ages*, Oxford : clarendon, 1988.

Kautsky, Karl, *Thomas More and His Utopia*, reprinted. trans. by H. J. Stenning, New York, 1959.

Kelsen, Hans, *What is Justice*, 김영수 옮김, 『정의란 무엇인가』, 삼중당, 1995.

Lamson, R. and Smith, H., *Renaissance England : Poetry and Prose From the Reformation to the England*, New York, 1956.

Luther, Martin, *Luther's Works, Vol. 46 : The Christian in Society*, ed. by R. Shultz and H. Lehmann, Philadelphia : Fortress, 1967.

Logan, G. M., *The Meaning of More's Utopia*, Princeton University, 1983.

Lycos, Kimon, *Plato on Justice and Power*, State University of New York, 1987.

Manyard, Theodore, *Humanist as Hero : the Life of Sir Thomas More*, New York, 1947.

Mozley, J. F., *William Tyndale*, Westport : Greenwood, 1971.

Marius, Richard, *Thomas More*, London : J. M. Dent, 1984.

306

Moorman, John, *A History of the Church in England*, 김진만 옮김, 『잉글랜드 교회사 상』, 성공회대학교 출판부, 2003.

_____, *A History of the Church in England*, 김진만 옮김, 『잉글랜드 교회사 하』, 성공회대학교 출판부, 2003.

McConica, J. K., *English Humanists and Reformation Politics*, Oxford : Oxford Univ., 1963.

Major, J. M., *Sir Thomas Eylot and Renaissance Humanism*, Lincoln : Nebraska University, 1964.

Martz, Louis L., *Thomas More : The Search for The Inner Man*, London, 1990.

McGrath, Alister, *Reformation Thought*, 최재건 옮김, 『종교개혁사상』, 새기독교문 서선교회, 2006.

Morford, Mark, *Stoics and Neostoics : Rubens and the Circle of Lipsius*, Princeton : Princeton Univ., 1991.

MacIntyre, A. *Short History of Ethics*, New York : Collier, 1963.

Marin,Louis, *Utopia : Spatial Play*, Trans. Robert Vollrath, Contemporary Studies in Philosophy and the Human Science, Atlantic Highlands : Humanities, 1984.

Maxwell-Stuart P. G., *Satan's Conspiracy*, Tuckwell Press, 2001.

McGinn, Bernard, *Anti-Christ : Two Thousand Years of the Human Fascination with Evil*, HarperCoilns Publishers Inc., 1994.

Monti, James, *King's Good Servant, but God's First*, Ignatius Press, 1997.

Mulgan, John and Davin, D. M., *An Intoduction to English Literature*, Clarendon Press, 1969.

Olin, John, C., ed. *Interpreting Thomas More's Utopia*, New York, 1989.

Otfried Hoffe, *Gerechtigkeit*, 박종대 옮김, 『정의 : 인류의 가장 소중한 유산』, 이제이북스, 2006.

Phraes, E. J., *Introduction to Personality*, 홍숙기 옮김, 『성격 심리학』, 박영사, 1999.

Payne, John B., *Erasmus : His Theology of the Sacraments*, Richmond, 1970.

Pocock, J. G. A., *The Machiavellian Moment : Florentine Political Thought and the Atlantic Republican Tradition*, Princeton : Princeton Univ., 1975.

Raymon J. Corsini With the Assistance of Danny Wedding, *Current Psychotherapies*, 김정희·이정호 공역, 『현대심리치료』, 중앙적성출판사, 2000.

Reeve, C. D. C., *Philosopher kings : The Arguments of Plato's Republic*, Cambridge :

Harvard Univ., 1991.

Reynolds, *Saint John Fisher*, New York, 1955.

Rummel, Erika, *Erasmus as a Translator of the Classics*, Toronto : Univ. of Toronto, 1985.

Reynolds, E. E., *Thomas More and Erasmus*, London, 1965.

Richards, Geffrey, *Sex, Dissidence and Damnation : Minority Groups in The Middle Age*, 유희수, 조명동 옮김, 『중세의 소외집단』, 느티나무, 2003.

Scarisbrick, J. J., *Henry VIII*, Berkely : California Univ., 1968.

Seasonske, A., ed. *Plato's Republic : Interpretation and Criticism*, Belmont, 1966.

Sprague, R. K., *Plato's Philosopher King*, Columbia, 1985.

Skinner, Quentin, *The Foundations of Modern Political Thought, 2 vols.*, Cambridge : Cambridge Univ., 1978.

Sylvester, Richard S., *St. Thomas More : Action and Contemplation*, New Haven, 1972.

Stanley-Wrench, Margaret, *Conscience of a King*, Hawthorn books, Inc.,1962.

Trevor-Roper, Hugh, *The Gentry 1540~1640*, Cambridge, 1953.

The Oxford History of Britain, Edited by Kenneth O. Morgan, 영국사 연구회 옮김, 『옥스퍼드 영국사』, 한울아카데미, 1994.

Tully, James, ed. *Meaning and Context : Quentin Skinner and his Critics*, Princeton, 1988.

Trinkaus, Charles, *The Scope of Renaissance Humanism*, Ann Arbor : Michigan University, 1983.

_____, *In Our Image and Likeness : Humanity and Divinity in Italian Humanist Thought, vol. 1*, Chicago : Univ. of Chicago, 1970.

Trevor-Roper, H., *Renaissance Essays*, Rev. ed., Chicago, 1985.

Tillyard, E. M. W., *The Elizabethan World Picture*, New York : Vantage Books, 1987.

The Gideons International, Holy Bible Containing the Old and New Testaments, U.S.A : National Publishing Company.

Ullman, Walter, *A History of Political Thought : The Middle Ages*, Baltimore, 1965.

Warnicke, Retha M., *The Rise and Fall of Anne Boleyn*, Cambridge University Press, 1989.

Wilson, Derek, *England in the age of Thomas More*, The Chaucer Press, 1978.

Weir, Allison, *The Six Wives of Henry VIII*, 박미영 옮김, 『헨리 8세와 연인들 1』, 루비박스, 2007.

_____, *The Six Wives of Henry Ⅷ*, 박미영 옮김, 『헨리 8세와 연인들 2』, 루비박스, 2007.

_____, *Children of England*, 박미영 옮김, 『헨리 8세의 후예들』, 루비박스, 2008.

Walker, Greg, *Writing under Tyranny : English Literature and the Henrician Reformation*, Oxford U. K, 2007.

Yelling, J. A., *Common Field and Enclosure in England, 1450~1850*, London, 1970.

김영한, 『르네상스 휴머니즘과 유토피아니즘』, 탐구당, 1989.

김영한, 『르네상스의 유토피아 사상』, 탐구당, 1983.

김진만, 『토마스 모어』, 정우사, 2003.

나종일·송규범, 『영국의 역사 상』, 한울, 2005.

_____, 『영국의 역사 하』, 한울, 2005.

박우수, 『종교개혁과 르네상스 영문학』, 형설출판사, 1994.

박찬문, 『르네상스 휴머니즘에 대한 종합적 해석』, 혜안, 2011.

설영환 편역, 『프로이트 심리학 해설』, 선영사, 1986.

설영환 편역, 『융 심리학 해설』, 선영사, 1986.

설영환 편역, 『아들러 심리학 해설』, 선영사, 2005.

소련 아카데미 엮음/ 형성사 편집부 옮김, 『세계의 역사 중세편』, 형성사, 1991.

이석우, 『아우구스티누스』, 민음사, 1995.

유희수, 『사제와 광대』, 문학과 지성사, 2009.

오주환, 『영국 근대사회 연구』, 경북대학교출판부, 1992.

논문

Allen, Peter R., "Utoipia and European Humanism : The Function of the Preparatory Letters and Verses," *Studies in the Renaissance 10*, 1963, pp.91~107.

Africa, T. W., "Thomas More and the Spartan Image," *Historical Reflections 6*, 1979, pp.343~352.

Astell, A. W., "Rhetorical Strategy and the Fiction of Audience in More's Utopia," *Centennial Review 29*, 1985, pp.302~319.

Baker, David W., "Commonwealth and the Humanist Talent in Sixteenth Century England," *Ph. D. dissertation*, Columbia University, 1993.

Barnes, W. J., "Irony and the English Apprehension of Renewal," *Queen's Quarterly 73*, 1966, pp.357~376.

Billingley, D. B., "Imagination in a Diaogue of Comfort," *Moreana 74*, 1982, pp.57~63.

Bradshaw, Brendan, "More on Utopia", *The Historical Journal 24*, 1981, pp.1~27.

Chambers, R. W., "The Saga and Myth of Sir Thomas More," Proceedings of he British Academy, vol. XII (1926), pp.15~21.

Christopher Warner, James, "Representing Henry III : Humanist Discourse in the Years of the Reformation Parliament," *Ph. D. dissertation*, University of Washington, 1994.

Cohn, Henry J., "Anticlericalism in the German Peasants' War 1525," *Past and Present 83*, May 1979, p.31.

Diamond, Jeff Barja, "Theatricality and Power : Politics and Play Acting in the European Renaissance," *Ph. D. dissertation*, McGil Univ. of Montreal, 1992.

Davis, Walter R., "Thomas More's Utopia as Fiction," *Centennial Review 24*, 1980, pp.249~268.

Derrett, J. D. M., "Sir Thomas More and the Nun of Kent," *Moreana 15/16*, 1967, pp.267~284.

Derrett, J. D. M., "More's Silence and his Trial," *Moreana 87/88*, 1985, pp.25~27.

Everitt, Alan, "Social Mobility in Early Modern England," *Past and Present 33*, April 1966, pp.56~73.

Felon, Dermot, "England and Europe : Utopia and Its Aftermath," *Transactions of the Royal Historical Society 25*, 1975, pp.115~135.

Freeman, John, "Island of improvement : More's Utopian Enclosure," *Ph. D. dissertation*, University of Michigan, 1995.

Ganss, H. G., "Sir Thomas More and the Persecution of Heretics," *American Catholic Quarterly 25*, 1900, pp.531~548.

Greene, Robert A., "Synderesis, the Spark of Conscience," *Journal of the History of Ideas 52*, April-June, 1991, pp.195~219.

Guy John, "Thomas More and Christopher St. German : Battle of Books," *Moreana 21*, November, 1984, pp.5~25.

Gabrieli, V., "Giovanni Pico and Thomas More," *Moreana 15/16*, 1967, pp.43~57.

Green, P. D., "Suicide, Martyrdom and Thomas More," *Studies in the Renaissance 19*, 1972, pp.135~155.

Heath, T. A., "Another Look at More's Richard," *Moreana 19-20*, 1968, pp.11~19.

Haas, S. W., "Simon Fish, William Tyndale and Sir Thomas More's Lutheran

Conspiracy," *Journal of Ecclesiastical History 23*, 1972, pp.125~136.

Hardin, R. F., "Caricature in More's Confutation," *Moreana 93*, 1987, pp.41~52.

Headley, John M., "On More and Papacy," *Moreana 41*, 1974, pp.5~10.

Heiserman, A. R., "Satire in Utopia," *Publication of the Modern Language Association 78*, 1963, pp.163~174.

Hexter. J. H., "Intention, Words and Meaning : The case of More's Utopia," *New Literary History 6*, 1976, pp.529~541.

Hitchcock, J., "More and Tyndale's Controversy Over Revelation : A Test of the McLuhan Hypothesis," *Journal of the American Academy of Religion 39*, 1971, pp.448~466.

Kinney, D., "More's Epigram on Brixius's Plagiarism," *Moreana 70*, 1981, pp.37~44.

Lakowski, Romualdian, "Sir Thomas More and The Art of Dialogue," *Ph. D. dissertation,* University of British Columbia, 1993.

Lamberg, Stanford E., "Sir Thomas More's Life of Pico Della Mirandola," *Studies in the Renaissance 3*, 1956, pp.61~74.

Lynch, J. B., "Apocalyptic, Utopian and Aesthetic Concepts of Amerindian Culture in the sixteenth Century," *Comparative Literature Studies 4*, 1967, pp.363~370.

Meyer, Carl S., "Henry Ⅷ Burns Luther's Books, 12 May 1521," *Journal of Ecclesiastical History 9*, 1958, pp.173~187.

McCutcheon, Elizabeth, "Denying the Contrary : More's Use of Litotes in the utopia," *Moreana 31*, 1971, pp.107~121.

Marius, Richard, "Thomas More and the Heretics," *Ph. D. dissertation*, New Haven : Yale Univ., 1962.

Mermel, Jerry, "Preparations for A Political Life : Sir thomas More's entry into the King's Service," *Journal of Medieval and Renaissance Studies 7*, 1977, pp.53~56.

Mortimer, A., "Hythlodaeus and Persona More : The Narrative Voices of Utopia," *Cahiers Elisabethains 28*, 1985, pp.23~35.

Mumford, Lewis, "Utopia, the City and the Machine," *Daedalus 94*, 1965, pp.271~292.

Parmiter, Geoffrey de C., "Saint Thomas More and Oath," *Downside Review 78*, Winter 1959/60, pp.1~13.

Mason, D. E. and R. J. Schoeck, "On More's Dialogue concerning Heresies 1529,"

Moreana 27/28, 1970, pp.129~131.

Parmiter, Geoffrey de C., "The Indictment of Saint Thomas More," *Downside Review 75*, 1957. 4, pp.149~166.

Pineas, Rainer, "Thomas More's Use of the Dialogue Form as a Weaponof Religious Controversy," *Studies in the Renaissance 7*, 1960, pp.193~206.

Pineas, Rainer, "William Tyndale and More's 1529 Dialogue," *Moreana 75/76*, 1982, pp.52~58.

Raitiere, Martin N., "More's Utopia and the City of God," *Studies in the Renaissance 20*, 1973, pp.144~168.

Rudat, Wolfgang E. H., "More's Raphel Hythloday : Missing the Point in Utopia Once More," *Moreana 69*, 1981, pp.41~64.

Shrewin, P. F., "Some Sources of More's Utopia," *Univ., of New Mexico Bulletin 1*, 1917, pp.167~191.

Stacpoole, A. J., "Thomas More and the Imitiatio Christi," *Moreana 21*, February 1969, p.14.

Surtz, Edward L., "Interpretation of Utopia," *Catholic Historical Review 38*, 1952, pp.156~174.

Samaan, A. B., "Death and the Daeth Penalty in More's Utopia and Some Utopian Novels," *Moreana 90*, 1986, pp.5~15.

Schoeck, R. J., "A Lawyer with Conscience," *Moreana 39*, 1973, pp.25~32.

Weiner, Andrew D., "Raphael's Eutopia and More's Utopia : Christian Humanism and the Limits of Reason," *Hungtington Library Quarterly 39*, 1975, pp.1~27.

Weingart, J. W., "The concept of Trason in Tudor England," *Ph. D. dissertation*, Northwestern Univ., 1976.

Wooden, Warren W., "Anti-Scholastic Satire in Sir Thomas More's Utopia," *Sixteenth Century Journal 8*, 1977, pp.29~45.

_____, "Sir Thomas More, Satirist : A Study of the Utopia as Menippean Satire," *Ph. D. dissertation*, Mashville : Vanderbilt Univ., 1971.

_____, "Thomas More and Lucian : a Study of Satiric Influence and Technique," *Mississippi University Studies in English 13*, 1972, pp.43~57.

White, T. I., "Pride and the Public Good : Thomas More's Use of Plato in Utopia," *Journal of the Historical Philosophy 20*, 1982, pp.329~354.

김평중, 「토마스 모어의 정치사상 연구」, 전남대 박사학위논문, 1997.

조 명 동

1960년 충남 부여에서 태어났으며, 고려대학교 문과대 사학과를 졸업하고 같은 대학원에서 석·박사학위를 받았다. 고려대, 충남대 등에서 가르쳤으며, 인천가좌여중, 인천기계공고, 가좌고 등에서 교사로 재직하였다. 현재는 전직하여 계산공고 Wee 상담실 실장(마음상담교사)으로 재직하고 있다. 2인 역서로 『중세의 소외집단(섹스·일탈·저주)』이 있다.

토마스 모어 정의담론과 그의 죽음

조 명 동 지음

2019년 7월 30일 초판 1쇄 발행

펴낸이·오일주

펴낸곳·도서출판 혜안

등록번호·제22-471호

등록일자·1993년 7월 30일

ⓟ 04052 서울 마포구 와우산로 35길 3. 102호

전화·3141-3711~2 / 팩시밀리·3141-3710

E-Mail hyeanpub@hanmail.net

ISBN 978-89-8494-633-0 93920

값 27,000 원